中国古代生活史

风雅宋

宋朝生活图志

梁志宾 著

中国财经出版传媒集团
中国财政经济出版社

序　言

　　中国是一个有着悠久历史的文明古国,在漫长的历史岁月中,勤劳、智慧的中华各族人民,曾经创造出举世闻名的政治、经济、文化、科技文明成果。这些物质文明与精神文明的优秀成果,是中国古代各族人民在长期的生产劳动和社会实践中,智慧与汗水的结晶;同时,这些成果的推广与普及,又作用于人们的日常生产与生活,使之更加丰富多彩,更具科技、文化、艺术的魅力。

　　中国古代的社会生活,不仅内容宏富,绚丽多姿,而且源远流长,传承有序。作为一门学科的中国社会生活史,以历史中带有宽泛内约意义的社会生活运作事象作为研究对象,它是历史学的一个重要分支,有助于人们更全面、更形象地了解历史原貌。关于生活史在历史学中的地位,英国著名历史学家哈罗德·铂金曾这样说道:"灰姑娘变成了一位公主,即使政治史和经济史不允许她取得独立地位,那么她也算得上是历史研究中的皇后。"[①]

　　然而这位"皇后"在中国却历尽坎坷,步履维艰,她或为其他学科的绿荫所遮盖,或为时代风暴扬起的尘沙所掩蔽,在很长一段时间内中国社会生活史没有打下坚实的理论基础,也没有清理出必要的历史资料,整体性的研究尤其薄弱,甚至于今日提到"生活史"这个词,许多人仍不乏茫然之感。

[①] 参见蔡少卿主编:《再现过去:社会史的理论视野》,浙江人民出版社1988年版,第144页。

社会生活史在中国的萌芽可追溯至古代。中国古代史学家治史，都十分注意搜集、整理有关社会生活方面的史料。如孔子辑集的《诗经》，采诗以观民风，凡邑聚分布迁移、氏族家族组织、衣食住行、劳动场景、男女恋情婚媾、风尚礼俗等等，均有披露。《十三经》中的《礼记》《仪礼》，对古代社会的宗法制、庙制、丧葬制、婚媾、人际交往、穿着时尚、生儿育女、敬老养老、起居仪节等社会生活资料，作了繁缛纳范，可谓是一本贵族立身处世的生活手册。司马迁在《史记·货殖列传》中描述了全国20多个地区的风土人情：临淄地区，"其俗宽缓阔达，而足智。好议论，地重，难动摇，怯于众斗，勇于持刺，故多劫人者"。长安地区，"四方辐凑并至而会，地小人众，故其民益玩巧而事末也"。他并非仅仅罗列现象，还力图作出自认为言之成理的说明。如他在解释代北①民情为何"慓悍"时说，这里"迫近北夷，师旅亟往，中国委输时有奇羡。其民羯以不均"。而齐地人民"地重，难动摇"的原因在于这里的自然环境和生产状况是"宜桑麻"耕种。这些出自古人有意无意拾掇下的社会生活史素材，对于揭示丰富多彩的历史演进中外在表象和内在规律之间的联系，无疑具有积极意义，将其视作有关社会生活研究的有机部分，似也未尝不可。

在西方，社会生活史作为一个学科是伴随着20世纪初社会学的兴起而出现的。开风气之先的是法国的"年鉴学派"。他们主张从人们的日常生活出发，追踪一个社会物质文明的发展过程，并进而分析社会的经济生活和结构以及全部社会的精神状态。"年鉴学派"的代表人物雅克·勒维尔（Jacques Revel, 1942—　）在《法国史》一书中指出：重要的社会

---

① 代北：古地区名。泛指汉、晋时期的代郡和唐以后的代州北部及以北地区。地理范围在今山西西北部及河北西北部一带。

制度的演变、革命以及改革等等历史内容虽然重要，但是，"法国历史从此以后也是耕地形式和家庭结构的历史，食品的历史，梦想和爱情方式的历史"。史学家布罗代尔（Fernand Braudel，1902—1985 年）在其《15 至 18 世纪物质文明、经济和资本主义》一书中，将首卷即题为《日常生活的结构》，叙述了 15—18 世纪世界人口的分布和生长规律，各地居民的日常起居、食品结构以及服饰、技术的发展和货币状况，表明他对于社会生活是高度关注的。而历史学家米什列（Michelet，1798—1874 年）在《法兰西史》一书的序言中则直接对以往历史学的缺陷进行了抨击：第一，在物质方面，它只看到人的出身和地位，看不到地理、气候、食物等因素对人的影响；第二，在精神方面，它只谈君主和政治行为，而忽视了观念、习俗以及民族灵魂的内在作用。年鉴学派主张把新的观念和新的方法引入历史研究领域，其理论不仅震撼了法国的史学界，而且深刻影响了整个现代西方史学的发展。

在 20 世纪初"西学东渐"的大潮中，社会生活史研究与方法也被介绍到中国，并迅速蔚成风气。揭橥大旗的是梁启超。他在《中国史叙论》中激烈地抨击旧史"不过记述一二有权力者兴亡隆替之事，虽名为史，实不过是帝王家谱"，指出："匹夫匹妇"的"日用饮食之活动"，对于"一社会、一时代之共同心理、共同习惯"的形成，极具重要意义。为此，他在拟定中国史提纲时，专门列入了"衣食住等状况"、"货币使用、所有权之保护、救济政策之实施"以及"人口增殖迁转之状况"[1]等等社会生活内容，从而开启了中国社会生活史研究的新局面。

在 20 世纪的二三十年代，我国史学界的诸多研究者都涉足中国社会

---

[1] 以上参见梁启超《饮冰室合集·文集》第一册，中华书局 1994 年版。

生活史研究领域,分别从社会学、民族学、民俗学、历史学、文化学的角度,对古代社会各阶层人们的物质、精神、民俗、生产、科技、风尚生活的状况,进行探究,并取得了丰硕的成果。但这一研究的真正全面展开,却是20世纪80年代以来的事情。在这个时期里,社会生活史研究这位"皇后"在经历了时代的风风雨雨之后,终于走出"冷宫"重见天日,成为史苑里的一株奇葩,成为近年来中国史学繁荣的显著标志。社会生活史研究的复兴,反映了史学思想的巨大变革。一方面它体现了人的价值日益受到了重视,把"自上而下"看历史变为"自下而上"看历史,这是一种全新的历史观。另一方面,它表明人类文化,不仅是思想的精彩绝伦和文物制度的美轮美奂,而且深深地植根于社会生活之中。如果没有社会生活这片"沃土"的浸润,人类文化将失去生命力。

这一时期的生活史研究,受到方方面面的关注和支持。这些年先后在天津、南京、成都、沈阳、西安、上海召开了数届全国性学术研讨会。其中1986年10月,南开大学历史系、《历史研究》杂志社和天津人民出版社联合发起在天津召开的中国首届"中国社会史学术研究会",是中国社会生活史研究的新起点、新开端,是社会生活史在走向成熟的道路上迈出的关键一步。从此,社会生活史研究成为历史研究中颇为绚丽的篇章,至今方兴未艾,其成果如雨后春笋,不胜枚举。社会生活史的大型丛书有中国社会科学院历史研究所诸多资深专家学者撰著的从夏朝至清朝的社会生活史丛书,另有由上海文艺出版社于2001年推出的多卷本《中国风俗通史》等。此外较为重要的单册图书有林永匡、王熹的《食道·官道·医道》(1989),汪福宝、庄华峰主编的《中国饮食文化辞典》(1994),林永匡、王熹的《中国节令史》(1995),龚书铎主编的《中国社会通史》(共8卷,1996),庄华峰的《中国婚姻史》(1996),

徐吉军的《中国丧葬史》（1998），彭卫的《汉代社会风尚研究》（1998），郝春文的《唐后期五代宋初敦煌僧尼的社会生活》（1998），郭振华的《中国古代人生礼俗文化》（1998），孙立群的《中国古代的士人生活》（2003），常建华的《婚姻内外的古代女性》（2006），包铭新的《西域异服：丝绸之路出土古代服饰复原研究》（2007），萧默的《古代建筑营造之道》（2008），王景琳的《中国古代寺院生活》（2009），庄华峰的《魏晋南北朝社会》（2009），张伯山、张维夏的《正在消失的中国古文明：古民俗》（2012），郭东旭等的《宋代民间法律生活研究》（2012），陈瑛的《中国古代道德生活史》（2012），沈泓的《古代生活：民间年画中的脉脉温情》（2013），阎爱民的《中国古代的家教》（2013），庄华峰的《中国社会生活史》（2版，2014）等著作，这些作品对社会生活史的研究工作起到了极其重要的推动作用。

然而我们注意到，尽管近年来中国社会生活史的研究取得了长足的进步，但与政治史、制度史、经济史等研究领域相比，其成果还是相对单薄的。个中原因可能是多方面的，但与人们的治史理念当不无关系。

我们觉得，史学研究应当坚持"三个面向"，即面向大众、面向生活、面向社会。"面向大众"就是"眼睛向下看"，去关注社会下层的人与事；"面向生活"就是走近社会大众的生活状态，包括生活习惯、社会心理、风俗民情、经济生活，等等；"面向社会"则是强调治史者要有现实关怀，史学研究要为经济社会发展提供智力支持。而近年来我总感到，当下的史学研究有时有点像得了"自闭症"，常常孤芳自赏地将自己封闭在学术的象牙塔里，抱着"精英阶层"的傲慢，进行着所谓"纯学理性"探究，责难非专业人士对知识的缺失。在这里，我并非否定进行学术性探究的必要性，毕竟探求历史的本真，是史学研究的第一要务，而且探求历史的真相，就如同于计算圆周率，永无穷期。但是，如果我们的史学研究不能够启迪当世、昭示未来，不能够通过历史的讲述去构建一个国家的认同，史学作品不能够成为读者启迪人生的向导，相反却自顾自地远离公众领域、远离社会大众，使历史成为纯粹精英的历史，成为干瘪的没血没肉的历史，成为冷冰冰的没有温情的历史，自然也就成了人们不愿接近的历史，这样的学术研究还会有生机吗？因此，我觉得我们的史学研究要转向（当然这方面已有许多学者做得很好了），治史者要有人文情怀，要着力打捞下层的历史，多写一些雅俗共赏、有亲和力的著作，总之一句话，我们的史学研究要"接地气"，这样，我们的研究工作才有意义。

上海沐来文化传播有限公司策划了一套中国古代社会生活方面的丛书，以此来重拾远逝的文化记忆，走进古人的生活。丛书内容涵盖古代衣、食、住、行诸方面，这是一套雅俗共赏的读物。作者在尊重历史事实的前提下，采用图文并茂的形式，用生动活泼的语言来彰显古代社会生活的活力和特色。编辑出版这套丛书，是一件"接地气"的好事，它对于社会生活史研究园地而言，既是锦上添花，又可以说是雪中送炭。它一定会获得广大读者的青睐。故乐而为之序。

庄华峰[1]

2014年2月18日于安徽师范大学惜墨斋

---

[1] 庄华峰：男，安徽歙县人。武汉大学中国古代史博士，研究方向为魏晋隋唐史、中国社会史、中国社会生活史、中国民俗研究、中国经济史，著有《中国婚姻史》《中国社会生活史》等多部著作。曾任安徽师范大学社会学院副院长、安徽师范大学图书馆馆长。此外，对大学书法亦有深入研究，是中国当代青年书法家，享受国务院特殊津贴。

看尽纷华成往事　图文一卷有余情
——《风雅颂·宋朝生活图志》序

余惯写小诗短章，绝少为文。日前蒙梁君志宾不弃，颁此大作示，嘱为作序，余诚惶诚恐，怕难负所托，又俗务缠身，难以静心，故拖延有时，下笔踌躇。近日略闲，细读全文，顿觉书香扑鼻，两宋天光云影、风花雪月、人情物事、市井百态、世相纷华，跃然纸上，读之如梦回宋代，景化情生，有感于心，因试笔妄言一二，聊报梁君厚爱之谊。

以史为鉴，思接千载，而知兴替。纵观中国封建王朝历史，有宋一代，无论经济、文化、科技等，皆足以令人注目、心生向往。其辉煌成就，前所未有，极尽一时繁华。陈寅恪先生云："华夏民族之文化，历数千年之演进，造极于赵宋。"此言诚然也。北宋时，幅员辽阔，统治者意在守势，富国而不强兵。宋太祖杯酒释兵权后语大臣云："多积金，市田宅以遗子孙，歌儿舞女以享天年。"又立誓碑定制"不得杀士大夫及上书言事人"，故宋代历来以富国重文而治，士人得到厚视倚重。其时农业、商业、制造业、手工业、开采业诸类经济发展兴盛勃发。诗词、歌赋、杂技、戏曲、民乐、小说、绘画、书法、建筑等艺术发展高度繁荣，文人墨客，名士风流，风骚冠于宋代者众矣。中国古代四大发明，火药、指南针、活字印刷三端便诞于宋代，彪炳史册，可知宋代科技之发达也。当斯时，宋室既无秦之霸气，又乏隋唐之豪气，是以臣民优养日久，积弱弊生，在相对宽松之生活环境中，上至王公贵胄、士大夫，下至市井小民，都安于闲逸散漫，寻求红尘乐趣，过惯潇洒自在，而无忧患之想的生活。岂料繁华梦醒，北宋终在一派仓皇的景象和唏嘘声中落幕。两宋之交,战祸绵延,君臣南渡,江山飘摇。南宋小朝廷奔逃江南,偏安一隅,勉延宋祚,百五年间,时势多幻,繁华虽不及汴梁,但江南鱼米富庶之地,仍称得上小康升平,难怪乎林升要大发"暖风熏得游人醉,直把杭州作汴州"之慨!

  读梁君大作,梦回宋朝,悠游其中,景象在眼,能不快哉。是书熔史识、诗笔、文心于一炉,经作者轻松、戏谑、考辨、妙解之语,别出心裁,娓娓道来,直欲再现历史壮阔图景,引人入胜。又以不同角度,立体思维,将两宋历史片段有机组织,深入剖析,以小见大,图文并茂,使读者诸君能更清晰简扼地了解历史、重温历史,感受宋人之真实生活。如老饕行踪一节,开封城繁华景象涌现笔端,叫人在琳琅满目之美食街前垂涎欲滴,流连忘返。又夏虫言冰、花样年华诸节,古人制冰之智,男子簪花之俗,也叫人啧啧称奇矣。

  梁君此作,虽分五章,实包罗万象,宋人之生活、习俗、景象、风气皆有可观,宋代之经济、文化、科技已可窥全貌。法国学者谢和耐云:宋代是中国的文艺复兴。在中国历史长河中,宋代既显特别又至为重要,虽表象繁华,生活优游,然又予人以积弱多弊、外侮频仍之感。尽管如此,生于宋代之臣民,想必应感骄傲和自豪。或问,中华上下数千年,若让余穿越历史,重温古人生活,将选何朝何代,余必答曰"宋代"。盛世重文,文人之幸,余虽不才,差可算半个文人,故于宋代久生向往也。读此宋人生活图志,两宋纷华种种,如梦如痴,都来眼下,权以小文作引,愿与读者诸君,品读斯文,重温历史,晤对古人,回味宋朝。

  是为序。

癸巳冬至陈文雄识于敦斋

目 录

◇◈◇ 梦华 ◇◈◇

老饕行踪 —— 孟元老和他的开封城　　2
武林旧游 —— 周公瑾和他的杭州城　　32
樊楼灯火 —— 两宋酒楼文化漫谈　　49
一瓯风月 —— 江湖茶坊　　61

◇◈◇ 百事 ◇◈◇

满城风雨 —— 宋代房租知多少　　74
吟叫百端 —— 宋朝的叫卖声　　78
声闻天阙 —— 击鼓鸣冤　　83
祝融之战 —— 火政　　89
暮鼓晨钟 —— 报时　　99
夏虫言冰 —— 消暑　　104

◇◈◇ 红颜 ◇◈◇

三寸金莲 —— 缠足　　111
巾帼庖厨 —— 厨娘　　117
玉燕钗头 —— 头饰　　123
胜日寻芳 —— 女性出游　　131

闲乐

花样年华	—— 从宋代男子簪花说开去	141
狸奴往事	—— 宋代养猫风气	155
冲向云霄	—— 宋代的蹴鞠运动	167
瓦舍勾栏	—— 都市游艺场	180

婚育

罗带同心	—— 宋代婚礼	199
婚前婚后	—— 宋代婚恋面面观	224
暖泉初清	—— 洗儿趣谈	239
雏凤新声	—— 人生的春天	244

参考文献	271
后记	273

梦华

只有似曾相识的气味,才能完全唤醒过去的记忆。

——弗拉基米尔·纳巴科夫[1]

---

[1] 弗拉基米尔·纳巴科夫(Vladimir Nabokov,1899—1977年):俄裔美籍小说家、20世纪文学史上最有影响力的文学家。代表作有《洛丽塔》《普宁》《微暗的火》《说吧,记忆》《阿达》《劳拉的原型》等。

老饕行踪——孟元老和他的开封城

正当辇毂之下,太平日久,人物繁阜。垂髫之童,但习鼓舞;班白之老,不识干戈。时节相次,各有观赏:灯宵月夕,雪际花时,乞巧登高,教池游苑。举目则青楼画阁,绣户珠帘。雕车竞驻于天街,宝马争驰于御路。金翠耀目,罗绮飘香。新声巧笑于柳陌花衢,按管调弦于茶坊酒肆。

——幽兰居士《东京梦华录》

▲南宋·马远《倚松图册》 《倚松图册》画笔精妙,为马远的杰作之一。南宋绘画多用绢本,而《倚松图册》以纸本着色,较为少见。马远把一老一少两人置于山色若隐若现、松枝横斜临水的环境中,表现了宋代文人士大夫恬淡安适的居常闲态。

汴水流年

《东京梦华录》作者幽兰居士,自称孟元老。宋徽宗崇宁二年(1103年),孟元老随父迁居东京开封府,寓居城西。他在开封一住就是20余年。金灭北宋后,孟元老南渡,常忆东京之繁华,遂著《东京梦华录》。

据《东京梦华录》记载,开封是个包容度甚高的城市,各行各业的人都极度敬业,亦很注意自己的仪表。卖药卖卦的人"皆具冠带","至于乞丐,亦有规格"。做这三种营生的人都是自由职业者,但他们做起事来毫不马虎。其余各行都有款式各异的"职业装","诸行百户,衣装各有本色,不敢越外"。比如,香料铺里的裹香人,标准的行头是"顶帽批背";当铺里的伙计们,着一身"皂衫角带",而他们是不戴帽子的。开封车马盈市,士庶杂行,但凭观察每个人的着装,就可知晓他们以何为业。

偌大个开封城不是没有地痞流氓,但他们要是欺凌那些初来此境、不懂规矩的外乡人,市民定然会挺身而出,帮理不帮亲。市民遇见有人在分管片区治安的"军铺"里争执时,也会上前排难解纷。邻里之间,不论有事无事,每日都互相串门喝茶。去大酒楼买过三两次酒的小饭店,就可从大酒楼借走值抵三五百两的银器。庶黎之家、秦楼楚馆的人来店打酒,店主均以银器供送,亦不收他们押金。有的人连夜饮酒,店家次日才去取回银器,酒器如期而归不是

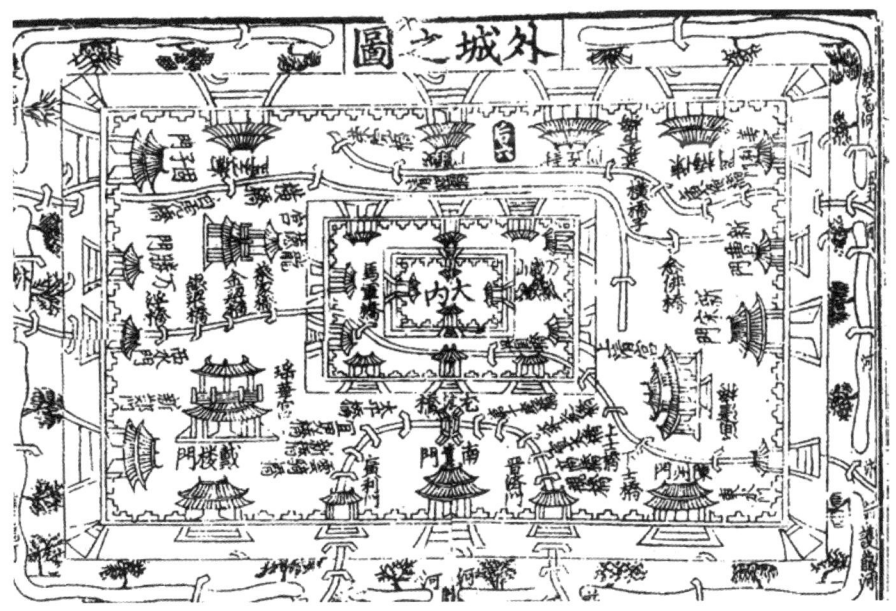

▲ 南宋·陈元靓《事林广记》中的开封外城图

▲ **北宋·张择端《清明上河图》局部** 据《清明上河图》题跋,张择端"擅长界画,精舟车房屋、城郭、桥梁"。"界画"是作画时以界尺为引线的一种画法。本画还有两大特点:一是以长卷形式展现北宋京城开封的繁闹景象和自然风光;二是以"散点透视法"的画法,呈现富于变化的城市生活场景。

新闻,逾期不还才少见。孟元老从父宦游南北,唯开封有这般阔略大量的好店主、这般向善热心的好芳邻!

东京府界人烟浩穰,物事繁复,却可保持忙中有序。南熏门的猪须从本门入京,"每日至晚,每群万数,止数十人驱逐,无有乱行者"。连猪群都懂守秩序,更别说人了。京城路况也极佳,风土堪乐,孟元老闲来轵思:"今游何处"?京城幽坊小巷,燕管歌舞,其数量"举之万数",孟元老"不欲繁碎"。他颇爱在《梦华录》中谈论饮食,多亏了孟元老秉承"民以食为天"的信条,宋时的山珍海味、御膳名肴才得以转存为纸上褪色的印痕。

凡孟元老去过或听过的酒馆食坊,多化为游走于他笔尖下的文字。20多

▲ 《清明上河图》局部 最右边是一座搭着棚子的小店，天色尚早，客人还未到来，店家正在屋后准备开店。

年后，孟元老在杭州回顾故都风物时，还能工整地剪下开封的街角旧景，不遗漏细节，不记错方位，仿佛他不曾离开过东京开封府：

> 州东宋门外仁和店、姜店、州西宜城楼、药张四店、班楼、金梁桥下刘楼、曹门蛮王家、奶酪张家、州北八仙楼、戴楼门张八家园宅正店、郑门河王家、李七家正店、景灵宫东墙长庆楼。

以上只是孟元老美食地图边角上的酒楼一隅。这些酒楼各具千秋，但它们都有一个共性——通宵营业。开封的酒楼瓦肆，不管风雨横作、寒暑酷烈，皆不歇业。

▲ **《清明上河图》局部** 图中描绘的是汴河边上的小码头,旁边是一间小食肆,店旁坐着一个商人,苦力们正忙着卸货。

开封城是一座食市，一旦你踏进开封府的地界，不管黑夜还是白天，少不得耳闻堂倌的唱喏、食客的喧杂。你可以从城东逛到城西，细味山海奇珍；也可以从城北走到城南，品尽新丰美酒。倘若你从张择端《清明上河图》的最右端起步，行过小桥，映入眼帘的就是一间专为远道而来的客商而设的小食店。

再往左走，行至小码头时，又见一间小餐馆，它的主要客源是那些本钱不多的外地游商和在码头上讨生活的苦力。

小店对街是一家馒头店。小店门前的蒸笼里摆满了馒头，店主正向过路的

▲ **《清明上河图》局部** 图中的店主正在兜揽生意，门前笼屉里摆着一笼馒头。

挑夫兜售新鲜出笼的馒头。这馒头和今天的馒头稍有差别，宋人王栐《燕翼贻谋录》说："今俗，屑面发酵，或有馅，或无馅，都谓之馒头。"大凡是面粉发酵而成的面饼，宋人皆称"馒头"。黄庭坚的《涪翁杂说》称："起胶饼，今之炊饼。"所以，这店家和武大郎一样都是卖馒头的。馒头店的右邻是一家

▲《清明上河图》局部　馒头店右邻为"小酒"店。

▲《清明上河图》局部　王家纸马铺。

▲ **《清明上河图》局部**　汴河上的客船。

小酒店，它门外搭起了竹楼，挂出招幌"小酒"。

往左边走，那家门口竖着"王家纸马"的店铺专营纸人、纸马、纸扎楼阁和冥钱等祭拜用物，在本店找到孟元老绝对是超小概率事件。

往下走，是一处大码头，其街道宽敞平整，上侧的食铺有点像今天的大排档，店里已经坐着客人。客人装束朴素，应该是邻近的居民或是刚卸完货的劳力。

下侧有一间酒楼格调较高，它临河而建，左侧门前立有"彩门欢楼"。客人坐在面向河面的阁子中，可以一边品酒，一边赏景。有四五艘船正在朝它靠近，可见它是一家船主时来欢顾的酒楼。待到夜时，你会油然念起唐人杜牧的诗句"烟笼寒水月笼沙，夜泊秦淮近酒家"。秦淮河虽换成了汴河，但灯影婆娑中，

▲《清明上河图》局部 码头上侧的食铺与近水的河畔酒楼。

一样迷离如醉。孟元老并不是走南闯北的游商,他到本店落脚的概率是极低的,倒有可能身居不远处的一艘游船中。这艘船和"河畔酒楼"之间隔着四五艘船,它的外饰比侧近的船更加精美:船身满是镂花窗子,首尾有两座门楼,朝窗格里望去,舱内餐桌等家具清晰可见。孟元老可能在舱中卧眠,亦有可能在船上进餐。船主未在画中出现,他可能上岸了,只留四个男女帮工。客人也同样未现身,他们要么还在舱里睡觉,要么根本就没上船。张择端给我们留下了一个庸人自扰式的问题:如何证实孟元老不在船上?这不是难于上青天的事,我们只要在别处"揪"出孟元老就行了。

不一会儿,你就可以走上汴河上的虹桥,这桥上少说也有百余号人。虹桥地跨汴河南北两岸,两头都连着大街,四周房屋鳞次栉比,路人纷杂。倘若你是善于发现美的人,当会惊呼"汴水晴波"和"隋堤烟柳"的胜景近在眼前!

汴河是一条历史悠久的运河河段,据《宋史·河渠志》载,汴河自隋大业年间(605—618年)开通以来,一直承担着重要的漕运功能。北宋建都开封后,汴河输送着开封城的内外之需,"岁漕江淮湖浙米数百万,及东南之产,百物众宝,不可胜计"。"故于诸水,莫此为重"。宋太宗淳化六年(990年),开封府浚仪县的河堤决口,太宗亲往巡视,乘着步辇行在泥泞中。宰相等重臣劝皇帝回驾,太宗说:"东京养甲兵数十万,居人百万家,天下转漕仰给,在此一渠水,朕安得不顾?"说毕,调来数千步卒协助抢险。等缺口被堵上,水势趋缓后,他才肯回銮。汴河是大宋运输生命线的主动脉,没有它,开封成不了煊赫的大宋食都,画中的郊外也将变成单调乏味的野外。

▲《清明上河图》虹桥全景图　虹桥又名"飞桥",是宋代叠梁式木拱名桥。桥上的人群给人一种"行人络绎"的动感。图中所画的桥是目前我们唯一可见到的宋代木拱无柱虹桥,它像锁牢的关节般横跨两岸。据《渑水燕谈录》载,虹桥的发明人是宋仁宗明道年间(1032—1033年)青州城的一个无名"废卒",他"累巨石巩其岸,取大木数十相贯,架为飞桥,无柱","至今五十余年,桥不复坏"。

晓色熹微

俗话说一日之计在于晨，天还没亮，要参加朝会的官僚们已骑着马，赶往皇城禁门外的待漏院集合。执政大臣以下的官员均用白纸填上自己的官职，贴在灯罩上。随从们打着长柄灯笼，紧随其后，在昏暝中判明自己的序次，这是为了避免招来值夜巡卒的盘查。由于有群僚在黑夜中执灯汇集，所以皇城亦名"火城"。

孟元老父子都当过官，上朝前，他们只需整好仪容，不必在家中用膳。皇城有公家供享的官酒和果子。据朱彧《萍洲可谈·卷一》记载："火城每位有翰林司官给酒果，以供朝臣。酒绝佳，果实皆不可咀嚼，欲其久存。"可见，朝廷大臣在宫廷门口不可吃肉。据说这规矩跟一名贪食的士卒有关：寒冬的某日，朱彧父亲和蔡京在门外等候上朝时，一名士卒说今天有羊肉和酒可吃，然后从腰间布囊取出纸包着的肉，向蔡京等人说："我怕它无法解冻，因此放在怀里。"有司约略是觉得朝廷命官在宫禁门口大块吃肉有碍观瞻，于是停止供送羊肉等肉食，只供给干果和清酒。

不管有肉无肉，身为宋朝命官是不必像先时的命官一样空着肚子上朝的。唐朝虽属盛世，但官员上朝时，亦无工作餐可吃，不少人还得忍饥面圣，宰相都无例外。刘晏①官居宰相，在五更天时冒寒进宫，途中见一蒸饼铺，就叫人给他买饼。到了朝堂，刘相公把掖在袍袖里的饼子取出来吃，并赞美它"美不可言"。唐朝夜禁甚严，长安的饮食店多于夜禁结束后开店，那些离宫城较远的官员必须在三四更天启程上朝，若未在家中用餐，出门后，腹肚常会鸣唱"行路难"。而到了宋朝，只有那些奉行贪睡主义的朝官，才会在朝殿上忍饿。因为他们急着赶路，连吃两粒待漏院果子的时间都没有。

可是单调的干果和清酒难以让大臣们果腹，好在待漏院前多的是卖快餐的

---

① 刘晏（715—780 年）：字士安，唐朝著名的经济改革家和理财专家。

摊档。《丁晋公谈录》中说："（徐铉）①每睹待漏院前灯火、人物、卖肝夹粉粥，来往喧杂，即皱眉恶之，曰'真同塞下耳'。"皱眉的徐铉是南唐降臣，即便南唐的玉树琼枝已化烟萝，他也不肯屈尊去吃一碗开封城待漏院外的汤粉面。不过其所作记录却从侧面证实了待漏院外快餐文化的繁荣。

孟元老不像老前辈徐铉这么嘴刁，但也会有吃腻某种餐点的时候。好在大内的食肆不只此待漏院一家。凝晖殿"宫禁买卖进贡，皆由此入"，故所售都是"市井之间无有也"的好货。最繁闹的大内杂市，还数东华门外市井最盛。孟元老细数此地所售之物时，写道："凡饮食、时新花果、鱼虾鳖蟹、鹑兔腊脯、金玉珍玩、衣着，无非天下之奇。"

东华门名点"其品味若数十分"，客人要点二三十味下酒菜，立等可取。但要忠告一句，点菜时可要问清价位。新上市的一对茄子，有时能卖到三五万钱。宫中诸阁的贵妃因着虚荣心作祟，只买贵的，不买便宜的。商家摸准了他们的心理，才敢如此标价，而且也不怕受官吏的滋扰。政府采取了宽松的商业政策，甚少干预商品价格的变动，将定价权放归市场。史称"京师百货所居，

▲ 宋·佚名《岁朝图轴》 如其题跋所说，这幅画表现的主题是"良田广宅富人居"。画家通过描绘数十名身份、年龄各异的人物及其优良的居住环境，烘托出主人的尊贵地位和殷实家境。

梦华

① 徐铉（916—991 年）：五代宋初文学家、书法家。字鼎臣，广陵（今江苏扬州）人。南唐灭亡后，归顺宋朝。曾参与校订《说文解字》。

▲ 南唐·顾闳中《韩熙载夜宴图》局部　《韩熙载夜宴图》刻画了南唐公卿的浮华陈迹。图卷将事件的发展过程分成五个既相互关联又各自独立的画面，用叙事诗般的手法描绘出南唐重臣韩熙载夜宴的全部场景。

市无常价，贵贱相倾，或倍本数"，成因是"商人大姓，皆是趁伺缓急，擅开阖敛散之权"。当商旅纷至，货源充足时，京城的豪商巨贾便故意压价，贱价购入。水陆交通一受阻，"而京师物少，民有所必取"，他们"待其价而后售"，从而牟取暴利。

如果孟元老哪天碰巧胃口好，一顿早餐靡费千金也不出奇。京城是首善之区，生活成本相对较高。唐人白居易在成名前，从江南来到帝京长安，名士顾况对他开玩笑："长安米价方贵，居大不易。"孟元老是官宦子弟，他倒不会在乎"开封居大不易"。

哪里有需求，哪里就有市场。在小商户的心目中，簪缨满路、朱紫盈街的开封城是一个发财致富的好去处。官老爷清早时的胃口，可以让他们赚得盆满钵满。市民不知官员起得有多早，唯有比贵人起得更早，赶在贵人出门前开市，才能赚到今天的第一枚铜板。

如果店铺开在离待漏院较近的潘楼街，可以晚点再开店，但也不能晚过五更。官员在五更时就要从待漏院进入皇城。但有些潘楼街的商人却选择在五更之后开张营业，因为他们开的是"鬼市"。

考之宋代史料，"鬼市"之名也许源自中世纪的"西海"海岸（今黎巴嫩

和叙利亚）。南宋赵汝适《诸蕃志》载："西海中有市，客主同和。我往则彼去，彼来则我归。卖者陈之于前，买者酬之于后。皆以其直置诸物旁，待领直，然后收物，名曰鬼市。"鬼市始自五更，终于拂晓。这时的坊市雾气蒙蒙，人影浮动，确似西海之畔的鬼市。

鬼市的开业时间为何选在半晦半明的时段呢？因为销售违禁品和赃物的黑市窝点混杂在鬼市中。此时京城的大小官员或已进宫，或尚在梦中，对于"不法分子"而言，这就是他们赚钱的最佳时机。

后世的鬼市渐变为"黑市"的同义词，这绝非北宋开封人的过错。我们对古人要怀有一种"了解之同情"。在潘楼街鬼市讨生活的人中，不可否认会有贪婪而又懒惰之徒，但必须申明一点，潘楼街的茶坊主也是鬼市业者之一，他们出售的鬼市商品中，不乏各类日用品。促使后者"黑白通吃"的缘由，也许是因潘楼街所属的内城店租太贵了吧？

开封内城寸土寸金，除非是皇亲国戚或者巨富财阀，否则连宰相也未必住得起内城的房子。连只手遮天的蔡京，也挤不进内城，只能将蔡太师府第设于内城的梁门外，在外城落籍。孟元老一家是蔡京的邻居，他们就住在蔡太师后面的金梁桥桥西。

北宋的官员多数居住在开封外城,如李昉、丁谓、苏东坡等人均住在外城。外城,尤其是其东部,是开封城人口最多的区域。《东京梦华录》所载的平民食档,也多集中于开封外城。每日五更之前,整座开封城已渐醒转,人们或上朝或赶集,忙碌的一天开始了。

不太挑食的人,可在附近的食店买到名为灌肺和炒肺的小点。灌肺不是动物的肺脏,而是一种用真粉、油饼、芝麻、松子、去皮核桃等六种食料,搭上数种配料混制蒸熟的肺状素食块子。它既可直接食用,也可蘸上辣汁再吃。炒肺则是真的荤食,以"獐肺为上,兔肺次之,如无,山羊肺代之"。炒肺多切成丝状,并撒上蒜子。想多点选择的人可去从不打烊的酒楼。是类酒楼所供的

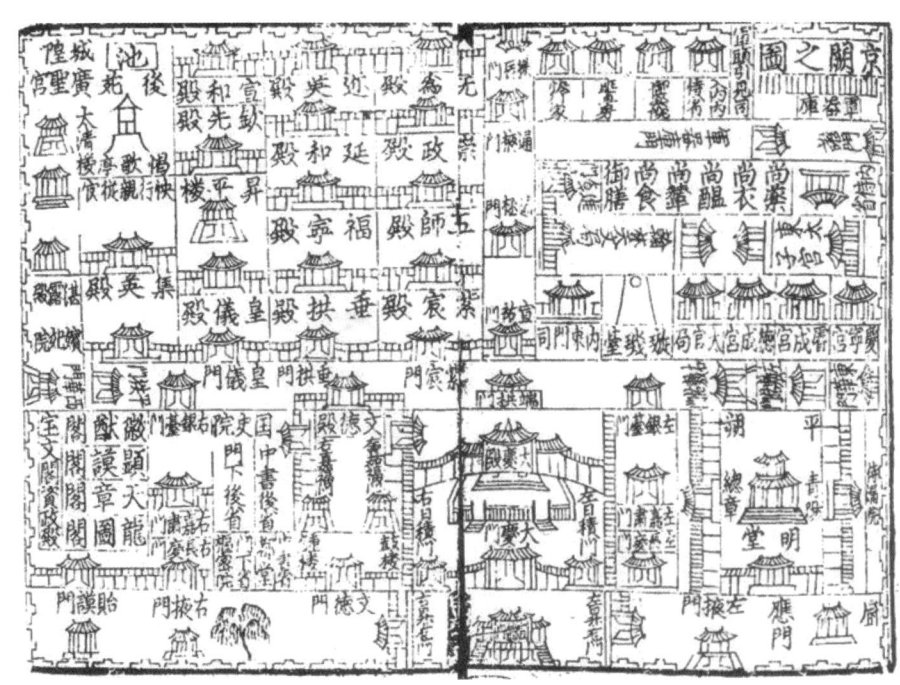

▲ 南宋·陈元靓《事林广记》中的开封宫城图

餐食可粗分为粥、饭、点心三大类，每份的要价不过20文钱。且酒楼多会出售各类洗面水，忘了洗脸，又怕影响市容的人士不必慌张。它们不仅仅是一盆温水，还掺进了不同的药料，如"无皂角洗面药""御前洗面药""皇后洗面药""冬瓜洗面药"等等。"客官，洗把脸再走？"能说会道的跑堂应常会问上这么一句吧？孟元老本可以留在这儿，"一日看尽长安花"，但他打住了，因为他只想吃个早点！耽搁太久，可要误了早朝！

过了两三小时，天已大亮，倘无要事，官员们就可退朝了。如非有急务待办，孟元老可到潘楼街上的潘楼酒店补吃一顿丰盛的"晚早餐"。午前的潘楼招牌菜有羊头、肚肺、赤白腰子、肚胘、鹌兔鸠鸽野味、螃蟹、蛤蜊之类。不想破费的话，孟元老亦可留在大内享用"廊餐"。后周世宗柴荣下过一道诏书："文武百官，今后凡遇入阁日，宜赐廊餐。"宋承五代旧制，每当朝罢，皇上赐食百官，百官进食的地点定在朝殿的廊下，故谓"廊餐"。

但这样的皇室"大锅饭"久吃会腻。相比之下，在竞争中不断奋进成长的开封酒楼所供膳食之色香味必不逊于廊餐，所供的菜式种类则远远过之！万千美食当前，几两白花银子又算啥呢？孟元老亦爱下馆子，他步出酒楼后，发现潘楼街就像一个沸腾的水壶，随处都是麇集的人群，他们中间有挑夫脚力、诸类工匠、道士僧人、牙侩①……孟元老有何求索，尽管开口便可。

---

① 牙侩：牙齿咬合的意思，意指为买卖双方说合的鲜纪人。《水浒传》中为西门庆说合潘金莲的王婆即为一员"牙婆"。

帝国正午

一日三餐是中国人的食俗惯制。在宋朝以前,缘于稼穑艰难,收成不好,古人每日通常只吃两顿。在宋朝,除却战乱和歉收的年份,只有那些乡村贫苦佃户才不能营三餐之饱。所以,宋人一般只关注将正餐定在何时,而不是担忧自己能否消受得起一日三餐。

东南的僧道中人每天两粥一饭,这些方外之人的正餐当在"一饭"之时。由官方资助的在校学生"多止两餐,日午别有点心",这点心也可算成一顿简便的午餐。太学和国子学相当于宋代的清华、北大,这两所学院的食堂在"三八课试日"时,还会例行加餐:春秋季加炊饼,夏季冷面,冬季则是"太学馒头"。

宋神宗先前总是担心太学食堂伙食不佳,有悖于本朝"崇文养士"的宗旨。元丰年间,他下令取来一份当日的太学餐点。一份太学馒头便被送到御桌前,皇帝尝过后,龙颜大悦:"朕以此养士,可无愧矣!"自此,太学馒头蜚声四海,太学生们往往不舍得独享,常将它们分给亲友们品尝。李清照初嫁时,夫君赵明诚还是一名太学生,不知她尝过这太学馒头没有?至南宋时,临安城的市面上已有太学馒头出售,文学家岳珂[1]尝过之后,味蕾都快开出花来了,他忍不住挥毫赞颂道:

> 几年太学饱诸儒,薄枝犹传笋蕨厨。公子彭生红缕肉,将军铁杖白莲肤。
>
> 芳馨正可资椒实,粗泽何妨比瓠壶。老去牙齿辛大嚼,流涎才合慰馋奴。

---

[1] 岳珂(1183—1243 年):岳飞之孙,岳霖之子。字肃之,号亦斋,晚号倦翁。

孟元老虽要上早朝，但朝廷规定隔五日一常朝，加上大节日的礼节性朝集，他每月早起的天数不会超过十天。在暇时，自可睡到天明再起。梳洗毕后，可去街上闲逛，这时或还未到午饭时间，可进家酒楼享用诸如酥蜜食、枣䭅、磴砂团子、香糖果子、蜜煎雕花等午前甜点。选临窗的座位坐下，闲看人来人往，不知不觉中，日已高悬，风轻云淡。

中午时分，开封各大酒楼所能提供的诸色菜肴以此时居多。各地精英与人才聚集本城，加之人员流动性大，没有一家酒楼能一统"众口难调"的开封食林。吃饭还是吃面以及上哪个饭馆进膳，成为每一个开封人"舌尖上的烦恼"。

北人喜面食、南人喜米食的局面不是近代才形成的，它在北宋已颇现端兆。汤饼、带馅的包子、馄饨、炊饼、毕罗①是北宋的经典面食，它们都是北人的主食。南方人则"罕作面饵"。假设武大郎移居南方，估计守半天也卖不出半个炊饼。

宋朝南人不吃北食的例子不胜枚举。宋高宗绍兴末年（1162年），侵宋金军大败而归，遗下"粟米（粗粮）山积"的军粮。宋军"多福建、江浙人，他们不能食粟，因此日有死者"。饿死的南方士兵不是不吃"抢来之食"，只是他们的肠胃使得他们不敢吃北方的粮食作物。宋代南方还有一个土俗：孝顺的农村媳妇会给公婆吃米，不孝顺的农村媳妇就给公婆吃面。北宋的南方人因何对面食如此不待见？常言道，一方水土养一方人，南方人很难吃得惯北方的面食，他们也自会认定南方出产的稻米要优于北方人用于磨面粉的麦子。苏东坡是四川人，他在黄州城的东坡垦荒时种过大麦，次年，他收获了2000多斤的大麦。这大麦也成为了苏东坡一家的主要口粮。但儿子们却嫌父亲做的大麦饭难吃，他们抱怨说："大麦饭吃起来好像是咬虱子！"还有一些南方人坚称面食有毒。福建文人庄绰②坚称不唯面食有毒，面汤亦有毒，他在私人笔记《泊

---

① 毕罗：唐朝时盛行的一种面食，内有馅，可蒸可烤。有樱桃毕罗、蟹黄毕罗、猪肝毕罗等种类。
② 庄绰：生卒年不详。喜游历，足迹遍及大江南北，见闻广博。著有《鸡肋篇》，在该书中记载了大量全国各地民俗、物产、饮食和医药知识。此外，因患疟疾，久病成医，著有《膏肓腧穴灸法》二卷。

宅编》中,还曾假借达摩之口,将面食喻为"杀人之物"。有许多南方人以为吃过面食再喝面汤,有助于解掉面食之毒。可见,南方人对面的"误解"之深。不过,如果认为在南方人人都了解稻米,也不全然正确。比如,北宋权相蔡京,他是福建兴化人,其"诸孙生长膏粱,不知稼穑",蔡太师曾问他们:"米从何处来?"一个孙子答说:"从舂米的臼子来。"因为宋时用席袋运米,另一个就抢着说:"不对!我说是从席子里出来的!"蔡氏一家是只知食肉糜的权贵,其无知,可悲可叹!

当然,"南米北面"的格局只是总体的特征概括,真实的情况总不是绝对的。

北方人也不是完全不吃米饭。开封每年都得输入数百万石的东南粮米。仅宋英宗治平二年(1065年),由汴河送抵京城粮仓的漕粮就有600万石,这个总载量是汴河运力的官定上限。汴河常年都处于饱和或超负荷承载的状态,宋

▲汴河船实物模型(图片由网友"慢慢来"提供)

常年在汴河中行驶的运粮船有6000艘,一年分四批航行,冬季停航。因水运繁忙,各类货船皆由官府统一运筹,编成数量不等的船队——纲。一艘纲船的最大载重量曾达到10万斤。现藏于中国国家博物馆。

真宗天禧三年（1019年），汴河创下了高达800万石的漕运新纪录。800万石的大米消耗量实不是小数。

南方人也不是坚决不吃面食。庄绰这种非常注意养生的人，在开封城居住时，从不怕自己会因"中毒"而客死异乡。他在京城经营的餐馆除茶店和川菜店外，还有面食店、粉食店、油饼店、胡饼店等。南人宰相蔡京带头做起，也吃起了面食。蔡京和僚属开会时，命人蒸做蟹黄馒头，其所费竟达1300余缗钱①！信仰成王败寇的史学家都是势利的，北宋若未败亡，这些馒头便不会被说成是"带血的馒头"。并不是替蔡京翻案，只是比起宋真宗的包子，蔡京的蟹黄馒头颇显"小气"。皇子赵祯诞生时，中年得子的宋真宗喜不自胜。因包子寓吉祥之意，真宗下赐群臣的包子馅中皆藏"金珠"。附带提一句，赵祯如果不能顺利接班，武大郎就不用卖炊饼了，而是该卖蒸饼。盖因"蒸"与"祯"同音，宫人避讳改称"蒸饼"为"炊饼"。这种叫法后来就传到了武大郎所在的清河县。

那孟元老是吃面食还是吃米饭呢？要回答这个问题，我们首先要查清孟元老是何方神圣。据伊永文先生的考据，孟元老是宋太祖的后裔。宋徽宗崇宁二年（1103年），朝廷诏定南京应天府（今河南商丘）为宋太祖位下子孙的法定居住地。孟元老在开封住过20余年，寄住杭州时，他仍以开封旧人自居。所以，本籍河北的孟元老不管从何种角度而言，都是不折不扣的北方人。孟元老生性随和，且长居饮食文化呈多元化发展的开封城，他的舌尖早已融会南北，不会挑三拣四。北人吃南食，南人吃北食，方才符合大宋和谐社会的精神。大气的开封人自不会拒吃南食。

开封城有着庞大的富豪群体。北宋前期，宰相王旦和宋真宗商讨京城贵金属价格上涨的问题时，他说："京城资产，百万者至多，十万而上，比比皆是。"

---

① 缗钱：用绳子串成铜钱。从汉代时成为计税单位。

开封餐饮业的从业者由于常与京城的豪商贵族打交道，也练就了一双看人下菜碟儿的亮眼。孟元老是赵宋贵胄，自然会受到与其地位相符的优质服务，他自己曾不无自豪地说："吾辈入店，则用一等玻璃浅碗，谓之'碧碗'。"

由于玻璃技术制造工艺的落后，旧中国玻璃制品不仅产量稀少，也难和阿拉伯、波斯、东罗马诸国的舶来品相抗衡。宋代玻璃可是被时人当作宝贝！《西湖老人繁胜录》①所记的杭州"七宝社"宝物中便有"玻璃盆""玻璃碗"等玻璃器皿。贵游子弟光临，他们方敢奉上玻璃碗。赵大官人即便不慎失手打碎了它，也还赔得起。孟元老倘非遍身罗绮者，那些精通世故的生意人，会给他端上玻璃"碧碗"吗？

▲ 宋徽宗赵佶《文会图》局部　据图可知，宋时的文人在聚餐时已实行合食制。

---

① 南宋佚名著，题名西湖老人。作者大抵为宋宁宗临安（今浙江杭州）人。所记和《梦粱录》《武林旧事》相同。主要记录临安市民游艺活动及各类艺人姓名和事迹。

待孟元老一落座，店员就拿着笔纸，凑近相询并抄下孟元老要点的菜名。据今人所知，北宋开封互不重名的肴馔已逾500种。问题是，孟元老一餐要点多少道菜？店员们要多久才能记住本店所有的菜名？一切只有天知地知还有他们自己知。

在店员到厨房下单的间隙，孟元老的周围旋即形成一个小市集。那些过来给孟元老换汤、倒酒的妇人，都是清一色的"腰系青花布手巾，绾危髻"。她们实非受雇于本店，只是过来挣点散钱的邻近妇女，开封人管她们叫"焌糟"。有些生活没有着落的闲汉，上来唱喏一声，异常客气地问孟元老是否用得着他们，他们可以替他代购物件，唤来妓女。其实妓女又何必非要闲汉点唤呢？她们自会前来，到桌前陪侍。她们来了，孟元老即便是柳下惠，也会打赏她们几枚钱，名为"打酒坐"，亦名"礼客"。上前给孟元老换汤斟酒、歌唱献果的人，谓之"厮波"。有卖食药、香药、果子等物的过路人，他们也不问客人要还是不要，一把扔给坐客，谓之"散暂"。先前说的自雇人士无非是过来讨钱罢了，孟元老要是不肯给小费，他们"则强颜奉取，必满其意而后已"。

等孟元老用钱打发走他们了，上菜的"行菜者"也到了。他们技术娴熟、

▲ 开芳宴图彩绘雕砖（图片由网友"慢慢来"提供）
开芳宴是兴起于唐朝时的夫妻或情侣之间的一种宴会，表夫妻或情侣相爱之意，一度是宋金墓画中的流行题材。与开芳宴相对应的是"开华宴"，两者不同处在于：开芳宴由男方主办；开华宴由女方主办。现藏于中国国家博物馆。

《清明上河图》局部　图中小贩卖的是西瓜还是大饼是今人仍在争论的话题。

训练有素,"左手权三碗、右臂自手至肩驮叠约二十碗",店主要求他们送菜时要又快又准,客官所点饭菜,绝不许有差错。

如若觉得不胜其扰,顾客大可移步州桥附近的"炭张家"和"奶酪张家",他们不准一切外间的闲人入店干扰,店内也不卖以次充好的劣酒,只卖上等的好酒与自家腌藏的菜蔬。

若遇恶劣天气,食店客流量骤减是必然的事。不愿湿鞋的有钱人会留在家中吃饭,他们家里往往养着一个炊事班。宋人用餐已不实行古时的分餐制而兴合食制,一家人围坐在桌旁同吃一盘菜、共喝一锅汤,已是他们在家吃饭的日常情状,妻子亦无须再为丈夫端来用于各自进食的食案了。所以,汉代成语"举案齐眉"已不适用于宋代的家宴。

那些自己不下厨、又懒得出门的市民要如何填饱肚子呢？莫愁莫愁，开封城有的是推车漫行，或是顶盘担架四处寻求买主的食品小贩。市民随便一招手，他们就过来了。他们自不必担心销路，因为往昔的开封工商业者多不做饭，"市井经纪之家，往往只于市店旋买饮食，不置家蔬"。

此外，京城的大型食店既接受外边商家的食品寄卖，还会给市民送外卖。最吃香的外卖是"软羊诸色包子、猪羊荷包、烧肉干脯、玉板鲊①、犯鲊②"等物。连住在宫里的皇帝，时不时也会委托臣仆到宫外市肆选购美食。宣和年间，每值腊月，京城晨晖门外"设看位一所，前以荆棘围绕，周回约五七十步"，专待"御前索唤"。能不能成为皇宫的供货商，就看商人们的本事了。可他们想大摇大摆地进宫去，就难了！

孟元老似乎对宫里的内务了如指掌。请看这一段摘录："省门上有一人呼喝，谓之'拨食家'。次有紫衣、裹脚子向后曲折幞头者，谓之'院子家'。托一合，用黄绣龙合衣笼罩，左手携一红罗绣手巾，进入于此，约十余合，继托金瓜合二十余面进入，非时取唤，谓之'泛索'。"他若不是多次亲眼见过皇宫御膳的全过程，何以写出这么繁细的文字？他若不是和宋徽宗有着一层血缘关系，众目睽睽之下，何以挨近御膳房？仅"宰执亲王宗室百官入内上寿"一节，就占去《东京梦华录》全书将近十分之一的篇幅。纪实作家在叙事时，自己越熟悉的地方，叙述就越具体。所以孟元老的本尊当是做过皇城执事官的宗室子弟，可能也曾是国宴的座上宾，只是处事低调的他不爱吹嘘罢了。

孟元老的工作应该较清闲，才能乐在"仆数十年烂赏叠游，莫知厌足"的闲岁中。日落西山，暮鸦盘转，行人拖着疲惫的身子，带着憔悴的面容归家时，孟元老今天的好戏才刚刚开场。

---

① 玉板鲊：一种用鲟鱼制成的鱼干。
② 犯鲊："犯"指猪肉干，"鲊"指鱼干。

夜色温柔

苏东坡在开封城约略住过十年,元丰六年(1083年)三月三日,当他身居黄州(今湖北黄冈)时仍心系开封城的通衢街灯,"蚕市光阴非故国,马行灯火记当年"。居于开封20余年的孟元老更忘不了夜色如昼的开封城,他可是"觅食到天明"的夜行老饕!

开封城的主要大道称为"街",如潘楼街、御街、牛行街等,以这些大街为原点,向两旁分枝并延伸开去的小街道是谓"巷",如甜水巷、杀猪巷、宜男桥小巷等。州桥夜市以州桥为起点,一路沿御街南下,穿过朱雀门后,到龙津桥为止。孟元老在《东京梦华录》中以较大的篇幅向我们介绍过他最常驻足的州桥夜市。州桥是开封里城的一座桥梁,处于汴河与御街的交会处。从地图上看,州桥大略处于京城的中心。它下临汴河,正对天街,不通舟船。桥的两侧皆有雕刻精细的石柱,兼作皇帝辇辂通行的路桥。因此,闲常时的州桥也是一派游人接踵、行旅辐辏的繁忙景致。不过,州桥的魅力不在白天而在晚上。向晚时,州桥邻近的街衢灯红灼烁,暖香袭来,它换上了夜的新妆,夜市开始了。

州桥夜市开在居民区中间,住商混杂是宋代城市的常态。但对宋之前的古人来说,这是想都不敢想的事儿!先秦以来,中国城市都严格施行"市坊制",商人活动的"市"与城民居住的"坊"被人为隔开。以唐都长安为例,整座城市除被城墙封闭之外,城内的上百个住宅区"坊"和仅有的三两个商业区"市"之间也被高墙锁住。独立的市坊日间开放,夜则闭门。坊市之间由若干街道相连,但是,在大街两边不准开店,也不准兴建民居。入夜后,坊民允许在坊内通行,在上午坊门打开以前,"禁行,明禁出坊外"。只有那些胆大包天的五陵少年才敢犯险去教坊听一曲《琵琶行》。只有在静得无声的大唐暗夜中,王维才写得出"鸟鸣山更幽"的佳句。天宝三年(744年)十一月,唐玄宗下敕:每年正月十四五六日开坊市燃灯。此令永为例程,这三夜的长安城方成"不夜城",

管治安的金吾衙司不禁夜。

宋代不是没有宵禁,但随着坊墙的渐次倒塌和拆除,夜禁就变成了一句口号。开封市民只要别把夜晚当成"月黑风高杀人夜",城中的警戍一般会予以放行。也许,大宋宰相王安石想是听惯了比百鸟齐聒还要烦人的城市噪音,才要将王维的诗句改铸为"一鸟不鸣山更幽"。

宋仁宗登基后不久,下令拆除开封城仅余的坊墙。这项举措成了醉汉的福音,"醉乡路稳宜频到",他们不用再害怕会撞上坊墙了。"坊墙"终成一个历史名词,"市坊制"也被"厢坊制"取而代之。

"厢"是宋代城市行政区划的基层单位,新行的"厢坊制"奈何不了侵街现象。整治侵街乱象就成了京城管理者的一大难题。北宋政府为了制止无休止的侵街违建,曾在开封大街与沿街楼宇的边界立上表木,表木以内的建筑物将被强拆。

▲ 宋·佚名《花坞醉归图》 宋代画师眼中的桃花源,展现了桃花满树、酒店旗飘的景致。

官府与民户因此展开了一场拉锯战，最终，官府让步了，不得不对早已有之的过界建筑既往不咎。

官府也曾下令禁止占道经营。仁宗时，朝廷诏禁在京城桥梁上搭盖摊铺，以免造成交通堵塞。只须看一眼《清明上河图》里的虹桥，即知在孟元老所处的徽宗朝，禁令早成一纸空文。后来，只要不妨碍人车通行，无论是在路边盖建七宝楼台还是在路边挂羊头卖猪肉，开封府的官吏都不会横加干涉。当然，侵街也不是百无一是的，因为不许侵街，就不会有临街的商铺了。

御街白天是皇帝的私家路，但暮色渐沉时，就不再姓"赵"了。州桥夜市的摊主们多在御街两边的人行道"御廊"做买卖。到了政和年间，开封府派人在御廊下安放黑漆杈子，并于街心放上两排红漆杈子，不让平民及车马上御街。市人只准在廊下杈子外行走，杈子内用砖石砌出两条水渠。宣和年间，官府在水中遍种莲花，在水岸边混栽桃李梨杏，孟元老望而生叹："杂花相间，春夏之间，望之如绣。"

"御街新政"并未抑制夜市的发展，又因朝廷美化了御街的周边景观，反而还促使州桥夜市加速膨胀。州桥夜市的商户们老早就想好了应策——向御街两边的小巷要空间！州桥、朱雀门、龙津桥是州桥夜市的三大界标。朱雀门前有一条叫"杀猪巷"的巷子，它是屠户们的聚居地，也是藏有妓馆的曲巷！你可会恍然有悟：杀猪的莽汉和卖身的女子都是做皮肉生意的！

杀猪巷的对面是"麦稍巷"。巷中有一座"状元楼"，紧挨着它的又是妓馆，这真是无限拉近了宋代文人"书中自有颜如玉"的理想与现实之间的距离！妓馆的门倌不会直接在门上贴两个大字"妓馆"，但为教狎客好寻路，他们会在门外挂两个大红色的红灯笼。要探究"红灯区"的源头，就来州桥夜市吧！

朱雀门南的这两条巷子，其"街心市井，至晚尤盛"，足见它们也是州桥夜市的两大旺区。酒楼、食店、茶坊、妓馆、瓦舍勾栏是开封城上规模夜市的"标配"，缺一不可。这五大标配中，前三者均与"食"有关，我们还是再说说州桥夜市的美食好了。

孟元老可于州桥夜市吃到开封城最物美价廉的各色熟食，那些肉香已深深存在他的脑海中。在南宋临安的客居暮岁中，老了的孟元老还在念叨着它们的名称，而不感烦琐："王楼前獾儿、野狐、肉脯、鸡。梅家、鹿家鹅鸭鸡兔、肚肺、鳝鱼包子、鸡皮、腰肾、鸡碎……""旋煎羊白肠、鲊脯、馓冻鱼头、姜豉、鲽子、抹脏、红丝、批切羊头、辣脚子、姜辣萝卜。"这些美食价格公道，"每个不过十五文"。

州桥夜市会在不同的岁序，推出不同的宜口食品。夏时是各类凉品和甜品，还有一些易于开胃的麻辣食品，如"麻辣鸡皮""芥末瓜儿"。为使客人更好地抵御寒冷，冬天则卖肉熟食，"盘兔、旋炙猪皮肉、野鸭肉、滴酥水晶脍、煎角子、猪脏……"之类，以让客人暖身。

孟元老说州桥夜市营业至三更时，但这只是理论上的说法，后来他自己又

▲ 南宋·佚名《春游晚归图》 图下方为两排用于隔街的杈子。

说"如要闹去处,通晓不绝"。州桥夜市的排场也已够壮观,但还有更甚者!孟元老说:"(马行街夜市)比州桥又盛百倍!"

马行街是一条南北走向的大街。从皇城的正南门——宣德门——出发,沿潘楼街东行,到了第一个十字路口"土市子"向左拐,就到了马行街。马行街也是开封城的豪宅区与酒楼区,京城的富商、高官、名医多居此街,开封酒楼的前"三甲"——樊楼、庄楼和任店——也在本处。此外还有形形色色的杂货铺,为应付客官们的不时之需,它们也较晚关门。

马行街是开封"食不厌精,脍不厌细"的富人之聚居区,本区夜市所卖的小吃与点心,比州桥夜市的同类食品都要精致。"(马行街)夜市亦有燖酸豏、猪胰胡饼、和菜饼、獾儿野狐肉、果木翘羹、灌肠、香糖果子之类。冬月虽大风雪阴雨,亦有夜市:碟子姜豉、抹脏、红丝水晶脍、煎肝脏、蛤蜊、螃蟹、胡桃、泽州饧、奇豆、鹅梨、石榴、查子、榅桲、糍糕、团子、盐豉汤之类。"

孟元老若来晚了,只恐难觅立足之地。孟元老曾记得"(马行街夜市)车马阗拥,不可驻足,都人谓之裹头"。他专辟一节讲述州桥夜市的概况,可能是因为他是一个平民化的贵族,更喜爱未被罗衣玉裳占满的州桥夜市吧?

州桥夜市,没有非去不可的理由。但对四类人来言,马行街不能不去。一是不懂节制的酒鬼们。京城的国医多住在马行街,街北的药房相当多,当他们酒后感到肠胃不适或头晕脑胀时,走不多远就能找到有卖专治消化类疾病的"肠胃丸",还有解酒的"集香丸"。二是想和时政动态同步的人。朝廷的诏书除了公布在尚书省衙署前,另一处就是马行街,他们可去马行街读榜。三是怕蚊子的人。古人虽赋予蚊蚋一个诗意的名字"白鸟",但夏天时,谁不厌恶那些在耳边嗡嗡乱叫的蚊子?开封城多蚊,唯独马行街无蚊。因那蚊子性畏油火,据蔡京的儿子蔡絛说,马行街"灯火照天,每至四鼓罢,故永绝蚊蚋"。四是想观赏元宵灯景的人。每到元宵节,开封连办五夜的灯会,十几里长的马行街上满是火树银花,笙歌声沸。

不知无数次跟跟跄跄地寻路回家时，孟元老可曾留意过一个不起眼的卖薄荷小贩？如果没印象，也不能怪罪于他。北宋末年的开封人任谁也想不到那个小贩竟是女真人派来的间谍。小贩本是女真国的军校，奉命潜入开封城打探敌情，十几年间，无人识破他的假面。

北宋清雅的文化犹如一杯口感清冽的佳酿，杯中倒映着钗横鬓乱、征歌逐舞、宝檠银釭的景象，沉浸在琥珀浓酒中的大宋君民醉而复醒，醒而复醉，他们何暇顾及那些远在白山黑水之间的女真人。

▲《清明上河图》局部
供售肠胃药的赵太丞药铺

梦华

武林旧游——周公瑾和他的杭州城

予襄于故家遗老得其梗概,及客修门闲,闻退珰老监谈先朝旧事,辄耳谛听,如小儿观优,终日夕不少倦。既而曳裾贵邸,耳目益广,朝歌暮嬉,酣玩岁月,意谓人生正复若此,初不省承平乐事为难遇也。及时移物换,忧患飘零,追想昔游,殆如梦寐,而感慨系之矣。

——周密① 《武林旧事》

▲ 南宋·潜说友《咸淳临安志》清同治刊本中的西湖图

---

① 周密(1232—1298):字公瑾,号草窗。南宋词人、文学家。擅诗画音律,尤好藏弃校书,一生著述较丰。著有《齐东野语》《武林旧事》《癸辛杂识》《志雅堂杂钞》等杂著数十种。

西湖掠影

休怪南宋君民"直把杭州作汴州",南渡岁月是如此的冗长,亦使偏安成旧习,随着第一代中原移民存者日减,南宋新生代对开封的情感只停留在纸面上,没有了先辈们那种浓稠的旧情。

南宋的过亿人口中,除了辛弃疾、陆游等爱国者和那些已被牢牢钉上历史耻辱柱的投降派,剩下的就是沉默的大多数,他们只有一个愿望:无论是王师北定中原,还是胡骑投鞭渡江,他们都只想好好生活。祖国的半壁河山就是宋人赖以栖身的最后家园。自宋高宗驻跸杭州之始,南宋小朝廷便有将杭州建设成新汴京的设想。

"东南形胜,三吴都会,钱塘自古繁华"①是北宋杭州城的总括,赵构将杭州定为南宋的"行在"(临时行宫),并非只看重杭州民物阜盛的旧基,西湖的湖山佳景也是南宋定都杭州的一大理由。周密《癸辛杂识·西湖好处》说:"青山周围,中涵绿水,金碧楼台相间,全似着色山水。独东偏无山,乃有鳞鳞万瓦,屋宇充满,此天生地设好处也。"

别问西湖美在哪里,因为西湖处处都是美,只说一处,恐会挂一漏万。周密也说:"西湖天下景,朝昏晴雨,四序总宜。"西湖的美不止一处,杭州的善亦不止西湖这泓青碧。南宋国力虽较弱,除却兵荒马乱、全国歉收的那些年景,南宋能称得上是小康盛世,杭州城更是迈进"从摇篮到坟墓"的高福利时代。

官府时常免租或减租,有的都民甚至一整年都未交过房租,税务部门还常常减免诸项税息。逢节庆或灾荒,皇帝会向市民分发"黄榜钱";降雪时,市民还会分到"雪寒钱"。杭州的大户富室也经常向市民派钱。此外,杭州还有多间福利机构:生病的市民可去政府设立的"施药局"免费问诊;"慈幼局"

---

① 选自柳永《望海潮》。

南宋·夏圭《西湖柳艇图》
水上木舟来往,湖畔酒家隐翳柳林中。

▲ **《笼袖骄民图》局部** 本图传为南唐董源所绘。图卷展现了南方"骄民"的生活场景。画家着意于江南的郊野风光,并在画中穿插了时人的风俗。学者启功据《武林旧事》和元杂剧中的"笼袖骄民"等语,将"骄民"解释为天子脚下幸福驯养之民,此说甚凿。

专收孤苦儿童;"养济院"是孤寡贫民的收容所;"漏泽园"则是非营利性的殡仪馆,那些无钱入殓的贫民在死后能在这里得到安身之处。

  周密感喟:"民生何其幸欤!"南宋杭州城不仅载育了150万市民,还使市民皆能安居乐业,周密能不骄傲吗?周密将杭州人称为"骄民",但骄民绝不含贬义,他也因为自己是杭州的"天之骄民"而自傲。

  周密是世家子弟,原籍山东济南,自北宋末年起,周氏族人就再也没回过济南,而以毗邻杭州的湖州为世居地。当周密还在牙牙学语时,他便追随父亲踏上转蓬离乡的游宦路。26岁时，他在杭州住下，一直住到45岁，亦即南宋宗国倾覆的那一年。宋亡前的20年，周密过着"朝歌暮嬉，酣玩岁月"的优游乐日。宋亡之后，周密仍未离杭，成为一名抗节不仕的前朝遗老。到了鬓已斑白的晚年，他凄然顿觉：孟元老这位慵懒的前贤因病而未能写完《东京梦华录》，如今世故纷来，自己若不惜重自己的有限光阴有限身，杭州城的琐忆终会湮灭。

周密是40年的老杭州，又是博雅君子与才子词人，比他老资格的杭州人没有他的文笔，纵有胜过他的文学家也未必有他那么熟悉杭州的一草一木。所以，他在南宋文明落花委尘之际，蘸着烛泪与老泪为杭州写了一部新的《梦华录》。因为杭州城有武林山，杭州故亦名武林，是书遂名《武林旧事》。此书叙事贯穿南宋150余年，既有纵向的记录，如从元宵写到除夕，使后人能还原南宋老百姓一年间的生活状貌；还有横向的采风，尤以第六卷最出彩。周密满纸挥洒笔墨，依次点绘了杭州城的市场、酒楼、茶肆、歌馆、瓦市、作坊、饮食等与市民常日生活息息相通的事物。卷六的这些事物都围绕着宋人所说的开门七件事"柴米油盐酱醋茶"展开，这七件事又可提炼出一个字——食。

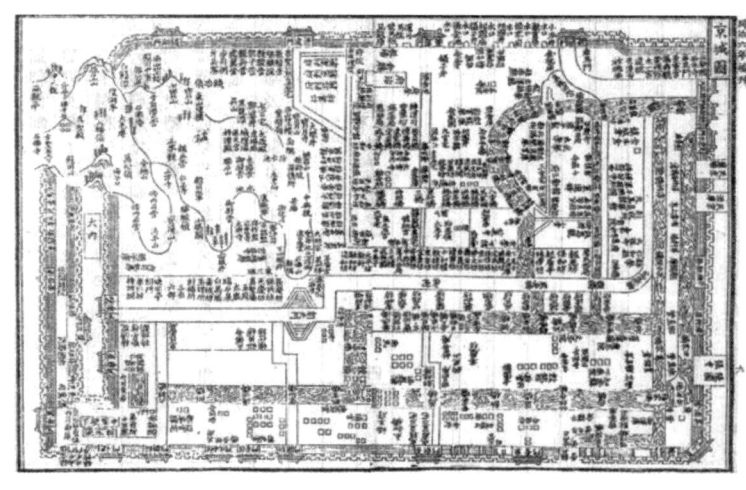

▲《咸淳临安志》中的京城图

杭州食尚

《武林旧事》既是一部杭州生活志也是一部地理志、旅游志,杭州"美食物语"则是这部生活志的主轴。

南宋的杭州菜系比北宋的开封菜系更加精深。素有"人间天堂"美誉的杭州是丰饶的鱼米之乡,方圆百里物产繁富,这仰仗了开封城所不能比拟的交通优势。开封的黄金水道是汴水,杭州的黄金水道却比汴水要开阔多了。南宋是中国的大航海时代,水手们的征程是星辰与大海,杭州人因此能获得种类更多的食材。仅杭州城所在的临安府境内,就栽种了18种不同种的扁豆和黄豆、9种稻米、11种杏、9种梨。有些食材来自于绝远的异域。远洋帆船从波斯、阿拉伯、南洋诸国运来一船船的外国货,葡萄酒、葡萄干和椰枣便成了宋人餐桌上的常见之物。

▲ 南宋·吴炳《嘉禾草虫图》 画中水稻稻穗低垂,蝴蝶、花虻、蜻蜓纷飞,展现出自然之物所蕴含的生趣及生活的祥和。现藏于台北故宫博物院。

▲ 南宋·佚名《草虫瓜实图》

在北宋时，汉地亦产葡萄酒，《五总志》说："葡萄酒自古称奇，本朝（北宋）平河东，其酿法始入中都。"河东（即今山西省）盛产葡萄，因成葡萄酒产区，后来河东被纳入金国版图，宋代才从葡萄酒输出国变为输入国。然而，杭州人对外来的葡萄酒并无太大的兴趣，他们喝惯了自酿的黄酒和米酒，偶尔才会尝尝洋酒。米酒是杭州人餐台上的必备品，无论是在家宴还是城中的酒楼中，他们进餐时都会喝米酒。宴间，每道菜上席时，他们也有喝一小杯米酒的旧例。杭人会餐时，还会吃点果品。今人常在饭后食用果品，宋人却是在餐前。这种宋俗在《水浒传》中亦有反映，梁山豪雄设宴待客，亦都铺展果品。

周密生活的时代是13世纪，其时杭州菜的做法已与今日中国菜的做法如出一辙，有外国学者认为当时的杭州菜肴甚至比现代中国还要丰富。杭州酒楼中供卖并得到市民好评的"市食"多达500多种，这还没算入那些街边小摊贩叫售的零碎小点。周密在《武林旧事》第九卷"高宗幸张府节次略"中记述了赵

武林旧游

▲ **宋代小品画《香实垂金图》** "小品"是中国画术语。该词最初出自佛经，佛经将其经典中的详者称为"大品"，略者称为"小品"。小品画盛于宋代，今存的宋代扇面画均是小品画。这幅《秋葵图》应是一幅南宋画院派的执扇画，从中我们可以窥见宋代小品画隽永精致的艺术特色。

梦华

构亲临名帅张俊①府邸的御筵，本卷亦是中国今存最早的御筵食单。这张食单须得批上"铺张浪费"四字，它详列席间所上的200多道菜肴，还依序写出仆人上菜的顺序。

最先上筵的是果品，有鹅梨、乳梨、石榴、橙子等鲜水果；榛子、松子、

---

① 张俊（1086—1154 年）：字佰英，凤翔府成纪（今天水）人，南宋武将。曾征南蛮，攻西夏，御金兵，累立战功。

39

▲ 南宋·佚名《春宴图卷》局部

▲ 宋·佚名《谷丰安乐图》 现藏于故宫博物院。

莲子肉、大蒸枣等干果；甘草花儿、官桂花儿、白术人参等"镂金香药"；青梅荷花儿、雕花橙子、红消花等"雕花蜜煎"；姜丝梅、砌香梅等"砌香咸酸"瓜果；还有含蔬果佐料的肉瓜齑和皂角铤子等"腊脯"；最后奉上的果品叫做"垂手八盘子"，盘子里盛着大金橘、小橄榄、榆柑子等佳果。

献过果品后，再上下酒的菜式。"下酒十五盏"的每一盏都有两道菜，第

南宋龙泉窑青釉花葫芦瓶（图片由网友"慢慢来"提供）

十盏的"洗手蟹"至今仍是中国的一道名菜。此外,还有炒白腰子、炙鹌子脯、润鸡、润兔等"插食";煨牡蛎、蟏蛑签等"厨劝酒十味";莲花鸭签、茧儿羹、水母脍等"对食十盏二十分"。

　　周密和张俊的后代张枢①私交甚笃,因而得以悉知百年前张府那场豪宴的盛大景况。周密倘也想复刻张府的皇家级筵会,至少得雇得起"四司六局"。四司六局是专事办宴的团队:账设司负责各种陈设;茶酒司专掌宾客的茶酒和汤水,安排座次与迎送等事;厨司是幕后的厨师;台盘司负责传送杯盏碗碟等食器;果子局、蜜煎局、菜蔬局各管三类食物的供送;油烛局、香药局、排办局则管灯火照明、香料汤药、打扫清理诸事。杭州的官府贵家常设四司六局,财势稍逊的小民只要开出好价钱,那些有空闲档期的四司六局亦肯为他们排当宴席。

　　小市民若请四司六局来做一顿饭,好似用宰牛刀杀鸡,因为他们的收费可不是三五两银子就能打发的。周密仅当过县令一级的小官,他父祖因嗜书如命,常将良田售出以购图书,亦未给周密留下多少物质遗产,充其量只是杭州的中产人士。所以,周密应当很少或者从未雇佣过四司六局办宴席。

　　周密所居的杭州城没有南食"原教旨主义者"的生存土壤。杭州城区的餐馆多由开封人开办,那里供应的菜肴都仿照开封与宫廷的旧风味,北方的饮食传统因此便传入并在杭州扎根。随着北方移民的大举涌入,北方人成为杭州人数最多的族群,其人数倍于杭州的原住民,杭州现有的南方菜馆已无法与杭州城北方人剧增的人口结构变化相适应。所以,开封菜迁播来杭之后,从不曾将"京菜"的头衔拱手让出。杭州的本地人也绝不会看低开封菜,相反还会将开封菜当成最时髦的菜系。新开的餐馆唯有在门庭标榜"开封菜"和"汴京御厨",才有望名利兼收,一个不会做开封菜的厨师亦称不上是杭州的名厨。

---

① 张枢(1292—1348年):字子长,东阳人。他文思敏捷,挥笔成章,曾刊定《三国志》。

▲ 南宋官窑出品的瓷制酒器——青釉贯耳壶

《梦粱录》[①]说："杭城食店，多是效学京师人，开张亦效御厨体式，贵官家品件。"

由于杭州地居吴越，北方人也得入乡随俗，他们的菜谱便加进一些南方菜，口味也渐向浙菜趋近，兼容并包所能带来的诸种益处一言难尽。经过上百年的融合，开封菜与浙江菜最终合二为一，融成全新的杭州菜。吴自牧[②]说："南渡以来，凡二百余年，则水土既惯，饮食混淆，无南北之分矣。"北宋时北上的"南食"只是作为特色饮食丰富了开封饮食业，南宋时南下的"北食"却统和了杭州饮食业。杭州饮食界的南北界限已被宋人破弃。

杭州餐饮业如日中天，政府为了分一杯羹，也办起了酒楼。杭州国营酒店都由掌酒务的官衙"酒库"开办，归户部点检辖管。杭州酒库下设的酒楼有：东酒库的太和楼，西酒库的西楼，南酒库的乐楼，北酒库的春风楼，南上酒库的和丰楼（又名正南楼），西子库的丰乐楼、太平楼，中酒库的中和楼，北外库的春融楼。此外，南外库、东外库、西溪库、赤山九里松酒库也都设有酒楼。"国字号"酒楼不一定就能让人乐不思归。私营酒店如同漫山遍野的锦簇花树，凭依官府助力的官营酒店就似娇弱的宫花，后者未必是前者的敌手。排得上号的民间名楼有熙春楼、三元楼、赏心楼、五间楼、花月楼、嘉庆楼、聚景楼、风月楼、赏新楼、双凤楼、望湖楼、涌金楼、泰和楼等。名见《武林旧事》《梦粱录》《都城纪胜》[③]诸书的杭州名酒楼有30余家。

酒楼的盈亏主要取决于客人的满意度。因此，店主都非常注重内部管理，明确店员的各自职责，并有一套严格的奖惩制度。"铛头"又称"着案师公"，他们是专职烹饪的厨师；"行菜"负责送菜，有时也会做些点菜之类的工作；"过买"专门负责点菜；"外出醫儿"亦称"僧儿"，他们是专门拉客和送外卖的

[①] 《梦粱录》：南宋吴自牧著。成书于南宋末年，叙述了南宋时期临安的情况，其中记录了不少关于民俗和民艺的材料。
[②] 吴自牧：表字不详，生卒年亦不详，钱塘人。宋亡后作《梦粱录》，介绍南宋都城临安（今杭州）的城市风貌。《四库全书总目提要》认为此书与孟元老所著《东京梦华录》同体。
[③] 《都城纪胜》：南宋耐得翁著。与《梦粱录》《武林旧事》同为研究临安以及南宋社会和城市生活的重要文献。

小厮。店里的伙计如若服务不周，或是上菜太慢，顾客可以告到店主那里。店主会视情节轻重，选择责骂罚工还是将其辞退。杭州酒楼的底楼名为"门床马道"，专为那些散客而设；上楼称为"过山"，意示只有那些酒量大的有钱人才可上楼，这与《水浒传》景阳冈"三碗不过冈"有异曲同工之妙。

食客坐定后，店员会送上一盘"看菜"，千万别下筷，这是只能看不能吃的样品，有一个外地士大夫就因为误食"看菜"而遭讥笑。店员问过客人要买多少酒，才会撤走"看菜"，换上真供食用的菜肴。他们这么做只为判定客人的消费能力。那些一进店就召唤妓女陪酒的酒客会被当作娇贵的财主，店员就会给他们送上精贵的酒菜，索取高价。不谙识杭州酒楼潜规则的酒色之徒在结账时，才知"后悔"二字怎么写。钱囊不鼓的外地人若不想惹事，还是改去小食店为好，那里不是喧哗的酒楼，是非自然也较少。由于杭州小饭店品流极杂，这里只略谈几种杭州的特色食店。

羊饭店有一班贴心的店员，客人如果很赶时间，店员就给他们送来头羹、石髓饭、大骨饭、泡饭、软羊、浙米饭等速食；客人要是有闲情，店员将供送肚尖、腰子等下酒菜，让客人细细品味本店的水酒。

碗头店店面简陋，门首常挂草葫芦或者银制品，店子的框架多用竹栅布幕搭建而成。杭人又称它是"打碗头"，意思是指顾客极可能喝过一碗酒就溜。碗头店出售的下酒菜亦极粗恶，如血脏、豆腐羹、熬螺蛳、煎豆腐、蛤蜊肉之类。到这种店子进食的人大多是唯求果腹的草民，耐得翁①说它们"不甚尊贵，非高人所往"。

衢州饭店亦名"闷饭店"，这是一种专售家常饭菜的饭店。它们的招牌菜是鱼、粉羹、鱼面等菜点。若只想吃饱，大可去衢州饭店，但请朋友到这种小店胡吃海喝就不太适宜了。耐得翁只给了中评："欲求粗饱者可往，惟不宜尊贵人。"

---

① 耐得翁：赵姓，生卒年不详，生活在南宋宁宗、理宗时期，著有《都城纪胜》。

花园酒店环境颇佳,因其设在花草繁密的场地,或是酒店装饰仿照城中的园亭池林而得名。

荤素从食店许是杭州品种最齐全的点心店。它们所售的食品有四色馒头、金银炙焦牡丹饼、杂色煎花馒头、枣箍荷叶饼、芙蓉饼、菊花饼、子母仙桃、重阳糕、水晶包儿、鹅鸭包儿等50余种点心。另还有只卖素食点心的食店,其名点有丰糖糕、乳糕、栗糕、镜面糕、重阳糕、枣糕、鼓笋丝、假肉馒头、笋丝馒头、裹蒸馒头、菠菜果子馒头等。

杭州食市亦分早市、日市与夜市。早市每日从交五更开始,街市的铺店随晨钟而开,供贩杭州人的早餐。冬天的当季早点是五味肉粥、七宝素粥;夏天是卖义粥、环饼、豆子粥;煎白肠、血脏羹等餐点则四季皆有售。早市的喧闹声音犹在耳,日市即已如火如荼。夕阳西下却不是永夜降临的前兆,杭州夜市的烛炬与灯具将照亮整片夜空。开封夜市多只开到三鼓时,杭州夜市却延至四鼓。五鼓钟鸣时,早市的店家们又要开店了。杭城还有"通宵买卖,交晓不绝"的面食店,还有夜夜笙箫、日日腾沸的酒楼,周密只要熬得住,大可以彻夜达旦地吃个不停。

杭州食尚与开封食尚之间的关系可谓是"青出于蓝胜于蓝",而它们有着系出同源的文化基因,两者间的"同"远超过"异"。最显著的区别在于,南宋人似有滥用"食色性也"的趋向,凡与食沾边的饭店、酒楼、茶肆,杭州人都能给它们添进情色的元素。"庵酒店"是南宋的特产,它只是徒有虚名的"酒

▲ 管道升《烟雨丛竹图》

店",说穿了就是妓馆,其酒阁内暗藏供男女行淫的卧床,店门前高挂醒目的标记物——红栀子灯。而开封城还不够格与莺花满巷的杭州城相提并论。无论意大利人马可·波罗是否来过中国,他剖析南宋覆灭根源的评语始终是切中要害的:"(南宋男子)不是勇武的斗士。他们贪恋女色……此处的人们如果是赳赳武夫,这个国家是不会沦陷的。偏巧他们不善征战,终而国破家亡。"①周密却不想再去追究谁的罪责,他还在梦里追寻他的故国。他老了,却不能不想她……

梦里蓇腾说梦华,莺莺燕燕已天涯。蕉中覆处应无鹿,汉上从来不见花。

今古事,古今嗟,西湖流水响琵琶。铜驼烟雨栖芳草,休向江南问故家。

——张炎②《思佳客·题周草窗,〈武林旧事〉》

---

① 【法】谢和耐著、刘东译:《蒙元入侵前夜的中国日常生活》,北京大学出版社,2008年12月第1版,第156页。
② 张炎(1248—1320年):字叔夏,号玉田,晚年号乐笑翁。宋朝著名将领。其六世祖为张俊,其父为张枢。

樊楼灯火——两宋酒楼文化漫谈

梁园歌舞足风流，美酒如刀解断愁。忆得少年多乐事，夜深灯火上樊楼。

——刘子翚①《汴京纪事·其十七》

▲ 南宋·李嵩《听阮图》　树下士人闲坐榻上，旁有拨阮、焚香、拈花、持扇的女子随侍。

---

① 刘子翚（1101—1147 年）：字彦冲，一作彦仲，号屏山，又号病翁，学者称其屏山先生。宋代著名理学家，朱熹尝从其学，著有《屏山集》。

宋室南渡后，刘子翚写成缅忆开封旧游的组诗，梁园酒乐、樊楼灯火，最是难忘。但少时的幽欢与哀愁，已随中原的沦陷而永逝不回。樊楼是开封城的耀眼地标，也是开封人的集体记忆。同时，它还是多部古典话本与小说的事件发生场所，颇受瞩目。《水浒传》两度写到樊楼，可惜施耐庵生逢纵目萧条的元明易代之世，无缘亲见孟元老笔下"集四海之珍奇""会寰区之异味，悉在庖厨"的开封物华，无力写出樊楼的种种细故。

樊楼又名矾楼、白矾楼、白樊楼或丰乐楼，它始建于何年何月，史无明载，但樊楼在北宋建国之初就已开张营业却是明白无误的。开宝七年（974年）正月十四，宋太祖曾到白矾楼看戏。樊楼名号的由来，北宋末年的开封人都已不太明了。宋代学者吴曾在《能改斋漫录》中，有过一番考证："京师东华门外景明坊，有酒楼。人谓之矾楼，或者以为楼主之姓，非也。本商贾鬻矾于此。后为酒楼。本名白矾楼。"此说较能令人信服。樊楼前身原为商贾贩卖白矾的处所，原名白矾楼，原址后建酒楼，转称矾楼。有的人误以为店主姓樊，而讹传为樊楼。

樊楼是北宋餐饮业的业界翘楚，声誉极隆，客至如云。宋元400年间，时人谈及酒肆，总不会忘记樊楼。宋理宗淳祐年间，距故都千里的杭州西湖畔，杭人再建一座丰乐楼，寓寄宋人对汴梁韶华的深深怀念。南宋覆亡前，刘克庄深叹自己生不逢时："吾生分裂后，不到旧京游。空作樊楼梦，安知在越楼。"樊楼俨若酒楼的代名词，宋末文人方回吟道："往年灯火醉樊楼，月落吹箫未肯休。"

樊楼端的有何独特魅力呢，竟教人念念不忘？先看樊楼的整体布局吧。樊楼坐落于东华门外的景明坊，宣和年间，樊楼改建成分为东西南北中、彼此以飞桥栏杆相连的五栋三层楼群，并易名"丰乐楼"。登上樊楼的北楼，皇家名苑"艮岳"的美景尽收眼底。艮岳落成后，宋徽宗命翰林学士王安中登览丰乐楼北楼，题咏艮岳即景，诗为《登丰乐楼》：

▲ **南宋·赵伯驹《蓬瀛仙馆图》** 图中的宫殿与樊楼的结构非常相似,都是以飞桥栏杆相连的楼群。

日边高拥瑞云深,万井喧阗正下临。
金碧楼台虽禁御,烟霞岩洞却山林。
巍然适构千龄运,仰止常倾四海心。
此地去天真尺五,九霄歧路不容寻。

  酒客在西楼凭栏观景时,可看到皇宫内的情形。樊楼竟盖得比皇城的琼楼玉宇还要高,出于安保的考虑,官府后来"禁人登眺"。《水浒传》的蓝本《宣和遗事》①对此却有不同的解答。是书说:"樊楼乃是丰乐楼之异名,上有御座,徽宗时与李师师宴饮于此,士民皆不敢登楼。"再联系彼年"花光满路,何限春游;

---

① 《宣和遗事》:又名《大宋宣和遗事》,为宋话本,为无名氏所作,元人或有增益。宣和是宋徽宗的最后一个年号,该书讲述了宋历代帝王荒淫误国的故事,一直写到宋高宗定都临安为止。除此之外,本书也穿插了梁山群雄聚义的故事,因此也被认为是《水浒传》的蓝本。

▲ **宋徽宗《芙蓉锦鸡图轴》** 徽宗赵佶是工书善画的文人皇帝，独创"瘦金体"字，亦是北宋花鸟画名家。他常常细心观察鸟兽的姿态与动作，所画的花鸟生动而传神。

箫鼓喧空，几家夜宴"的帝都盛概，《宣和遗事》中的解释似乎更为合理。

樊楼近禁苑，确是宋代天街里的一道奇景。仁宗时，皇帝临睡前，繁弦急管之声传到了宫里，宫人禀白道："此乃樊楼百姓饮酒作乐声。"仁宗笑说："朕为天下父母者，若百姓常得如此，足矣！"

再看樊楼的外景。孟元老说："凡京师酒店，门首皆缚彩楼欢门①。"其时，包括樊楼在内的临街门店，大都在门首扎上彩门欢楼，用于招揽贵客和辅助识别。每逢节庆，店主们则会重新修饰彩门欢楼。《东京梦华录》记："中秋节前，

▲ **南唐·卫贤《闸口盘车图》** 画中的酒楼在门口用木头扎起高过楼顶的"彩门欢楼"。

---

① 彩门欢楼：用竹竿扎成的高棚，花式繁复，尖顶高耸。

诸店皆卖新酒,重新结络门面彩楼,花头画竿,醉仙锦旆。"重阳日,酒家"皆以菊缚成洞户"。在京城的巷陌中走马观花,亦别具情调。

宋代酒楼的建筑风格与门堂装饰,大体还是沿袭五代的旧式。其因载于《梦粱录》:"五代时郭高祖游幸汴京,茶楼酒肆俱如此装饰,故至今店家仿效成俗也。"孟元老描绘京城酒店的那句话"诸酒店必有庭院,廊庑掩映,排成小阁,吊窗花竹,各垂帘幕",既可套用于樊楼,也可用套用于别的酒楼。但要说它们都是千篇一律的仿制品,亦非恰当。孟元老忆述樊楼时,寥寥"珠帘绣额,灯烛晃耀"八字却曲尽了它的晚魅之美。元宵夜,樊楼的每一道瓦楞间,都点上一盏"宝莲灯",同看灯火月明中,宛若凡间瑶宫。

樊楼底楼专供散客入座,它的二、三层有很多间被称为"酒阁子"的小包间,

▲ 宋画《悬圃春深图》中的宫殿式建筑

▲ 《清明上河图》局部
开封酒楼的二楼雅座

有钱的主顾多往楼上去。它的内部布置格局，可参见仿造樊楼而建的金朝燕京秦楼：楼上有六十个阁儿，下面散铺七八十副桌凳。

　　樊楼的地理位置也十分优越。它坐落于京城东华门外的景明坊，在"万般皆下品，唯有读书高"的宋代，东华门是书生心中向往的圣地。宋人曾有"西湖风月，不如东华软红香土"的戏语。跨马游街是朝廷赐予状元郎的恩典，东华门便是此行的终点。田况《儒林公议》[①]叙其盛况："自崇政殿出东华门，传呼甚宠。观者拥塞通衢，人摩肩不可过。锦鞯绣毂，角逐争先，至有登屋而下瞰者。庶士倾慕，倾动都邑。"

　　游过街了，状元等一众进士们还会去哪？喝花酒是他们的首选。罗烨在《醉翁谈录·平康巷陌记》说："有登甲乙第者关送天官氏（礼部侍郎），设春闱。近年多延至中夏，新贵眷恋狂游稍久。"东华门左近的樊楼，向以繁艳香浓、燕舞莺啼著称。有《鹧鸪天》词为证：

[①] 此书记录了自宋太祖建隆年间至仁宗庆历间朝廷政事及士大夫行腹得失，涉及徐铉、杨亿、钱惟演、石介、寇准、范仲淹等人事迹，甚为详明。

  城中酒楼高入天，烹龙煮凤味肥鲜。公孙下马闻香醉，一饮不惜费万钱。

  招贵客，引高贤，楼上笙歌列管弦。百般美物珍羞味，四面栏杆彩画檐。

  开封城的大酒楼均有歌姬舞女伴酒。想来，刘子翚这等公子哥儿上樊楼喝酒，醉翁之意不全在酒。

  贵游子弟到酒楼宴乐，时谓"登山"，樊楼有三层楼高，故有"一山""二山""三山"。独饮芳醇难遣怀，他们往往召请红粉佳人，助以尽欢。公子们尚未开口，机灵的店小二已拿来本店的群芳谱，恭候贵客点选，此举俗称"点花牌"。想在樊楼点到京城的花魁李师师，希望却很渺茫。李师师素日住在皇帝题匾的醉杏楼，再则，谁敢染指皇帝的御用头牌呢？

  若只为绿衣红袖而来，还是敬请移步任店罢！樊楼只是兼营娱乐业，经营重心以餐饮为主。任店是与樊楼同级的酒楼。孟元老专门提过任店的夜景，它是唯一不设彩门欢楼的名店，穿过任店的楼门，走到后堂时，占据天井两侧的数十间包厢，豁然而见。

  白天时，初来者不知其妙，但到傍晚时，是处"向晚灯烛荧煌，上下相照，浓妆妓女数百，集于主廊檐面上，以等沽客呼唤，望之宛若神仙"。

  但男士想与樊楼、任店里的"神仙姐姐"有肌肤之亲，须得随她们去往幽街曲巷。毕竟，酒楼不是青楼，据耐得翁《都城纪胜》记载："大酒店，娼妓只伴坐而已，欲买欢，则多往其居。"耐得翁说的虽是南宋欢场的"行规"，北宋的实情应也如是。赵佶倘能与李师师在樊楼欢宿一宵，又何必挖一条从皇宫直通醉杏楼的密道？樊楼是否真是赵佶与李师师幽媾之处，姑且勿论，赵佶是樊楼的常客，倒是确有其事。

  禁宫除禁止闲杂人等进入外，还有着诸多繁琐的禁令。所以，皇帝与侍臣

宋徽宗《听琴图》
此图为徽宗自画像，画中有蔡京的题跋。清人胡敬说图右下方的红袍男子就是蔡京，但没给出理由。

想喝个畅快，倒不如去樊楼。张知甫《可书》说："宣和间，京师建欣乐、和乐、丰乐三酒楼，壮观之盛，虽从官亦许游宴。时高丽遣使贺正，(宋徽宗赵佶)赐宴其上。"

樊楼成为君侯显宦、名商大贾、王公大臣的宴游胜处已有百年之久。神宗时，江南富少沈偕挽着冠绝京华的名妓蔡奴，上楼饮酒。沈公子为博美人一笑，付清当晚所有酒客的账单。事见周密的《齐东野语》："一日，携上樊楼，楼乃京师酒肆之甲，饮徒常千余人。沈遍语在坐，皆令极量尽欢，至夜，尽为还所直而去，于是豪侈之声满三辅。"沈偕的炫富豪举固无足论，但从周密讲说的这则旧闻中，我们得悉北宋中叶的樊楼日客流量已有千人之多,而这只是樊楼扩建前的数据。

在宋真宗大中祥符(1008—1016年)年间,日本遣使入贡。外使离京前,乞求一篇寺记,因当值的学士力不胜任,宋神宗宣召文思敏捷的张君房学士执笔。可那张学士却在樊楼上醉饮未归,宫使行遍京城,寻他不得。东瀛来客翘足而待,宋真宗煞是尴尬。杨亿和钱希白改编《闲忙令》时,钱希白戏称张君房是凡世最忙碌的人:"世上何人号最忙?紫微(皇宫)失却张君房。"无独有偶,同朝的鲁宗道也曾因流连酒馆,无法立刻谨领钧旨。宋真宗问他:"何故私入酒家?"鲁宗道坦陈说,他家贫俸薄,酒器不备,因有乡亲过访,才到"百物具备,宾至如归"的酒肆款待访客。鲁宗道去的那间酒楼是"仁和楼",与樊楼同属"正店"。北宋的食肆分作两个档次,财雄势大的上户酒楼叫"正店",据孟元老粗记,在京的正店约有72家,如樊楼、任店、遇仙楼、仁和楼等。次曰"脚店",它们是中小型的食店或酒馆,称作"分茶"或"脚店",它们的经营范围较小,但胜在各树一帜,在全盛时,汴京至少有3000家脚店。

脚店也好,任店与仁和楼等正店也罢,都不具备和樊楼一较轩轾的实力。

《清明上河图》局部
"孙羊正店"是《清明上河图》中唯一的正店,图右上角倒悬了诸多酒坛,可见酒的日销量不容小觑。

在通常情况下，小市民也不敢上樊楼挥霍，能被邀至樊楼吃一顿，可是受邀者莫大的荣幸。

樊楼还是开封产销量最高的酿酒坊。区别正店与脚店的关键就看它们有无独立酿酒的资格。宋代政府对酒施行专卖制，限制民间酿酒，史称"榷酒"。在京畿，有专造酒曲的官署"曲院"，应许酒户买曲酿酒自售。京城72家正店多有自酿的镇店之酒。樊楼出品的眉寿酒和旨酒，收录在张能臣所著的《酒名记》中，位列"市店"类名酒之首。

宋真宗天禧年间，樊楼每天上缴的酒税多达 2000 钱，每年从曲院购买的酒曲多至 50000 斤。此后，樊楼换了老板，樊楼新主经营不善，致使"大亏本钱，继日积欠，以至荡破家产"。樊楼是自负盈亏的私人酒楼，朝廷本可不闻不问，但樊楼要是倒了，国库也就少了一大笔税金。嗜酒的名相寇准恳请降低对樊楼的征税额度，以保住樊楼这一"酒源"和"税源"。皇帝允准了寇准的提案，此举也深受市民欢迎。宋仁宗天圣五年（1027年），连皇帝也开始介入樊楼的酒务。皇帝下诏说，谁愿意承包樊楼的酒税，朝廷就指定3000家脚店到樊楼买酒。樊楼也独自推出过旨在刺激消费的措施。宣和年间，樊楼改竣后的头两天内，凡是到樊楼买酒的头位客人，

▲《清明上河图》局部　张挂着"新酒"招幌的脚店。店里一个端着食具的男子，也许是正给顾客送外卖的店员。美国老牌杂志《生活杂志》在1998年选出过去1000年影响人类生活最深远的100件大事，其第56项即是出现在北宋都市的饭馆小吃和快餐服务。

将获赠一面金旗。政府对樊楼的扶助收到了双赢的效果。樊楼不仅向朝廷缴纳了一笔笔持续而稳定的酒税，还抬升了景明坊的人气。

樊楼周遭有多间小而精的茶馆，"甚潇洒清洁，皆一品器皿，椅桌皆济楚，故卖茶极盛"。想吃到最正宗的北方菜，就要到樊楼前，此处有李四家、段家爊物、石逢巴子等北方风味馆。

漫道一句，开封城还有另外两座樊楼。一座为地下樊楼，名曰"鬼樊楼"。开封地底沟渠深广，亡命之徒常将掳来的妇女藏匿其中，谓之"无忧洞"，亦谓"鬼樊楼"。另外一座为红巾军抗元领袖韩林儿所建。韩林儿自封"小明王"，国号"大宋"，建都开封。据《垄起杂事》载，小明王再造了一座樊楼，"起樊楼于街西，饰红裙绮瑟于上"。韩林儿自称樊楼主人，至暮夜，常上樊楼看灯火；将帅出征前，会在樊楼为部下饯行。正在东南攻城略地的朱元璋，虽然只是半心半意地效忠小明王，但在名义上也受樊楼主人的节制。

中国历史，又在樊楼掀开了新一页。

▲ 宋代瓷质酒器（图片由网友"慢慢来"提供）

一瓯风月——江湖茶坊

　　春到长门春草青。江梅些子破,未开匀。碧云笼碾玉成尘。留晚梦,惊破一瓯春。

　　花影压重门。疏帘铺淡月,好黄昏。二年三度负东君。归来也,著意过今春。

——李清照《小重山》

▲ **刘松年《撵茶图》**　该图以工笔白描的技法还原了宋人烹茶的过程。画左侧有两个茶艺师。在上者挨着几案,右手持茶盏,右手边是贮水瓮,左手边是煮水的烧器。前方几凳上有茶筅、茶盏等茶具。在下者跨在矮几上,正在碾磨茶叶。

量茶博士

夏日方永,蝉声满耳,啜饮冰茶,最能解躁。冬夜悠长,雪落寒枝,手捧温茶,适可暖心。在四时的大宋茶坊,顾客用茶时,时光仿已凝滞。烛影摇红,苦后回甘中,他们不知已喝过多少泡茶。宋人将饮料统称为"凉水",茶水亦属凉水的一种。以茶为主打饮品的茶馆,也兼售诸类凉水。在缤纷多彩的两宋都市中,茶博士给贵客推介的茶水,自不会单调。吴自牧开列过一份杭州茶坊的通用菜单:"(茶肆)卖奇茶异汤,冬月添卖七宝擂茶、馓子、葱茶,或卖盐豉汤,暑天添卖雪泡梅花酒,或缩脾饮暑药之属。"

擂茶是一门古老茶艺,今存于我国的闽粤赣地区。擂茶就是将茶叶与多种配料混合研磨,擂碎后,或冲泡或煎煮而成。杭州茶肆添卖的七宝擂茶,即为七种名贵原料混制而成的茶饮。七宝茶也是宋代的宫廷御茗,庞元英《文昌杂录》载:"仁宗每崇政殿亲试进士,亦赐大臣七宝茶。至今以为故事。"

来到一间茶坊,一个个装扮清爽的茶坊伙计托着装满茶碗的盘子,或在陈列有致的桌椅间穿行,或低首询问客人有何吩咐。这班伙计被宋人称作"茶饭量酒博士",他们如受雇于酒楼,亦可简称"量酒",在茶坊,则多称"茶博士"。茶博士之名首现于唐代的《封氏闻见录》:"御史大夫李季卿宣慰江南,至临怀县馆,或言伯熊善茶者,李公请为之。伯熊着黄衫、戴乌纱帽,手执茶器,口通茶名,区分指点,左右刮目。茶熟,李公为歠两杯而止。既到江外,又言鸿渐(陆羽)能茶者,李公复请为之。鸿渐身衣野服,随茶具而入。既坐,教摊如伯熊故事。李公心鄙之,茶毕,命奴子取钱三十文酬煎茶博士。"陆羽虽是誉满寰宇的茶圣,可他在世时不被世人赏识,甚至还遭到李季卿的鄙视。但在李季卿的俗眼中,陆羽还算得上是会煎茶的茶博士。

不是人人都能当茶博士。"博士"本是学官名,只有经过专门的培训,具有广博的茶学知识与熟练的冲茶技艺的茶坊高级茶艺人员,才能被称为"茶博

▲ **南宋刘松年《茗园赌市图》** 此图描绘了城市里的卖茶人饮茶和斗茶的场景。卖茶人的茶担上有一张写着"上等江茶"的纸条。

士"。那些只会干杂活的茶坊跑堂,是不能被称作"茶博士"的,薪资亦不如茶博士高。《夷坚志·茶仆崔三》中的主角崔三,"月顾直不过千钱,当不足给用"。茶博士只说自己的行话。譬如,南宋杭州的茶博士们每日计算所收的茶钱,不会说收了多少钱,而是以杭州为基点,到某地的里数来隐喻钱数。他们若说"今日到余杭县",便指今日茶博士收了 45 钱,因为余杭县到杭州城的里程恰是 45 里。他们若说"走到平江府(今苏州)",实指自己赚了 360 钱。所以,茶坊也是一个问路的最佳场所,而且你也不用担心会受欺骗。

　　常言道:"不怕官,只怕管。"除去官府,谁来管管这些茶博士呢?日本学者宫崎市定①认为宋代都市几乎已全变为商业都市。伴随着市场业态的日趋成熟,各个行会也在崛起。宋代行业的主事人俗谓"行老"或"行头""行首"。自古以来,茶楼就是三教九流汇集之处,小道传闻集散之地。所以,宋代茶行的行老亦为江湖的"百晓生"。州县新官到任时,他们如想尽早知掌本地的民

---

① 宫崎市定(1901—1995 年),日本东洋史学家,20 世纪日本东洋史学第二代巨擘之一。

▲ 南宋刘松年《斗茶图》 图中四个人携带着雨具和茶具，在城郊的松柏树下斗茶。斗茶又称"茗战"，是宋时盛行的一种评比茶水优劣的雅戏。

风时态，都要先去拜会当地的行老，"密问三姑六婆、茶坊酒肆、妓馆食店、柜坊马牙、解库、银铺、旅店，各立行老，察知物色明目，密切报告，无不知也"。

除了在正规茶坊里工作的茶博士受茶会行老的管束，在午夜开封小巷，提瓶卖茶的小贩也受行老管制。据南宋郑樵《文献通考》记，宋代的卖茶小贩，也须挂靠行会。"京师如街市提瓶者，必投充茶行"。卖茶小贩在日间需为饱肚而奔波。晚间会提上一瓶瓶茶，到每家每户去碰碰运气，看有谁要点茶，或是谁家需要他们代传口信，以赚点小钱。他们也是值得信赖的人，因为他们和茶博士都对茶行行老负责。

茶业行老的声望较高，其属下的茶坊常常成为各行业者的聚会点。"又有茶肆专是五奴打聚处，亦有诸行借工卖伎人会聚行老，谓之市头"，诸行寻觅本业人力时，也多需借一借茶坊的贵地，发布信息。因此，茶饮业行老常被推为当地商圈的"武林盟主"。茶博士要是操守不谨，不仅会有失业之虞，闹到了行老那里，连在本行业甚至在本地再谋生路都很难了。在话本《万秀娘仇报山亭儿》[①]中，那个在襄阳府万员外茶坊干活的茶博士陶铁僧，因偷了柜上的茶钱，被万员外赶走。陶铁僧倒还从容，他自以为"此处不留爷，只有留爷处"，不想万员外却吩咐"一尽襄阳府开茶坊底行院"，切莫雇用那个手脚不干净的陶铁僧。

宋茶坊所卖茶饮的卫生、卖相、味道也是让人放心的。这可参阅孟元老的一段记叙："凡百所卖饮食之人，装鲜净盒器皿，车担使动，奇巧可爱，食味和羹，不敢草略。"不过在茶行管不到的地方，茶的质量就没有保障了。宋朝行伍中，一些下级士兵饱受歧视，待遇极低。他们为了挣钱，也做起了送茶的兼差，"以茶水点送门面铺席"，名为乞讨钱财，实为勒索讹诈。这类人茶业行老管不了他们，他们送来的茶也就有了一个不光彩的名称叫"龌茶"。

▲《卖浆图》 六个卖茶的流动小贩正在品赏香茗。此图为宋代风俗画，现藏于黑龙江省博物馆。

[①] 冯梦龙《警世通言》中第37卷中的内容。

歌楼教坊

宋代间巷茶肆如林，孟元老说："（开封马行街）巷坊院落，纵横万数，莫知纪极，处处拥门，各有茶坊、酒店、勾肆饮食。"仅马行街一路，见有茶坊的巷坊就已不知凡几，统计开封茶坊的总数只会徒劳无功。

茶坊相对于京城的酒楼，店小客少，利润也较薄。店主大多雇不起茶博士，多采用家庭经营的模式。如杭州人石氏经营的茶坊，只能"令幼女行茶"。僻处小城的小茶坊主，即便夙兴夜寐，大多仅能维持温饱。福州城西居民游氏，"家素贫，仅能启小茶肆，食常不足，夫妇每相与愁叹"。茶坊都赚不到多少钱，遑论"卖腥茶"的兵痞了。想在茶烟袅绕的城市中脱颖而出，功夫则全在茶外。

宋代茶坊在卖茶之余，也会因地制宜兼营别的行当，或随时序换易兼卖特殊的商品。南宋西湖之畔也是茶馆的集中地。西湖茶馆常会向游人出租船只，南宋文人刘克庄《戏孙季蕃》诗曾载："常过茶邸租船出，或在禅林借枕欹。"《都城纪胜》说："无论四时，常有游玩人赁假。舟中所须器物，一一毕备，但朝出登舟而饮，暮则径归，不劳余力，惟支费钱耳。"近水楼台先得月，这些游船应多属临湖的茶坊所有。开封潘楼东街巷的茶坊每日五更时，就会买卖衣物、图画、花环、领抹等物，到清早时收摊。南宋杭州的元宵日，御街诸茶坊"渐已罗列灯球等求售，谓之灯市，自此以后，每夕皆然"。蓦然回首，那人却在灯火阑珊处。辛弃疾追寻的伊人，她的惊鸿倩影也许恰在张灯结彩的茶坊灯市中吧？

常言道："做正行的不如捞偏门的。"有些商人因抵不住潜在利益的诱惑，便把自己的茶坊变为藏污纳垢的都市暗角。一些茶坊的经营者本身就是黑道中人。周密《癸辛杂识》说："故都向有吴生者，专以偏僻之术为业，江湖推为巨擘。居朝天门，开大茶肆，无赖少年竞登其门。"所谓的"偏僻之术"指的是什么呢？"黄赌毒"是偏门生意的"三大件"，早至宋代，人们已经知道罂粟有药用价值，但尚无将它提炼成毒品的念头，所以茶坊以兼营"黄"和"赌"招财进宝。

▲ 宋佚名《西湖春晓图页》

洪迈①的父亲洪皓②曾长期滞留金国境内,其《松漠纪闻》言及他在燕京时的见闻时道:"燕京茶肆设双陆③局,或五或六,多至十,博者蹴局,如南人茶肆中置棋局也。"两宋赌风愈演愈烈,到了清代,"乡镇茶坊,大半赌场",在两浙的重灾区,"茶肆皆设赌具"。

吴自牧说,杭州大街上有三五家挂名的茶坊,楼阁里专藏妓女。这类容留妇女卖春的茶坊,名为"花茶坊"。它们是供脂粉客猎色的欢场,吴自牧故言:"非君子驻足之地也。"古之君子嘴上当然要冠冕堂皇一点,在内心深处,却不一定认为妓女是不洁之人。吴自牧既说花茶坊不宜驻足,又详说杭州"花茶坊"的地址与名号,正缘于此。"如市西坊南潘节干、俞七郎茶坊,保佑坊北朱骷髅茶坊,太平坊郭四郎茶坊,太平坊北首张七相干茶坊。"《水浒传》里,清

---

① 洪迈(1123—1202年):字景卢,号容斋,南宋著名文学家。洪皓第三子。
② 洪皓(1088—1155年):字光弼,江西乐平人,历任台州宁海主簿、秀州录事参军。曾代表宋朝出使金朝,被金扣留达15年之久。洪皓在滞留金朝期间,随笔记述了在那里的生活,归国之时怕被金人查到,便将文稿焚烧。回宋后,他将原稿整理成书,遂成《松漠纪闻》一书。
③ 双陆:一种赌博游戏。

河县的王婆和她的茶坊也是好例子。休闲业不等同于色情业，但它们之间却有着剪不断、理还乱的微妙联系。至民国时期，人们仍将"狎妓"称为"吃花茶"。

还有一类茶坊，可再分为侧重于"色"和"乐"的茶坊。以声色为卖点的茶坊，还算比较规矩，近似于今日日本的艺伎馆。周密列举过杭州那些歌乐盈耳的名坊："清乐茶坊、八仙茶坊、珠子茶坊、潘家茶坊、连三茶坊、连二茶坊。"此外，"金波桥等两河以至瓦市"都分布着这种档次不一的茶坊。"各有等差，（女伎）莫不靓妆迎门，争妍卖笑，朝歌暮弦，摇荡心目"。杭州人通常不会急着进去，而会先看看自己带了多少现钱。茶客初次登门时，就有人给他们提瓶献茶，茶客需付数千钱的赏金。茶客上楼坐定，还要再点一杯茶，再付一次钱，这叫"支酒"。随后，茶客方可随性点唤茶水或服务。至此，各色小贩蜂拥而上，立在阔人周围，推销各类物品。阔人想点哪一位女伎过来陪伴，即使女伎只在街对面，杂役们亦会抬着轿子将她送来，名谓"过街轿"。

在另一类以"乐"为重点的茶坊，杭州的贵公子与宫城的役人可前往那儿向专业艺人学习乐器和说唱艺术，此谓"挂牌儿"。挂牌儿所在的茶楼，"本非以点茶汤为业"，却以此为噱头，意在"多觅茶金耳"。现下有些书店亦售卖咖啡等饮品，其用意也在于增加营收。还有一些茶坊接近今时的"文化沙龙"。如杭州城的一窟鬼茶坊、大街车儿茶肆、蒋检阅茶肆，均为"士大夫期朋约友会聚之处"。而《梦粱录》所载的"黄尖嘴蹴球"茶坊，大概是宋代蹴球爱好者的休闲会所罢。

深幸宋代还是一个较正常的社会，那些坚守公序良俗的商家，既受行会保护，也受官府保护。《宋史·食货志》详记宋太宗至道年间，那些未入茶行的茶商到京城时，不仅遭到入会茶商的排挤，还要受到行会的抵制与官府的压迫。那些附着在华裳金玉之上的害虫，已损害了茶饮业的形象与声誉，不可能不引起业者、行老、政府的警惕。所以，花茶坊虽然"野火烧不尽"，但是在三重打压之下，注定难逃昙花一现的命运。

幽阁日永

拉拉杂杂说了那么多的"非典型"茶坊,其实最值得一书的还是那些"典型性"茶坊。若将宋代酒楼比作"大家闺秀",茶坊则是"小家碧玉"。受创业者自身的条件所限,能占据整栋楼阁的茶坊只是凤毛麟角。

《水浒传》写到的酒楼阁儿最多,茶楼阁儿较少。如其第18回,晁盖等人智取生辰纲之后,何涛到郓城县捉拿晁盖时,便与宋江到茶坊的阁子一边喝茶,一边商谈。这间茶坊也雇了茶博士。宋江去给晁盖通风报信前,嘱咐茶博士:"那官人要再用茶,一发我还茶钱。"施耐庵对郓城县茶坊的着墨亦不多,我们想管窥宋代茶坊的原貌,仍得借宋人的视角。

与雕梁绣栱、彩门挂彩的大酒楼相比,宋代茶坊主多将有限度的预算更多地用于营造清雅的饮茶环境,供顾客品茶消闲,怡情养性。深具匠心的开封茶坊主还曾在潘楼东街巷的茶馆内部营建"仙楼"和"仙桥","仕女往往夜游,吃茶于彼"。外郡的茶坊主也颇具创意,严州城下,"有茶肆妇女少艾,鲜衣靓妆,银钗簪花,其门户金漆雅洁"。

但仅靠"金漆雅洁"的外表,诚难留住那些好茶的文人雅士。两京茶坊为此便"插四时花,挂名人画,装点店面",借以"勾引观者,留连食客"。茶坊悬挂名人字画的做法也许初起于北宋初年。宋军平蜀后,蜀宫的金银珠宝玉器书画收归于大宋国库。宋太祖观览故蜀的书画时,问起它们的用处。臣下说:"以奉主人尔。""独览孰若使众览邪?"宋太祖因想与民同乐,故将蜀宫书画全数转赠开封城东门的茶坊。

茶坊也会挂上本朝名人的画像。宋哲宗时,范祖禹奏言开封人追思司马光的情景:"(司马)光没之日,无不悲哀;乃至茶坊酒肆之张亦事其画像……"北宋中后期,茶坊挂画,蔚然成风。茶坊经营者为抬高本店身价,常向画家墨客求索名作。

一朝一代的名作不少见,能传世留名的却寥寥无几。米芾时人称他"米癫",他是行为怪异、性格孤傲的书画大家。他曾说:"今人画亦不足深论,赵昌、王友、镡篑辈,得之可遮壁,无不为少;程坦、崔白、侯封、马贲、张自芳之流,皆能污壁茶坊酒店。"米芾将程坦等人的画贬为与茶坊挂画同等级别的作品,足证茶坊的"名画"大都是难入名家法眼的凡品。可是,也不能指望人人都有米芾这样的超凡鉴赏力吧?顾客看着养眼就行了。

北宋茶坊张挂字画的原俗也传承到了南宋。所不同的是,南宋文人多不熟谙北宋开封的故事,他们竟以为"挂画引客"原为开封熟食店的揽客手法,后来才被杭州茶坊沿用。

休怪他们孤陋寡闻,这只是南北隔绝所致的恶果之一。南宋前期,孟元老和新生代谈及开封旧迹时,后生们"往往妄生不然"。孟元老深恐随着旧都移民的凋零,"论其(汴京)风俗者,失于事实",因此决定撰写《东京梦华录》。然而,他毕竟做不到面面俱到,某些陈景旧忆也渐随流光潆漫。

画是美的留影,花是美的化身。情势与世风虽会移转,人类对美的追慕,对美的向往却永未变改。金秋时的开封城,菊蕊纷纷,日日香成阵。茶坊将小菊儿请到了门口,让它们排成了一个花门,以迎来宾。南宋的临安茶坊,也有迎宾的花儿。可喜的是,它们已是茶坊永远的花仙子,"今之茶肆,列花架,安顿奇松异桧等物于其上"。客人置身字画挂壁,花草相依的茶坊时,饱尝视觉盛宴。

两宋皆有"按管调弦于茶坊"的乐人,在南宋杭州城,卖梅花酒的茶坊还配有弹奏"梅花引"的乐队。不想听歌,听一听故事如何?宋代说书人多半在瓦舍、茶坊酒楼中驻演,《西湖老人繁胜录》[1]说:"余外尚有独勾栏瓦市。稍远,于

---

[1]《西湖老人繁胜录》:西湖老人撰。作者生卒年及原籍均不详,大概是南宋宁宗时期的临安(今浙江杭州)人。《西湖老人繁胜录》所记和《梦粱录》《武林旧事》《京师繁胜录》同,主要记录了临安市民的游艺活动及各类艺人的姓名和事迹。

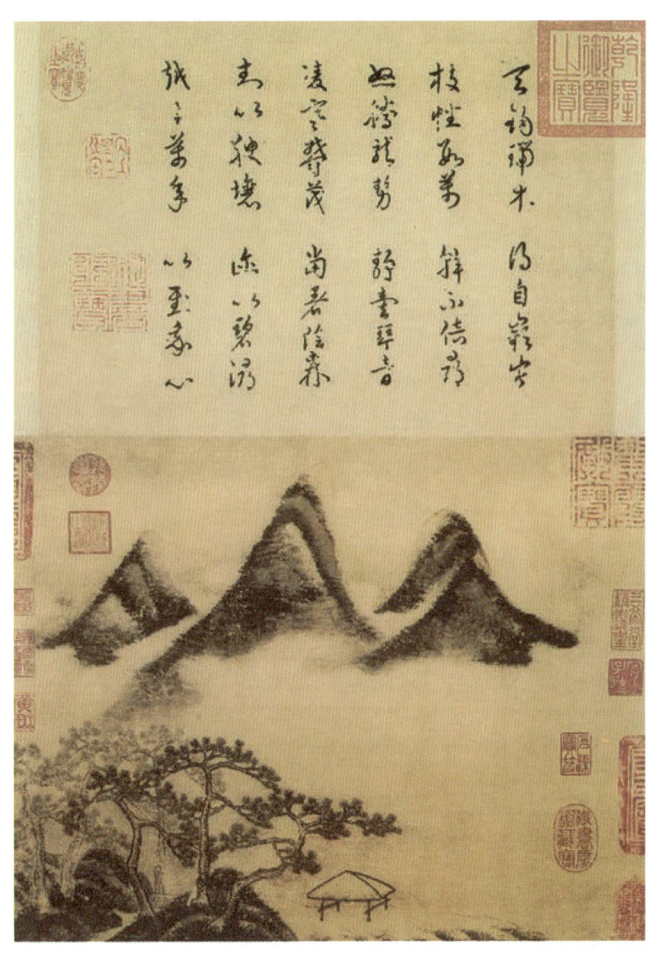

▲ 《春山瑞松图》 传为北宋米芾所作，现藏于故宫博物院。

茶中作夜场。"宋孝宗乾道年间，吕德卿等四人在一间茶肆外，读到了当夜的节目预告："今晚说《汉书》。"

有的说书人长期在某间茶肆说书，而至于喧宾夺主，那些茶坊索性改以说书人的艺名或他们讲演的内容为店名。如杭州城王妈妈开的那家茶坊，又名"一窟鬼茶坊"，它即以说书人说唱"西山一窟鬼"的话本故事而得名。如果哪位客人对此无动于衷,眼皮也不眨一下,要当心啦!他有可能是受某位权贵派来刺探情报的细作,或是大造舆论的卧底。老舍话剧《茶馆》有一个家喻户晓的布景,因局势的动荡,裕泰茶馆在店内贴上"莫谈国事"的告示。

秦桧当国时,南宋的茶馆也有相似的不成文禁令——莫谈秦桧。浙江士人毛德昭以敢言好骂见称,绍兴初年,他曾到杭州应考。毛德昭在"朝天门茶肆"喝茶时,痛恨秦桧的唐锡永凑到他耳边说:"毛君素号敢言,也来说说秦太师?"哪知毛德昭却掩着耳朵逃跑,连说:"放气!放气!"唐锡永想去拦他,却追之不及。秦桧的耳线说不定正潜伏在杭州的各大茶坊呢!宝庆年间,权相史弥远有意排逐政敌魏了翁、真德秀,放出风声说:"谁有能耐攻倒这两个人,史宰相就提拔谁做监察官。"梁成大知悉后,每日就到杭州的茶肆中造谣诽谤真德秀。

史宰相大喜,擢升梁成大为言官。然而,公道自在人心,杭州人改叫梁成大为"梁成犬",意讥梁成大是史弥远的门下走狗。

宋代的茶坊每天都上演着一出出真实或虚构的悲欢喜剧,透过它的小阁幽窗,我们却能窥见大宋的世相百态。

▲秦桧跪像 原像立于北京崇文门外精忠庙,现藏于北京国家博物馆。

百事

如果人们的信念和我一样，认为尘世是唯一的天堂，那么他们必将尽力把这个世界造成天堂。

——克特爵士[①]

[①] 克特爵士（Arthur keith，1866—1955年）：英国著名解剖学家，著有《人类的古老历史》（Tho Antiquity of Man）。

满城风雨——宋代房租知多少

萍流匏系任行藏，惟指无何是我乡。左宦只抛红药案，僦居犹住玉泉坊。

白公渭北眠村舍，杜甫瀼西赁草堂。未有吾庐莫惆怅，古来贤达尽茫茫。

——王禹偁《赁宅》

▲ 刘松年《四景山水图》局部　宋代官员、富人的住宅常建有园林。庭院式建筑大多参差错落，依山傍水。这打破了原先过于规整略显单调的房屋布局。

"满城风雨"是现代人惯用的成语,但很少有人深悉文字背后的辛酸。潘大临[①]是北宋黄州(今湖北黄冈)诗人,他才性明敏,与弟弟潘大观皆有诗名。苏东坡谪居黄州时,与潘氏昆仲结成诗友。北宋诗僧释惠洪说:"(潘大临)得句法于苏轼耳。"潘大临诗近苏东坡,而贫则过之。苏东坡在黄州尚有"东坡"数十亩地可耕,有"东坡雪堂"可住,潘大临却无立锥之地,只能租借田宅维生。在一个黄叶纷坠的秋日里,友人谢逸写信问他有无新诗,潘大临懊恼回复:"秋来景物皆佳句,只是受俗事牵绊而不能成篇。我昨日闲卧,耳听榄林间的雨声,意兴骤发,起身在墙上写了一句'满城风雨近重阳',忽然间,地主过来催租了。我雅兴顿消,无心吟诗,只有此句奉寄。"

　　宋朝的房租有多贵,精确的数目颇难稽考。和今日相似的是,大城市的租金贵过小县城,富人的相对负担较轻。宋朝的房屋租赁业远比唐朝发达。根由主要有二:首先是因为科举兴盛,士子争跃龙门;其次是由于人货殷繁,商旅奔波不息。

　　每近考期,由于京城会集了成千上万的考生,供需极不平衡,房租也跟着暴涨,尤以地近考场贡院的房子为甚。南北宋政情不同,但价格规律永是一双看不见的上帝之手。周密曾说:"其(杭州)诸处贡院前赁待试房舍,虽一榻之屋赁金不下数十楮。"

　　苏东坡的父亲苏洵,原是"少年喜奇迹,落拓鞍马间"的浪子,27岁始发奋读书,而将生业交付妻子程氏。程氏带着孩子,僦居眉山县城纱縠行,经营商业,不出数年,遂成富家。而苏洵也得以笃志于学,卒成大儒。宋仁宗嘉祐二年(1057年),苏洵领着两个儿子入京备考。眉山"土豪"苏洵却租不起京城的豪宅,只能退而求其次,寓居京郊的兴国寺浴室院。

　　宋朝人口流动较频,来京常住与暂住的异乡人都得寻个栖身处。因此,成为都城的房东就等于手持一张长期饭票。苏东坡的一个堂兄长住开封,因有数

[①] 潘大临:生卒年均不详,湖北黄州(今黄冈)人。与弟潘大观皆以诗名。尝从苏轼、黄庭坚交好,为人风度恬淡,殊有山外之韵。

▲ 《清明上河图》局部 一个异地的书生寄读于京城的小旅馆，他的房间在二楼，屋内的学习用物一应俱全。

间屋宅出租，日子过得优哉游哉。宋仁宗的重臣夏竦①，见租赁业前景大好，就在京城广置地产，大办旅馆，成为汴京最有名的"包租公"，"故相夏竦，邸店最广"，日入极丰。

然而，夏竦还不是京城最大的业主，比起"店宅务"还差得远。店宅务原名"楼店务"，是经营各地公有宅地的"房管局"，负责房屋的租赁、修缮、管理诸务。公用宅地的出租房即为我们现在的"公租房"。

宋代公租房以其较低廉的租费，吸引了大批量平民入住。据官方统计，宋仁宗天圣三年（1025年），开封府共征收134629贯的年租，开封楼店务所管的房屋计有26000余间，依此可算出，开封府官舍的月租约在450文上下。据程民生教授的《宋代物价研究》记载，宋代普通百姓日收入约是100文，上焉者或达300文，而北宋的单日最低生活费约为20文，算下来，一个5口之家只要有2个有收入之劳力，刨除必要的开支，每月还能节余3贯即3000钱，支付京城400到500文的公家租金当是绰绰有余的。看来，在非科考黄金时段，宋房租并未成为普通百姓不可承受之痛。

除此之外，宋朝君主屡降德音，降诏减免公房租金，其事屡见于史：北宋嘉祐年间，京师大疫，宋仁宗诏免楼店务租金；北宋治平年间，宋英宗降谕："以后每逢灾年，除开仓放粮外，公房房租一并减免"；南宋绍兴九年（1139年），

---

① 夏竦（985—1051年）：北宋大臣，古文字学家、文学家。

宋高宗下谕："以久雨，放临安府内外公私僦舍钱三日"……宋廷适时推出的房租减免政策是切实有效的，它使得贫无恒产的小民不至于在凄风冷雨、洪水暴雪中流离失所。

对于宋代房租尚未贵得离谱的观点，我们亦可征之于元末明初成书、以北宋末年为时代背景的《水浒传》。古典小说虽不可当真史看，却能反映古代社会的一些侧影。《水浒传》人物武大郎，别看他矮小懦弱，却能光靠卖几笼蒸饼，而在山东清河县租上一栋独门独户的两层小楼，还能将潘金莲养在家中，供得起她的脂粉钱。除《水浒传》外，欧阳修笔下也记载了一户卖饼人家的房租，他们每月只需交180文的房钱，"第四等一户开饼店为活，日掠房钱六文"。

潘大临混得还不如武大郎，确在情理之中。古时的文人只有一条出路——金榜题名，除此别无他途。但是，科举之路偏偏是世上最窄的路，古人以"千军万马行过独木桥"喻之，实为妙喻。潘大临终身不第，没有一技之长，没有到手功名，凭何自存于世呢？幸巧他认识了苏东坡这片"及时雨"。宋神宗元丰八年（1085年），苏移居汝州。他在赴汝前，将"东坡"之田和"雪堂"居所交给潘大临兄弟扈管。东坡田园虽不广袤，却足能让潘氏兄弟免于饥寒，潘大临再也不用忍听那些令人晦气的索租声了！

宋哲宗元符元年（1098年）初夏，贺铸①到黄州寻访东坡故园。潘大临依然健在，并在东坡增筑书房"亦颜斋"，安享耕读自乐的晚岁。贺铸有诗为证：

> 东坡有田谁料理，黧面苍毛潘氏子。
> 结茅题榜亦颜斋，农隙把书聊自喜。

——《题黄冈东坡潘氏亦颜斋》节选

---

① 贺铸（1052—1125年）：字方回，号庆湖遗老，卫州（今河南卫辉）人。北宋词人，目称唐朝诗人贺知章后裔。

吟叫百端——宋朝的叫卖声

卖花担上看桃李,拍酒楼头听管弦。

——欧阳修《六一诗话》

▲《清明上河图》里的小贩

"娇云溶漾作春晴,绣毂清风出凤城。帘底红妆方笑语,通衢争听卖花声",这是宋徽宗《宫词》里的句子,用以记叙开封城的叫卖声。宋人管这些叫卖声叫"吟叫百端",张世南[①]《游宦纪闻》称:"宣和间,市井竞唱韵令。"

---

① 张世南:字光叔,生卒年均不详,鄱阳人。著有《游宦纪闻》。此书对当世逸闻轶事、风土人情、文物鉴赏、艺文、历法、医药、园艺等方面,均有论及。

翻开吴自牧的《梦粱录》，书中所记的商贩们似都是商市上的行吟者。那些卖熟肉的行贩，"及沿门歌叫熟食：爊肉、炙肉、爊鹅、熟羊……"从初一到端午，那些推销节庆物品的杭州小贩"自隔宿及五更，沿门唱卖声，满街不绝"。街市上既有沿街叫卖鲜花的货郎，也有盘街悠转说着"时运来时，买庄园、娶老婆"的卜卦者。连不聋的哑巴沿街卖东西时也要吆喝几声。宋人有一种哑巴专用的仿声器械"颡叫子"，它用竹木与动物牙骨等物制成，放到使用者喉中，就能模拟出人声。开封君臣早已对群喧竞卖声习以为常，但是如若这时也有个刘姥姥进城，可能也会觉得莫名其妙。《都城纪胜》"食店"条载："夜间顶盘者，如遍路歌叫，都人固自为常，若远僻土之人乍见之，则以为稀遇。"

传入宋人耳畔中的叫卖声当中，那种只靠"大声公"或"嗓叫子"，而不具音韵美和节奏感的口头叫卖声只是噪音，算不上有技术含量的吟叫百端。《事物纪原》[①]中说："（宋代）京师凡卖一物，必有声韵，其吟哦俱不同。"经过一个多世纪的演进，宋代商贾们已将吟叫百端升华成一种艺术化的声音广告。《梦粱录》中说："今街市与宅院，往往效京师叫声，以市井诸色歌叫卖物之声，采合宫商成其词也。"南宋词人王嵎《夜行船》中的"天籁雅韵"，定准是指那种说得比唱得好听的卖花声。卖饧声和卖花声一样同为最得诗家词人青睐的吟叫题材。饧糖即为麦芽糖，自东汉始，卖饧糖的小贩便用箫为响器，吹奏空灵悠远的箫曲，招引顾客。卖饧吹箫似是春暮的节物，北宋宋祁诗《寒食假中作》吟道："草色引开盘马地，萧声催暖卖饧天。"南宋陆游《寒食九里大墓》亦吟："陌上箫声正卖饧，篮舆兀兀雨冥冥。"

叫卖声真的被宋人玩成了一种乐艺。《东京梦华录·京瓦伎艺》载，开封瓦市有专演"叫果子"的文八娘，"叫果子"因艺人模拟叫卖之声而得名。另外，

---

① 《事物纪原》：宋代高承编撰，专记事物原始之属。共10卷，共记1765事，分55部排列。"自博弈嬉戏之微，鱼虫飞走之类，无不考其所自来。"

从《事物纪原·吟叫》中可知，宋仁宗至和、嘉祐年间，在吆售"紫苏丸"的贩子启发下，开封乐工杜人经编了一套"十叫子"的唱曲，因此就有了"叫果子"。周密《武林旧事》还载有专事吟叫的集社"律华社"。同书所录的吟叫名艺人有姜阿德、钟胜、吴百四、潘善寿、苏阿黑、余庆等人。古代诗歌和音乐密不可分，诗歌可吟可唱，宋代的叫卖声因而满是诗意与乐韵。卖花声更是宋词、元曲的惯见词牌、曲牌。

苏东坡是写广告诗的好手，他的《食肉歌》竟使中国的饮食生态为之一变。猪肉是今天中国人餐桌上的主要肉食，但北宋中期的国人不大吃猪肉，京城"御厨止用羊肉"，皇族很少食用猪肉。神宗时，开封御膳房每年消耗"羊肉四十三万四千四百六十三斤四两，常支羊羔儿一十九口，猪肉四千一百三十一斤"，羊肉的用量是猪肉的百倍以上。苏东坡在黄州时，由于手头拮据，再也不能大碗喝酒，大块吃羊肉，只好退而求其次，改吃猪肉。举凡万物，一到苏东坡诗笔下皆成宝。他满嘴油光地唱吟："黄州好猪肉，价钱如粪土，富者不肯吃，贫者不解煮。慢着火，少着水，火候足时它自美。每日起来打一碗，饱得自家君莫管。"自苏东坡的在《食肉歌》中对猪肉大做广告之后，猪肉便成为寻常百姓家餐桌上的常客了。

吆喝的好坏直接关系到生意的好坏。杭州城办过一届仅限卖食品小贩入赛的"歌叫大奖赛"。《武林旧事·元夕》载，南宋末年，临安知府先淘选出相貌周正并擅长歌叫的人，再让他们到禁宫外恭候。准入的旨令一到，他们便托着"市食架盘"，"歌叫竞入"，他们先向皇帝汇演，然后再向妃嫔内人以下的宫人献歌。唱得好的人，盘中的"市食"便能卖出个好价，"皆数倍得直，金珠磊落，有一夕而至富者"。主办方若不设限，卖花人笃定是夺标的大热门。古时文人多轻商，卖花却被宋人奉为赏心悦事。卖花人挑着花篮闲行里弄，吟唱姹紫嫣红的花名，他们的歌叫声似已浸满了袭人的芳香。

除了吆喝的声音要好听外，语言的腔调也要符合主流，否则是要吃亏的。

南宋"行在"①杭州是一座北方人占多数的城市，以开封音调为正音的官话即是本城的主流语言。杭州小贩"吟叫百端"时，若不用开封口音，就不太入流了。吴自牧《梦粱录》载，南宋杭州"侵晨行贩"的小商小贩，唱卖"异品果蔬""时新果子""酒醋海鲜"诸物，"阗塞街市，吟叫百端，如汴京气象，殊可人意"。杭城夜市上，"更有瑜石车子卖糖麋乳糕浇，亦俱曾经喧唤，皆效京师叫声"。商贩的吟唱如只有吴侬细语，怕就要流失七八成的生意。

元杂剧《百花亭》剪留了宋时吟叫的唱段：

　　查梨条卖也！查梨条卖也！
　　才离瓦市，恰出茶房，迅指转过翠红乡，回头便入莺花寨，须记得京城古本老郎传流。
　　这果是家园制造，道地收来也。
　　有福州府甜津津香喷喷红馥馥带浆儿新剥的圆眼荔枝，
　　也有平江路酸溜溜凉荫荫美甘甘连叶儿整下的黄橙绿橘，
　　也有松阳县软柔柔白璞璞蜜煎煎带粉儿压扁的凝霜柿饼，
　　也有婺州府脆松松鲜润润明晃晃拌糖儿捏就的龙缠枣头，
　　也有蜜和成糖制就细切的新建姜丝，
　　也有日晒皱风吹干去壳的高邮菱米，
　　也有黑的黑红的红魏郡收来的指顶大瓜子，
　　也有酸不酸甜不甜宣城贩到的得法软梨条……

元杂剧的母语是北语，音近南宋杭州话，南宋遗民应不会有太大的疏离感吧？

---

① 行在：指天子所在的地方。

明朝初年，杭州话犹存汴梁旧音。《七修类稿》[①]中说："（杭州）城中语音好于他处，盖初皆汴人，扈宋南渡，遂家焉，故至今与汴音颇相似。"明代的杭州已不是国家的首都，叫卖声不如先前热烈，但大明帝都北京城"市声招徕"照旧不绝于耳。史玄在《旧京遗事》中追念道："京城五月，辐辏佳蔬名果，随声唱卖，听唱一声而辨其何物品者，何人担市也。"18世纪初的伦敦绅士们还在商议叫卖声的存废，殊不知，遥远东方的中国人在八九百年前早就不争这点闲气了！

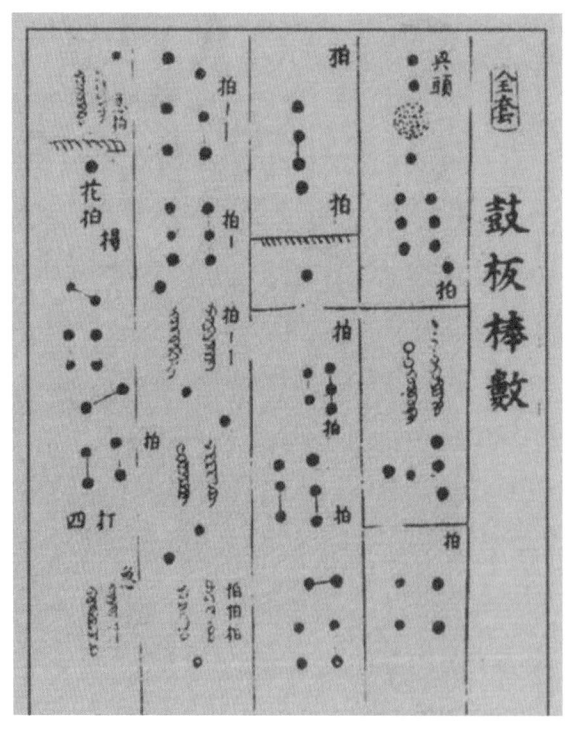

▲《事林广记》中用于吟唱的《鼓板棒数谱》

[①]《七修类稿》是明朝的一部笔记类书籍。全书按类编排，分天地、国事、义理、辩证、诗文、事物、奇谑等七类。涉及当朝及前朝史事掌故、社会风俗、琐闻、艺文和学术考辨。

声闻天阙——击鼓鸣冤

九重赤涂高如天,四海黔首纷於蠛。众厌望天若无路,区区有意常能宣。

乃知听卑四聪达,万里呻笑如邮传。朝阳门外登闻鼓,鼓下章飞如急雨。

——毛滂《登闻鼓诗》节选

▲ 明·仇英版《清明上河图》中的开封官署

宋太祖年间,开封某市民跑到宣德门的登闻鼓院,猛敲大鼓。鼓声骤响,惊动了圣上。据该市民自供,他走失了一头猪,请皇上帮忙找寻。宋太祖甚感宽慰,给宰相赵普下了一道手诏:"今日有人声登闻来问朕觅亡猪,朕又何尝见他猪耶?然与卿共喜者,知天下无冤民。"宋太祖的断言似乎过于乐观了,但宋代确实是一个比较开明和宽厚的王朝。开封平民有困难,不仅可以找包大人,还可以找皇上解决。

在电视剧《包青天》里,开封府衙门口放着一面大鼓,供老百姓鸣冤之用,这背景正源于宋代的"登闻鼓"制。然而,登闻鼓并非为宋首创。相传,先秦时已设专供黎民向国君申冤与建言的路鼓和肺石①。《晋书·帝纪》始有登闻鼓的记录:"西平人伐登闻鼓,言多妖谤,有司奏弃市。"隋唐的登闻鼓制渐臻完善。宋初,朝廷始置司管登闻鼓、隶属谏院的专职衙署"登闻鼓院","鼓在宣德门南街西廊""院在门西之北廊",当事者可先去击鼓,会有本部的官吏来接访,再将他们的词状转呈皇帝。登闻鼓院向朝野士民开放,击鼓者不受身份所限,"凡言朝政得失、公私利害、军期机密、陈乞恩赏、理雪冤滥,及奇方异术、改换文资、改正过名,无例通进者",均许到本院陈情。荣退的武将高化才向宋仁宗抱怨:"每进文字,须诣登闻鼓院,与农民等。"老将虽感有失尊贵,但他与农夫同于登闻鼓排队击鼓,正是法律面前人人平等的体现。

大宋生民亿万,世务剧繁,皇帝只是世俗世界的至尊,而非无所不能的神人。要不要先请文臣审核官民递交的状纸,再酌情选呈御前,以减轻皇帝的重荷呢?宋仁宗曾让晏殊等文官审阅登闻鼓院所进的呈文,却被谏官范讽劝阻:"非上览决可否,则谁肯向陛下亲言者?"国人到登闻鼓院,只为自身的诉求能"上达天听",中间如果隔着一道关卡,人们上书言事时,就会多了些顾虑。连被史家指为昏君的赵佶,都曾降旨鼓励臣民进言:"中外臣僚士庶并许实封直言投于登闻检院、通进司,朕当亲览悉行施用。"有了皇帝的作保,国人才更敢于在登闻鼓院实话实说。

国人挝鼓申诉的理由真是五花八门。俗谓清官难断家务事,所以,有人就绕过包大人,特请天子圣裁。

太宗时,京城女子李氏击登闻鼓,"自言无儿息,身且病,一旦死,家业无所付"。皇帝御批道:"诏本府(开封府)随所欲裁置之。"李氏既得皇帝授权,

---

① 肺石:古时设于朝廷门外的赤石。民有不平,可击石鸣冤。其形如肺,故名。

即可随意处置家庭财产。太宗朝还有一件富有戏剧性的案子。太宗雍熙元年（984年），开封寡妇刘氏派婢女到开封府报案，举报先夫和前妻所生的儿子王元吉向刘氏下毒。王元吉被捕后，屈打成招。不久，刘氏死了。司法官在复查本案时，仵作验尸后说刘氏"毒无显状"，因此不能断定刘氏是死于中毒。开封府免除了王元吉的死刑，改判徒刑。因本案疑点重重，王元吉前妻张氏击登闻鼓称冤。宋太宗接谒了张氏，将案子发回重审后，方知刘氏是因为自己的奸情被继子撞破，惭悸成疾，临死前尚不悔悟，还派人诬告王元吉。

宋真宗时，有落榜的举子恳求皇帝给他们安排差事。景德元年（1004年），百余名落解的士子一齐击鼓，自陈："素习武艺，愿备军前役使。"经过皇帝的面试，"能挽弓者才三，各赐缗钱，令赴天雄指使"。

并非每个百姓上登闻鼓院，都是奔着私事而来的。福建罗源县衙原处于两条溪流中间，给县民带来诸多阻碍。宋仁宗庆历八年（1048年），县民陈智津、倪昱等人击登闻鼓请求迁移县衙，得到获准，将县衙移往本县的东北部。

民告官的案例也不少。宋太宗太平兴国二年（977年），辰州知州董继业，公然贩卖私盐，并强行贵价卖给州民，在阵阵鼓声中，被革去了官职。端拱初年（988年），平民翟马周击鼓控诉宰相李昉的不作为："北方宿敌契丹人怀有纵马南侵之念，李昉不修边备，只知赋诗宴乐。"宋太宗便将李昉罢为右仆射，"且加切责"。宋光宗时期，立誓要以言报国的吕祖泰到登闻鼓院上书，请斩权相韩侂胄①："侂胄有无君之心，请诛之以防祸乱。"

登闻鼓要是敲得好，即敲掉政治对手的权位。所以官告官是常见之事。有些恋栈的官员，便曾指使管下的"良民"到登闻鼓院打鼓，为官员的连任造势。景德元年（1004年），宋真宗诏责这种不正之风："诸州民诣阙举留官吏，多涉徇私，或非素愿……自今百姓僧道，更不得辄诣阙庭……如敢违越，其为首

---

① 韩侂胄（1152—1207 年）：字节夫，祖籍河南安阳，北宋名臣韩琦之曾孙，任南宋宁宗朝宰相。力主北伐抗金，因将帅乏人而功亏一篑。曾因禁绝理学，而被理学家视为奸臣。

者论如律。"赵普即便身为从龙谋臣,却不能凭绩业而久据相位。翰林学士卢多逊是赵普的政敌,屡在帝座之前诋毁赵普。赵普在卢多逊导演的告发案下渐被皇帝疏远,终致罢相,出守河阳。

然而,官告官并非多为私仇,也有出于公义的凛然之举。宋将曹翰横蛮暴戾,率军征服江南时,犯下屠城的罪行,他在颍州任职时,仍不悔改,"掊克苛酷,在郡不法"。汝阴县令孙崇望激于义愤,上京弹劾曹翰。最终,曹翰被处以流放之刑。

不过,官民还是得慎用登闻鼓院的那面大鼓。原则上,朝廷有禁人越级上诉的例禁,击鼓鸣冤只是纠正司法错误的权宜之计,人人若都到京城申冤,州郡的守官就显得尸位素餐了。因此宋真宗景德二年(1005 年),朝廷颁令:"今后只有经过县、州、路三级官府审理而不服者,才允准到登闻鼓院投诉。"若是牵涉原告的长官、朝廷命官,或呈报机密之事,方许到登闻鼓院递状,应由州县优先裁判的案子则不予受理。另据大宋刑律,击登闻鼓诉事若不实,将判 80 杖的肉刑。

在登闻鼓院守待并不能当场面见皇上,那些心急的人转而挡拦皇帝的车队,直接申诉。皇帝对上访者的态度相对宽大为怀,因为他们能从中获知今下的民情,真遇上违规诉冤的人,皇帝通常也会法外开恩。

大中祥符元年(1008 年)正月,宋真宗的车队遭到上访群众的拦截。真宗念其情可悯,下令从轻处罚。这并不是宋真宗和他们初次打交道,早在景德四年(1007 年)已和他们"狭路相逢"。真宗并未动怒,只是稍感无奈:"开广言路,理国所先,而近日尤多烦紊。车驾每出,词状纷纭,泊至披详,无可行者。"拦路可以,但不能堵路啊!

真宗子赵祯也深有雅量。皇祐四年(1052 年)十月,他前往景灵宫,登车时告谕随行的扈卫:"今岁天下举人皆集京师,如有投诉者,勿呵止之。"仁宗时期,一日皇帝行程中,有军人拦驾进状,卫士也不加拦阻。"有司欲论罪",

宋仁宗连忙向辅臣解释，称警卫没有失职，只是奉命行事。幸得皇上说情，文官方肯饶过那班武人。

只要有上访，就必有截访。王安石大兴水利时，原武等地的200多县民"因淤田侵坏庐舍、坟墓，又妨秋种"，相约去登闻鼓院抗议。在各地监督水政的朝廷专使责成县令在半路截住上访者，以暴力相威胁，要他们取消原定计划。县民谎称自己去首都只为赞美朝廷的德政，朝使也不笨，替县民写好200多份谢表，委托两名吏员代表县民送往登闻鼓院。王宰相见表大喜，宋神宗"亦不知其妄也"。朱熹有一番话道出了掌控一方的父母官的心声："今若有个人不经州县，便去天子那里下状时，你嫌他不嫌他？你须捉来打，不合越诉。"朱熹话虽刻薄，却是实实在在的官话。父母官治下的百姓进京击鼓，只会彰显他们的管治无方。

登闻鼓制或许有不足之处，但唯有站在历史的高度，我们方能全面权衡其利弊。击鼓鸣冤多次推动帝国变革车轮的前进。宋初学子多次在京城敲响战鼓，向不公不义宣战。

宋太祖开宝六年（973年），落榜举子徐士廉击登闻鼓，状告本届主考官李昉在录取中取舍非当。皇帝震怒，依从徐士廉的提请，自任考官，在讲武殿出题重试本届考生，此为"殿试"之始源。自此士子考过省试后，再参加皇帝亲考的殿试，遂成定式，历元明清三代未改。

宋太宗淳化三年（992年），因先前有"击登闻鼓诉校试不公者"，苏易简受诏担任主考官后，不再归还私第，而立即驰往贡院，为的是避嫌与谢绝请托，名为"锁院"。此例后成定例。同年的殿试，皇帝采纳陈靖的提议，首用"糊名制"，即在考前先糊盖考卷的姓名、籍贯等项，以确保考试的公正性。

自此，豪门贵子想要独霸科场，唯只有寒窗苦读一途，想借重父祖的势力一步登天，已非易事。杜衍、富弼、范仲淹、苏东坡等出身寒门的名臣，可道是击鼓鸣冤的间接受益者。

"登闻鼓"也是检验政治清明与否的一张镜子。北宋末年，朝廷被迫向金国割地求和，罢免主战派大臣李纲。太学生陈东率领数万市民涌上开封街头，呼吁复用李纲与名将种师道，并罢去妒贤嫉能的李邦彦。适逢李邦彦入朝，民众群起怒骂。之后，他们来到登闻鼓院，击鼓求见皇上。因官员的措置不当，和平的请愿演变成暴乱。宋钦宗迫于汹汹群情，起复李纲为"京城防御使"，稍稍扳回战场上的劣势。宋钦宗与父亲宋徽宗被女真人掳走后，钦宗弟赵构在应天府继位。陈东连续上书请留李纲，并请赵构御驾北征。黄潜善、汪伯颜等权贵以"言不亟诛，（陈东）将复鼓众伏阙"等言语来激怒宋高宗。靖康二年（1127年）八月二十八夜，位卑未敢忘忧国的陈东惨遭杀害。黄潜善之流不是惧怕陈东，只是惧怕万人齐击鼓的正义声浪！

　　30年前的月亮早已沉了下去，30年前的人也一一离世，然而30年前的故事还没道尽。杭州临安登闻鼓院不设登闻鼓，理由如下："本院元管鼓一面，在东京宣德门外，被太学生陈东等击碎，不曾搬取前来。"登闻鼓院不设登闻鼓，这是可资捧腹的事，但笑过之后，诸位可感唏嘘？

　　任何人定的制度在实践中，想要毫无偏差地运转，不免强人所难。总体上，登闻鼓制还是有良效的，它是国人昭雪冤情、下情上达的通天之路，也使窦娥的悲剧晚了300年上演。

祝融之战——火政

　　陈迹关心已自悲，劫灰满眼更增欷。山川壮丽昔无敌，城郭萧条今已非。

　　窣堵招提俱昨梦，祝融回禄尚余威。故交减尽新知少，纵保桑榆谁与归？

——陆游《予数年不至城府丁巳火后今始见之》

▲北宋开封开宝寺砖纹（图片由网友"慢慢来"提供）
开宝寺始建于宋太宗太平兴国七年（982年），原是木塔。宋仁宗庆历四年（1044年）遭雷击烧毁，后改建为砖塔。

两朝宫火

　　宋太祖建隆二年（961年）三月某晚，春夜里的开封城，渐渐地热了。这种热不是时序移换所致之热，而是一种令人窒息的炙热。开封市民热醒了，他们霍地和衣而出，忽见皇城浓烟滚滚，赤焰冲天，只听伤员哀叫，生者呼救。静默的是夜魅与亡者。"走火啦！"市民奔走相告，却没有多少人敢跑去皇城灭火。火势在蔓延，恐慌亦在蔓延……

据官方通报，失火点据说在皇宫"内酒坊"，有30余名酒工罹难，180间屋舍被毁。这次宫火虽未酿成全城的大灾，但是赵匡胤怒不可遏，称帝还未满两年的他就住在皇城啊，险些就与龙椅同归于"烬"了！他下令处决了30余名与失火有关的责任人。一时间，开封街头的法场，鲜血交流，尸骸横陈。那一幕在多年之后犹叫观刑的开封人胆寒："一名酒工被捆住了手脚，脚下是一个酷热的火堆。火苗迅速蹿上他的身躯，他的皮肉在火中熔解，五官在火中变形。柴火裂解了，发出噼里啪啦的声音，却被他竭力喊出的一声声锥人尖叫盖过。"有人说，他很可能就是内酒坊失火案的罪首。前车之覆，后车之鉴。自此，皇宫的"内司诸署，莫不整肃"。

宋朝是中国最敬火的王朝，宋神宗熙宁年间，王安石建议租用寺庙以为市场。宋神宗的批复语气严厉："慢神辱国，无甚于斯！"宋朝也是火灾频仍的时代。建国之初，宋太祖即向寰宇发表宣言："国家受周禅，周木德，木生火，宋当以火德王，色尚赤。"北宋书法家米芾，其印章名为"火宋米芾"，亦证宋朝火德之盛。

火神对赵宋皇室似乎并不友好。火神招来的宫廷大火总让赵宋君臣谈之色变。钱惟演[①]在《玉堂逢辰录》里详述了一起死伤狼藉的惊世夜火。宋真宗大中祥符八年（1015年）四月二十三日夜间，荣王宫起火。万事俱备，兼不欠东风，天未大明，火已顺风烧到雍王、相王、南阳郡王、兖王、曹王等五座诸侯王府。可怜这些朱楼玉殿，弹指成寒灰。次日早时，荣王宫的火烧至承天门，往西烧向仪鸾司、朝元殿后阁，往南烧向内藏阁、香药库，往东烧向左藏库，往西烧

[①] 钱惟演（977—1034年）：字希圣，钱塘（今浙江杭州）人。北宋大臣，博学能文，预修《册府元龟》，所著之作今存《家王故事》《金坡遗事》。

向秘阁史馆。火到之处,惨不忍睹。午时,朝元门东角楼,西至朝堂,亦已着火。未时,火势已延出宫城,文武百官办公的官署,渐遭吞噬。夜幕初降,却被烈火映成血红。天亮时,开封府已有2000多间屋舍遭毁,因火殉身的人多达1500余人。勇于献身的军民还在前赴后继,赶往城市的中心,夜已将尽,火还未熄灭……连烧一日两夜之后,火才告扑灭。灾后,钱惟演追记的那些实景往事,读来仍教人惊慌。宫人在火中互相践踏,死在灰烬堆中的人千指难数,死状极惨,宫中的香药库悉遭火焚,残香飘到了数十里外。皇宫草木不留,只剩成堆焦枯的干草和朽木。阴霾热风中,碎纸银灰回旋乱舞,唐末五代仅存的书籍原已无多,遇上无情火,更是片纸无存。于是,宋廷便设馆阁复原秘阁的图书。但"荣王宫火"过火面积太广,为祸太烈,馆臣做不到完璧归赵。宋仁宗嘉祐五年(1060年),"荣王宫火"虽已是45年前的梦魇,皇帝仍下诏向民间征书,以补秘阁书目之缺。

庆历八年(1048年)秋八月的一个夜里,宋仁宗也遭遇了火灾。当晚,部分宫廷侍卫趁夜唱起叛乱"三部曲":他们先袭杀上级军校,再击伤值夜的宫人,之后围攻皇帝下榻的寝殿。事态危急,出身将门之家的曹皇后却临危不乱,将皇帝劝留在殿中。她估料贼必纵火,就吩咐左近的宦官,要他们提着水,隐蔽地跟踪那伙叛兵。乱兵果真放起了火,但火随即被跟过来的宦官们浇灭。随后,救驾的卫队杀到,平息了这场兵变。

火神祝融是大宋最常显灵的神仙,想和火神祝融"亲密接触"不是难事:宋太祖建隆三年(962年)五月,开封相国寺大火,烧房舍数百间;乾德五年(967年),开封建隆观大火;宋太宗太平兴国七年(982年)八月,益州西仓火;淳化元年(990年)十月蔡州怀庆军营火;宋仁宗天圣五年(1027年)四月,开封寿宁观大火;至和元年(1054年)四月,开封祥源观大火;宋神宗熙宁十年(1077年)正月,开封仙韶院火;宋哲宗元祐六年(1091年),开封府火;宋徽宗崇宁二年(1103年)七月,学士院火。三年(1104年)三月,大内火;宋高宗绍兴八年(1136年)十二月,临安大火,燔万余家,人有死者;七年(1137

年）二月，太平州火、镇江府火；宋孝宗淳熙十三年（1186年）十月，福州火。十四年（1187年）五月，成都火；宋光宗绍熙二年（1191年）四月，徽州火，二日乃灭；宋宁宗嘉泰元年（1201年）三月，临安大火，四日乃灭；宋理宗宝庆元年（1225年）二月，楚州火……皇宫是国家的中枢，它纵有铜墙铁壁，火神若对它使出必杀技，亦会化成一摊沸水。只有抢在祝融发威之前排查隐患，人类才能守住他们脆弱的防线。所以，宋朝亦是最着眼于防火的王朝。

天火地火

据悉，两宋近300年间，见载于史的大型火灾有200余起，共报烧损官民居屋50万余间，死于火难的人数更是不忍卒读。宋代火灾频发的原因天灾、人祸皆有，其中人祸为主要原因。

首先，都市人口稠密，生齿繁庶，灶厨连绵。一户失火，在开封这种"栋宇密接，略无容隙"的大城市中，必将烧延成片，势难当场扑灭。有学者曾以开封天禧五年（1021年）的人口总数50万为基数，估算开封城的人居密度约是13000余人每平方千米，今日的香港、上海等特大城市亦无此密度。常言道，民以食为天。有多少户人家，就有多少个灶君。这厨中之神偏是坏脾气的神灵，文人宰相王安石很早便领教过京城灶君的威力，他在《外厨遗火》中说：

灶鬼何为便赫然，似嫌刀机苦无膻。

图书得免同煴烬，却赖厨人清无眠。

王安石写此诗，意在警醒世人要慎防火神的同盟者灶君。

其次，两宋民居板壁过多，墙垣绝少。皇宫和富户多用珍贵的木材建屋，中下民户则用庸常的木料，而贫户多厕身茅屋中。木竹结构的房屋耐火性不强，火灾一起，转成燎原之势只消一瞬。宋高宗绍兴十年（1140 年）七月，杭州城有数万屋宅毁于大火。一裴姓富商将他着火的商店弃之不顾，驰奔城外，搜购竹木、砖瓦、芦苇等建筑材料，他也不议价，卖家有多少货，他就买多少。第二天，皇帝颁诏下令竹木材料免征税。兼之杭州人急需重建的物资，裴氏狠发了巨额的国难财，其获利远胜于他那些遭焚的财货。

复次，佛道极盛，神祠纷立。仅南宋末年杭州一城的佛教庙宇即逾 400 座，各教的信仰者亦如恒河沙数，家家户户皆设神位，民家与寺观日日香缭夜夜灯，祝融极易趁隙入侵。仁宗景祐初年至庆历年中的十年间，玉清昭应宫、上清宫、开宝寺塔等开封宗教名胜相踵焚毁，遗址片瓦不存，欧阳修说这是因为累年经火的造恶。

最后，是最难控与最难防的人为纵火。这类"人火"以"战火"为最烈，其史例繁碎如盐，兹举《宋史》中的数例：靖康元年（1126 年）正月，金人下含辉门剽掠，焚五岳观；绍兴三年（1133 年），是岁，海盗黎盛犯潮州，焚民居毁城去；嘉定十一年（1218 年）二月，金人焚大散关而去，三月，刘昌祖焚

▲ 沈括《梦溪笔谈》明汲古阁刊本书影（图片由网友"慢慢来"提供）

西和州，四月，刘昌祖焚成州。

在和平岁月，也有不少玩火的不逞之徒。他们或为报复仇家，或为嫁祸他人，或为趁火打劫，甚至是为了赖账。凤翔府（今陕西宝鸡）有一市民因为还不起债，就自焚其居，但这瞒不过知府大人程之邵的火眼金睛。那市民偷鸡不成，反被绳之以法。

对付非关人事的"天火"时，人类通常束手无策，因为它们防不胜防。宋英宗治平四年（1067年），宜兴县，上午十时左右，伴着雷鸣般的巨响，一颗如月大的火球划开了常州城东南方的穹顶，俄顷间，天复震响，它已移到西南方，一声爆响再起，那火球便撞进宜兴人许氏的园子中，瞬息烧毁园里的篱笆……沈括以科学缜密的记录与论证，力言治平四年"宜兴园火"的肇事者是天降的火星（陨石）。他还研究过一件雷击起火的奇事。熙宁年中，暴雷击中内侍李舜举的邸宅，雷火先从西厢的屋子弹出，迸到了屋檐外，李府诸人以为是大堂着火，都跑出避火。雷电停息之后，大堂主架构并未受损，众人粗看时，只有墙面和纸窗被熏成黑色。但再经细看，他们后怕了，橱架摆着的镶银漆器，银饰已经烧熔，流到了地上。那口钢制宝刀，已在刀鞘内熔成钢水，而人只有血肉之躯……

在炼狱般的天火地火中，如何止损，如何救灾，亦成横亘于世人心间的又一念虑。

禁火救火

朝廷考虑到严峻的安全形势，制定了皇亲与庶民均需遵守涉火的法规。楚王赵元佐是宋太宗的皇长子，论理，元佐应是铁打不动的皇储，但有身心缺陷的他却火烧楚王宫。宋太宗只好忍痛下诏："宫中纵火为患，违教败礼，所以不能言，废为庶人，均州安置。"

宋真宗赵桓是太宗第六子，在他继位后的大中祥符八年（1015年）四月，皇弟荣王赵元俨[1]就因"荣王宫火"而降封端王，谪离汴京。宋真宗还特下旨教导老弟："用警未然，使烈焰俄兴，燔延栋宇，罪既有归，勿忘修省。"

中国诸王朝均会惩戒犯有"失火罪"或"放火罪"的个人，但甚少责罚相关的官员，宋代却未顺随其例。对火灾负有责任的失职和渎职官员将被移送法办。史官亦常采录这类"火烧乌纱帽"的事例。南宋绍定四年（1231年），临安再遭祝融的火龙攻击。武官冯士时、王虎"救焚弗力，延及太庙，各夺一官罢之"。庆历八年（1048年），"江宁府（今江苏南京）火。时营兵谋乱……（江宁知府）李宥惧有变，阖门不救，延烧几尽，唯存一便亭"。事后，李知府因过降职。

宋代官吏倘不能侦破辖内的纵火案，须受问责。"一小撮别有用心的人"竟以此暗害与自己有私怨的官吏。这些人常把自己的房屋付诸一炬，然后等着看官员栽跟头，在开封府域内，这一招屡试不爽。但道高一尺，魔高一丈，京官邵安简识穿了这种鬼蜮伎俩，他申奏说："今后火若未延及旁屋，纵未捕得嫌犯，亦请朝廷别罚官员。"朝廷准奏，自此，开封府的纵火案近于绝迹。

在夜里纵火的开封市民应该两罪并罚，因为他们还犯了火禁。开封城有规定，入夜时，所有人都要熄灯灭烛。要点夜火的人，他们必须先向所在地的"军厢使"申请用火，未报而擅用，后果很严重。宋仁宗嘉祐二年（1057年）的一个夜晚，狄青在家焚香烧纸，祭祀神灵，可他却忘记向厢使申报。半夜，各路兵马围住了狄府……

开封的坊巷每隔300步就设一座配有五名巡警的"军巡铺"，专掌防火防盗之事。高处还有"望火楼"，有专人昼夜驻楼眺望，以便及早发现火情，及

---

[1] 赵元俨：电视剧《包青天》角色"八贤王"的原型。

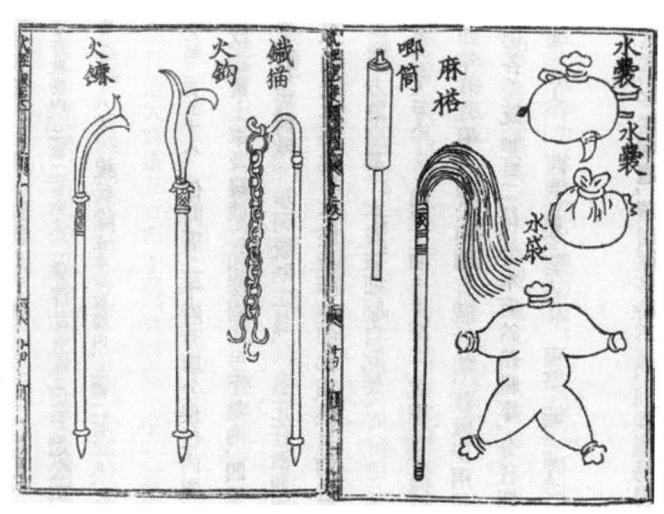

▲ 宋代《武经总要》中的各类救火器械 《武经总要》是北宋官修的一部军事著作，用大篇幅介绍了武器的制造。

时示警。望火楼白天用旗子、晚上用灯指示火场的方位。其下有一座有数间房屋的军营，驻有百余人的救火队。他们的救火工具主要有"大小桶、洒子、麻搭、斧锯、梯子、火叉、大索、铁猫儿之类"。开封和杭州等大城的多层楼宇又多又密，所以，城市消防队还配置了便于攀高的云梯。

临安府则每200步设一座军巡铺，因为它比开封府还要拥挤，火厄更频。明州（今浙江宁波）、福州、苏州等城邑亦设军巡铺与望火楼，小城镇虽然未必会有军巡铺等市政部门，但总会有全职或兼任的消防员，乡村的保长、里正兼管本地的治安与火政。

如果将军巡铺比作最近火场的前哨站，望火楼与楼下的驻军则是情报所与消防中队，而上述单位的属员不是唯一被调用防集的救火力量。兹以开封消防制为例，一遇火险，骑兵将奔报军厢主、马步兵、殿前三衙、开封府等军政部门，由各部选派人员扑火，而不必惊劳开封市民。

宋仁宗嘉祐年间，开封府尹包拯客串过一回救火队长。包大人正自调度吏员救险时，几个不识好歹的京城泼皮却来捣乱："敢问包大人，我们也想救火，但不知是去苦水巷挑水，还是去甜水巷？"堂堂帝京，岂容小丑挡道！包大人立刻将他们斩了。

开封城的模范救火队当数"马步殿前三衙"所辖的禁军部队。它是京城最精锐的劲旅，亦是首都消防队的中坚。其兵员均是百里挑一的精英，身手矫健，自知所职。有他们在，中小型火灾来临时，须臾可灭。开封军人救火时，只许自管"门前火"，他们必须守在本部辖区，如有擅自越界救火的行为，则要治罪。宋真宗景德四年（1007年），开封城河南草场起火，武将高鸾、王隐等人率队入救。分统禁军的殿前司却要"火后算账"，认为高鸾、王隐跨界救火，合该治罪。皇帝的玉音是本案的终审陈词，他说救火最紧要，高鸾等将士英勇可嘉，并能灵活应变，将火损降至最低，不该问罪，但是仅此一次，下不为例，官民今后仍须遵守现行条例。这可能是怕军队借救火之名，横生事端。

杭州城就有过一些恶例，某些品行不端的军士救火时，他们在离火源较远的地方，找出较富的人户，将"铁猫儿"钩在他们屋上敲诈钱物，一不如愿，他们就将房屋拽下拉倒。后来，临安府多管齐下，这种劣行近乎绝迹。

两宋火政成效显著，尤其是杭州火政，因有开封火政这面殷鉴，而在世界消防史的巨册上留下闪亮的墨彩。临安府有一支特种消防部队"潜火兵"，共分水军、搭材、亲兵、账前四队七分队，其员额有800多。在杭州城的重要机关，如太庙与秘书省等处，便驻扎数量不等的潜火兵。临安府还分成了23处防火区域——火隅，各隅兵士120人。此外，杭州城区的仁和、钱塘两县还有1800名县属消防员。在城外扎营的禁军部队也有1200名消防兵，分守城周的东南西北四个方向。保守估计，全临安府至少有6000名专业消防员。杭州官宦人家在杭州湖区经营十余处无火仓库，寄藏都城商铺和外商的物货，大仓有千余间屋舍，小仓也有数百间房舍，房子四面皆临水，既能防避火烛，还能防盗。寄存财物的人每月都得交月租，业主们则要雇派专人看守仓库。

防火救火，人人有责，两宋火政恩威并施，因公负伤、殉职的消防将官及其家属将会获发一定量的补偿金和抚恤金,立功的官兵还会受赏。同理,朝廷亦会奖励举报纵火案和失火案的百姓。

抗战时期,日夜遭日军空袭的重庆,修建了防火巷。这建设其实是蹈袭了宋代先人的故智。宋高宗绍兴二年(1132年),因杭州火灾频发,皇帝有旨:"被火处每自方一百间,不被火处每自方一百间,各开火巷一道,约阔三丈。"诏下,临安府领旨,除了拓宽杭州的旧街巷,还在要害之区清出空地。这样,杭州火巷不仅能阻遏火势的蔓延,还给市民留出一条逃生通道。谁又能预料得到古老的火巷在热兵器时代还能焕发第二春?抗战胜利之后,国人应在奏功薄里给宋人补记一功。

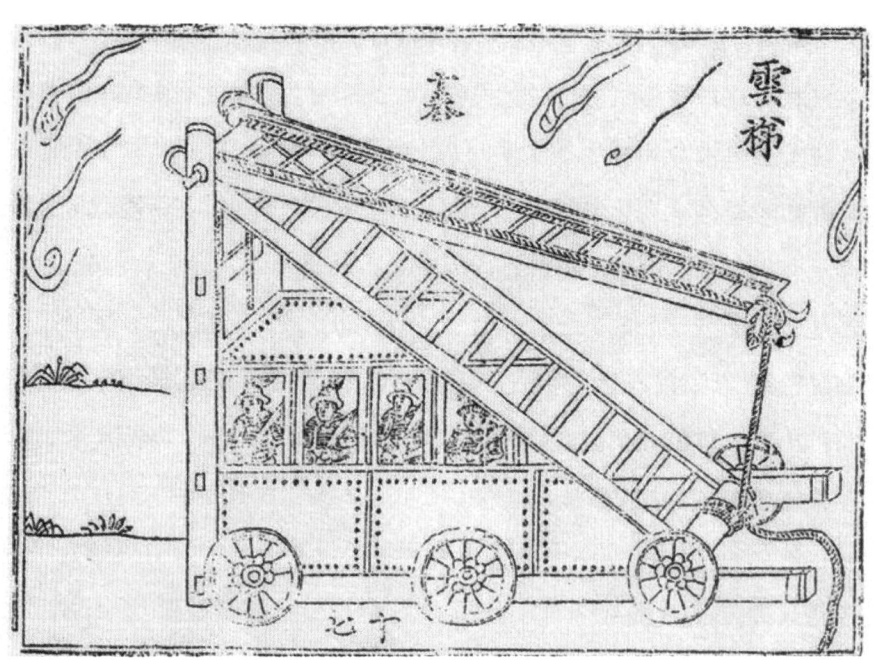

▲ 《**武经总要**》**中的云梯**　云梯原为攻城设备,后亦用于高层灭火。

暮鼓晨钟——报时

初欣彩胜迎春早,已觉鸡人报漏迟。风色结寒犹料峭,天光煦物已融怡。

——欧阳修《春帖子词二十首·皇后阁五首》

▲ 南宋·马远《晓雪山行图》

尽管宋代的夜生活有多绚烂,除过那些好吃懒做的闲汉,宋人多能坚持日出而作的传统。朱熹在《童蒙须知》中倡言:"凡子弟须要早起晏眠,喧讧之处不可近,无益之事不可为。谓如赌博、打球、放风筝、笼养禽鸟等事。"苏东坡旅居惠州时，曾作《纵笔》诗："白头萧散满霜风，小阁漆床寄病容。报导先生春睡美，道人轻打五更钟。"据闻，《纵笔》诗北传开封时，让苏东坡的政敌宰相章惇抓住了把柄。章惇以此为由向哲宗参了苏东坡一本，苏东坡因而被贬往地处天涯海角的海南儋州。其实，五更相当于现今的四五点，本不算晚，可是皇上一般在五点钟之前便得起床、盥洗，准备即将开始的朝会。即便到了一年中黑夜最漫长的冬至日，也只晚起一个小时左右。所以苏东坡也有点太过乐天知命了。

宋人已可准确地知悉现前的时间，无须假助光影的移变来体悟时间的维度。日本学者久保田和男在《宋代开封研究》一书中说："城市居民的生活自古至今，均受时刻的支配。在中国前近代的国都，精通精密水计时器的执事人员操控时计，准确报时，并根据时刻来控制城市居民的行动。"宋代最习用的水计时仪是"漏刻"，其原形是先秦军旅中的"悬壶"。悬壶最先是用作于水井的标识，后来开孔注水，滴漏计时，用于值守人员的换岗。宋代漏刻计时已臻精善，报时制与报时器亦屡有增善。宋仁宗天圣八年（1030年），燕肃造设了中国首台使用漫流系统的平水壶"莲花漏"，消除漏壶水位变化对流量的影响，提高了报时的精度。皇祐元年（1049年），周琮、舒易简等人在莲花漏的基础上，再加一级平水壶，研发出"皇祐漏刻"，使水流更加均匀平稳，亦使宋代官用漏刻的精度再上一个台阶。宋神宗熙宁七年（1074年），时为司天监的沈括创制"浮漏"，它由皇祐漏刻简化而成，有多个漏壶，并在出水口设"玉权"，以调整水量的盈亏与水流的快慢。沈括《浮漏议》即其使用说明书。

在宋代，一个完整的时间记录应包括年、月、日、辰、刻。1天共分12个时辰与100刻，由于四季的昼夜有长有短，且月落日出等天象并非与人类的起居绝然吻合，因此100刻并非均分于12辰之中。春分、夏至、秋分、冬至是日夜消长的4大节点，宋代规定夏至日长65刻，夜长35刻；冬至昼45刻，夜55刻；二分之昼55刻，夜45刻。"更"和"点"是夜间特有的计时单位，在汉代"五

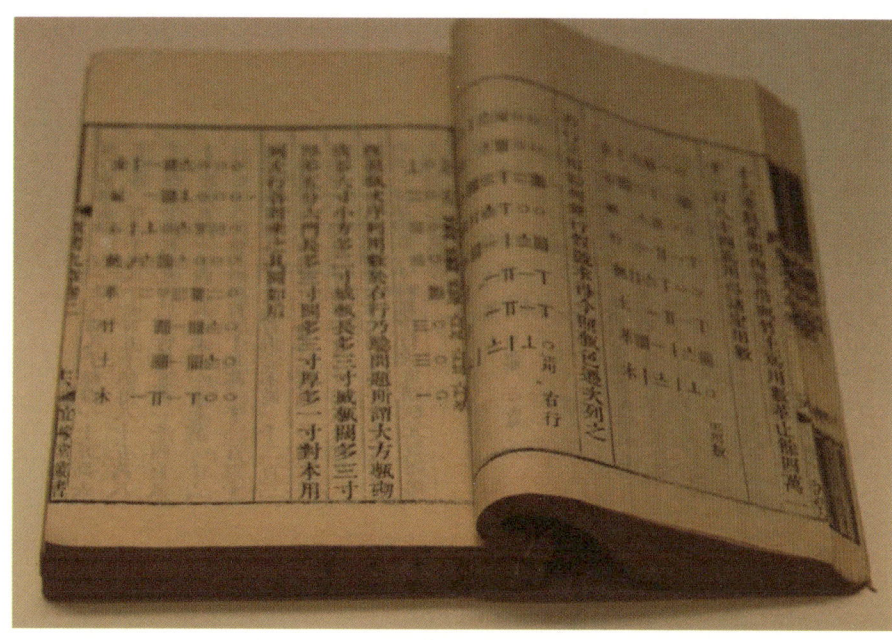

▲ 南宋数学家秦九韶专著《数学九章》书影（图片由网友"慢慢来"提供）
该书侧重于数学的实际应用，其方程组解法和正负数加减法的水平已达到世界领先水平。此书现为中国国家博物馆藏书。

夜^①的基础上，唐宋将夜分为"更"和"点"，夜分五更，每更有五点。在宋代历法中，在刻以下还有"分""小分""秒"等计时单位。各级时间单位往往不存在整数递进关系，不通数理的人观读《宋史·律历志》将会如坠五里云雾。然而，宋代的时间换算有定律可循，简略地说，"大化小"用乘法，反之就用除法。文理兼长的读者们可去钻研更精深的宋代演算术法，此不再赘言。

在漏刻与精算术的襄助下，宋人计时已能精确到分秒。准确计时是准确报

---

①五夜：五更。分为甲夜（一更）、乙夜（二更）、丙夜（三更）、丁夜（四更）、戊夜（五更）。

时的先决条件,我们最谙熟的古代报时制就是"打更"。宋代的报更人是如何将现时的时间报知城乡居民的呢?

"天明击鼓催人起,入夜鸣钟催人息"的晨鼓暮钟报时制已很谨严。官府和寺庙各有各的渠道。宫城专设报时吏人"鸡人",到时辰的正点时,掌察时间的官员一将显示时辰的凭证"牌契"取出,鸡人就会报点。牌契分三种:一是"止鼓契",早晨发出;二是"放鼓契",黄昏发出,是为区分晨昏的界标;三是表示各个时辰的"时牌"。一天12个时辰中,每个时辰都有鸡唱。皇城廷殿左右各置用于报时的钟楼、鼓楼,为了区分昼夜,白天时辰的报时,须在8刻后的20分内"鸡唱"。鸡人引唱之后,官吏们再敲鼓15下(正午击鼓150下);夜里每更的报时,则在每更之初,官吏改敲鸣钟。除晨昏与正点报时之外,宫城还有"鸡人三唱"的规矩,意即鸡人报时要伸展歌喉,唱词三遍。《明集礼》收录了一首宋代的"鸡唱词":"天欲曙,淡银河。耿珠露,平旦寅。辟凤阙,集朝绅。日出卯,伏群阴。光四表,食时辰。思政治,味忘珍。"五更时的鸡唱是每日报时的重头戏,与别的时点报时大有不同。宋代的四季日出时间均是"卯正一刻",此时亦是禁门开匙与官僚出勤的时刻。到五更二点时,官员发出"止鼓契",五点,官吏击钟100声,鸡唱击鼓,是谓"攒点"。攒点距卯正一刻颇近,宋人遂将攒点称为"六更"。鸡人报时已细化到白天的每一时辰与夜晚的每一更次,因此,住得离皇宫不远的官民都能准确掌知时间。

鸡人报时也不止限于大内,京城的祭祀场所,如宫观、宗庙和陵寝等处亦有专人报时。朝廷还规定这些地方的报时"更以鼓为节,点以钲为节",其伴乐与宫城有少许不同。外城与外州的居民也"冇有怕"。宋代佛寺林立,它们都有"晨昏钟"的寺规,佛经《百丈清规》说:"晓钟即破长夜,警睡眠;暮击则觉昏衢,疏冥昧。"各大刹寺在宣讲佛法的殿堂两旁兴造钟楼和鼓楼,早间升堂击钟,晚间诵经击鼓,叫信众遵时念佛。日久岁深,本为宗教活动的"暮鼓晨钟"也成了报时方式。成都也许是唯一一座听不到暮鼓的两宋名城,因为孟蜀末年的暮鼓是行刑的信号，暮鼓遂为不吉利的鼓声，宋代成都府从此不打晚鼓。不知成都的众名刹是否也会在薄暮时收鼓？

皇城外的更夫通常由寺庙的行者和头陀来兼任，他们的知名度高过皇城里的鸡人，因为他们会走出寺门，去给附近的居民报点。他们一手执牌，一手敲牌，沿路念诵佛家用语，宣报现在的时辰与当天的气象。他们所执的牌子为"铁片"，所以陆游才会在诗中说："五更不用元戎报，片铁铮铮自过门。"此外，宋代更夫可能还会用木制的筹片，《事物纪原》提过一种"蛤蟆更"，它是模仿蛤蟆的叫声，并敲击木板报时。

与宋人相比，同时期的欧洲人对时间的概念显然要模糊得多，他们往往从主持礼拜活动的教士那寻得答案。南宋淳熙十五年（1188年），在欧亚大陆彼端的比利时蒙斯城，一场司法决斗即将开始。黎明时，只有一名决斗士到场。到了九点钟（当地习惯法规定的等候时间的最后时限），他的对手仍未到场，于是，他要求判对手失败。但真的到点了吗？法官不能确定，他想了想，又看了看日色，还是不敢确定。后来唯有征询天主教士的意见。经过法官和教士的研判，法庭最终裁定，九时已经过去。

旅美史学家黄仁宇在名著《万历十五年》中，屡屡强调古中国不具"数字化管理"的能力，而产生诸多不便。从以上这个例子来看，把古今进行纵向对比的话，黄先生没说错，数字化管理确实是西方近现代才出现的产物；若进行横向比较，黄先生的观点则是值得商榷的。

夏虫言冰——消暑

玉椀冰寒消暑气。碧簟纱厨,晌午朦胧睡。莺舌惺忪如会意。无端画扇惊飞起。

雨后初凉生水际。人面荷花,的的遥相似。眼看红芳犹抱蕊。丛中已结新莲子。

——晏殊《蝶恋花》

《清明上河图》局部 "久住王员外"旅馆边上有一个挂着"香饮子"的饮品摊,经营者可能会在夏天制卖冷饮。

炎炎夏日,享用一杯冰镇饮料,今日已为极平常之事。在两宋的通衢与巷陌上,行人想喝到一杯冻饮也不难。古时候没有冰箱与冰柜,他们如何藏冰呢?

这不劳我们操心,古人自有妙法。

远在 2000 多年前的周朝,先民已学会在寒冬时节收集冰雪,存放在隔热性较好的场窖中,供盛夏时使用。周王室有司掌藏冰的官员"凌人"。先秦列国还发明了多种取冰、用冰器皿,如商朝凿冰用的"青铜凌穿"、战国冰酒用的"冰鉴"。近年来,我国在河南、陕西等地陆续掘出古人贮冰的遗址"凌阴"。另外,据《吴越春秋》所载,越王勾践出游时,曾在"冰厨"中食宿。但它是否真的存在过,尚待考古专家考证。

遗憾的是,在近千年的漫长时间里,能在夏季里享受冰冻食饮的人,多居于权力与财富金字塔的顶端,"浮甘瓜于清泉,沉朱李于寒冰"①的清凉夏天,只属于魏文帝曹丕;"挫糟冻饮,酎清凉些"②的冰爽快意,只在楚国贵族屈原的吟哦中散化。

夏冰俨然是王公贵族的专享,这一情形在素称强盛的唐朝亦未见有多大的改观。唐室有向大臣赐冰的恩礼,白居易撰有《谢赐冰状》,申述自己喜获冰块后,他那

▲《魏文帝曹丕像》

---

① 引自曹丕《与吴质书》。
② 引自屈原《楚辞·招魂》。

一份"永怀履薄之戒"的报国之心。老病缠身的杜甫遭逢酷暑天时,好想吃冰,可又心知宫里的"玉井冰"与己无关,只好酸酸地说:"思霑道暍黄梅雨,敢望宫恩玉井冰。"

长安的唐朝诗人若有千金家财,就能掏钱去买夏冰,也不必依仰圣主下赐。唐末冯贽《云仙杂记》说:"长安冰雪,至夏日则价等金璧。"唐代夏冰的时价与金等价,真叫人瞠目!转盼之间,宋时的冰价却已暴跌。

宋时六月的开封城,人们大多不会觉得一杯冰雪凉水有多矜贵,它们不过是"桥门市井"皆有卖的"是月时物"。开封人对冰雪的需求量很大,冰业已实现"产业化",以平价出售。北宋文人刘攽管那些制售冰雪的人叫"卖雪人",还作过一首《戏作卖雪人歌》诗。京城的冰块应该大多储存于地窖中,因储量丰富,卖雪人多,冰雪易得。在夏日的街头巷尾,处处见售各色冷凉食饮,如夏夜时,州桥食市所售的"砂糖冰雪冷子元""砂糖菉豆甘草冰雪凉水"等。开封制贩

▲ 徽宗赵佶《竹禽图》 图最右侧画押为"一天",意为"天下第一人",这是徽宗常用的画押。

▲ **南宋·夏圭《观瀑图》** 两个文士对坐水亭，静听远山瀑布奔流。亭边一泓清碧，风泛微漪，望之使人如置于清凉世界。

冰雪的店子很多，但"惟旧宋城门两家最盛"，这两家铺子生意最旺，老板也赚得盆满钵满，他们都用银盘来盛冰！

开封人在餐馆点菜时，会从己所好，"百端索唤，或冷或热，或温或整，或绝冷，精浇、膘浇之类"。有些绝冷的冷食，坊间难觅其迹。宋真宗开列的一份赐品清单中，有一名"伏日蜜沙冰"的冷饮。沙冰冷冻食品，三伏天时不宜多吃。宋孝宗曾对礼部侍郎施师点说："朕前饮冰水过多，忽暴下，幸即平复。"施师点说："自古人君当无事时，快意所为，忽其所当戒，其后未有不悔者。"宋孝宗深以为然。据明人李时珍《本草纲目》载，宋徽宗是第一个吃冰过量而患上肠胃病的中国帝王。宋徽宗的病是如何治好的呢？医者说："疢因食冰，臣因以冰煎此药，是治受病之原也。"宋徽宗服过以冰治冰的药汤后，病即治愈。南宋虽定都于气候温暖的杭州，冰块的供应量却未减少。据气象学家竺可桢推测，南宋时期，中国气候转冷。杭州冬天越漫长，制冰期也就越长。杭州卖雪人以北方移民为主力军，他们利用自己修造冰窖的经验，保存以备夏日取用的冰块。杨万里《荔枝诗》记曰："北人冰雪作生涯，冰雪一窖活一家。帝城六月日卓午，市人如炊汗如雨。卖冰一声隔水来，行人未吃心眼开。"酷暑难耐之日，善长仁翁们会向杭州人免费分发"消暑药冰水"。

南宋的夏天几乎天天都是"寒食节"，《梦粱录》《武林旧事》《西湖老人繁胜录》等书登载的冷食，约有20余种："荔枝膏水、凉水、红茶水、姜蜜水、木瓜汁、五梨浆、乳糖真雪、雪泡梅花酒、紫苏饮、香薷饮……"杨万里还吃过一种广受欢迎的"冰酪"，品尝后留诗《咏酪》曰："似腻还成爽，才凝又欲飘。玉米盘底碎，雪到口边消。"冰酪的做法应当是在碎冰或刨冰中加入砂糖、乳酪等食材。这听起来有点像今天的冰激凌，不过冰激凌到底是不是中国人发明的，学术界至今无法给出确定的结论。

▲ **南宋·赵大亨《薇亭小憩图》** 赵大亨因体胖，人称其"赵大汉"。他原是宗室画家赵伯驹、赵伯骕兄弟的家仆。"赵大汉"久浸其中，故也能作画，犹擅画青绿山水。画中紫色和粉色的紫薇盛开于屋前，内中唯有一人卧对花树，画面从容静好。

搭配食物与饮料不是夏冰的唯一用途，它也常用于调节室温。南宋皇宫建有专用于避暑的翠寒堂，是处"长松修竹，浓翠蔽日，层峦奇岫，静窈萦深"，并造有人工瀑布，另有一个往殿里送凉的水力风车。皇帝的宝眷还嫌殿里不够冷，再放了几十个盛载冰块的金制冰盆。炎夏的某日，洪迈被皇帝召入翠寒堂，他竟然冻得全身颤抖。这种依恃冰雪融化降温的防暑方法，得到了广泛的运用。群僚在夏天朝见皇上时，"令翰林司供给冰雪，禁卫殿直观从，以解暑气"。在北宋开国之初，大臣未有此等福利，据说曾有位老臣子，在盛夏时穿公服上殿，差点在大殿内闷死了。在此之后，朝廷遂一度特准大臣在盛夏时可不穿公服上朝。

冰盆也是两宋居家的常有家什。比之前代，宋人自有骄傲的底气。古人曾以"伐冰之家"代指豪门世阀，此可参见杜甫的诗句"公子调冰水，佳人雪藕丝"。周密说，杭州名妓唐安安的香房"最号富盛"，"凡酒器、沙锣、冰盆、火箱、妆合之类，悉以金银为之"。在黄州的夏日里，苏东坡干脆将甘蔗汁与奶酪浸到冰盆中，"垂柳阴阴日初永，蔗浆酪粉金盆冷"。冰盆有着"雪飞炎海变清凉"的魔力，男子就更不想离开红粉丽人的芙蓉香帐了。只是苦了那些独望深深庭院的妻子们，她们只能在闷热愁绝中泪眼问花。

▶ **元·刘贯道《消夏图》** 男子的卧榻上方是一个屏风，屏风中又有一个山水屏风，这种"屏中有屏"的"重屏"是五代以后的中国画家常用的表现手法，借以增强画面的趣味性和观赏性。刘贯道在榻下的左下方还画了一个冰盆，此乃宋世奢雅之余绪。现藏于美国纳尔逊·艾金斯美术馆。

红颜

> 我认识你,永远记得你。那时候,你还很年轻,人人都说你美。现在,我是特意来告诉你,对我来说,我觉得现在你比年轻的时候更美,那时你是年轻女人,与你那时的面貌相比,我更爱你现在备受摧残的面容。
>
> ——玛格丽特·杜拉斯[①]《情人》

[①] 玛格丽特·杜拉斯(1914—1996年,Marguerite Duras):法国当代著名的小说家、剧作家和电影艺术家。代表作有《情人》《广岛之恋》等。《情人》斩获龚古尔文学奖。

三寸金莲——缠足

　　好个人人,深点唇儿淡抹腮。花下相逢、忙走怕人猜。遗下弓弓小绣鞋。
　　划袜重来。半軃乌云金凤钗。行笑行行连抱得,相挨。一向娇痴不下怀。

——欧阳修《南乡子》

▲ **乾隆年间的缠足女子**　此图为乾隆年间来华的英国马戛尔尼使团中的画家额勒桑德所画。

　　胡适在清末撰写的《敬告中国的女子》中说:"缠了足,便是废物中的废物。"从清末到民初,类似的言论举不胜举,认为缠足是罪不容赦之陋俗的观点已成中国学术界的公论。

缠足是指用布帛将人的脚部缠绕约束，使之"美化"的一种行为。中国妇女缠足始于何年，已是一个难解的谜题。缠足一词首载于宋人张邦基的《墨庄漫录》："妇人之缠足，起于近世。前世书传，皆无所自。"

但这"近世"离宋代有多远，众说纷纭，较可取信的"近世"是五代。据《道山新闻》载，在已失春风一半的南唐末世，金陵宫城有一腰如细柳的宫嫔窅娘。李煜特地为她铺造了一座六尺高的金莲花台，四周饰以钿带、璎络诸物。随后，李煜谕令窅娘以帛布束足，使之缩成新月形，再穿上练白色的袜子，在莲台上翩然舞动，宛若曹植《洛神赋》中"凌波微步，罗袜生尘"的洛神宓妃。那夜，窅娘赢得君王转眄看。宫嫔们不欲教窅娘独占君恩，争相效仿。唐镐咏美窅娘的诗句"莲中花更好，云里月长新"即以莲花喻人，以新月喻足。明初的陶宗仪《南村辍耕录》因说："以此知扎脚自五代以来方为之。"

缠足的小脚女人穿的鞋为弓鞋，在宋神宗时期，妇人的小脚与弓鞋忽成文人乐于歌赞的尤物。《邵氏闻见录》[①]载，宋神宗继位前，受封颖王，近侍给颖王送上一双小弓鞋。韩维批评道："王安用舞靴！"清人袁枚推测说："可见当时妇人，舞才着弓鞋，平时不着也。"韩维虽不喜弓鞋，神宗朝却正好是妇女缠足史的开篇。神宗的臣属章惇、苏东坡、舒亶虽分属不同阵营，但均是颇赏细脚的士大夫。

章惇说："近世有古所不及者三事：洛花、建茶、妇人脚。"妇人脚即妇女缠足，章惇将它视若大宋朝的国粹。苏东坡《菩萨蛮·咏足》云："涂香莫惜莲承步，长愁罗袜凌波去。只见舞回风，都无行处踪。偷穿宫样稳，并立双趺困。纤妙说应难，须从掌上看。"舒亶《卜算子》下阕云："何时斗草归，几度寻花了。留得佳人莲步痕，宫样鞋儿小。"北宋后期、南宋的词坛，事涉缠足的词则俯拾皆是。据苏、舒二词同用的"宫样"二字，我们可推证宫廷女子是初始缠足

[①]《邵氏闻见录》：北宋学者邵伯温所撰。本书的内容大体分两类：一类记录了王安石变法中变法者与反对变法者的言行、思想、逸事；另一类记载了北宋时期朝廷和宫廷中的一些典章制度和轶闻趣事。

▲ 清·吴友如《百美图》图中的窅娘

的群体，后为民间的舞者学去，再渐及社会的每处角落。

　　南唐归宋之后，窅娘的莲步入宋百年不见于史载。《南村辍耕录》云："熙宁、元丰①以前，人犹为之少。"所以，古代妇女裹脚之风应兴起于大宋的开封皇城，而不是南唐的金陵小宫城。赵令畤是宗室子弟，大致活跃于哲、徽、高三朝，他曾对苏东坡说："京师妇人梳妆与脚，天下所不及。"哲宗朝的十余年间是开封女子的天足开始让位于缠足的转捩点，到宣和年间，缠足已风行开封。陆游《老学庵笔记》载："宣和末妇人鞋底尖，以二色合成，名'错到底'。"《枫窗小牍》亦载，宣和年间开封女子"花靴弓履，穷极金翠"。宣和年间的京人已钻研出"瘦金莲方"，并"自北传南"，蔚成脚尖上的大观。

---

① 熙宁、元丰均为宋神宗赵顼在位时使用过的年号，前者时间跨度为 1068 年到 1077 年，后者时间跨度为 1078 年到 1085 年。

高宗时，奇案"真假柔福"震惊南宋。柔福帝姬是宋徽宗的女儿，靖康年间，与父兄同被金人俘往塞外。建炎四年（1130年），一女子从敌境潜回南宋，宣称自己就是柔福帝姬。柔福的皇兄赵构迟疑不决，即命一个老宫人验其正身。宫人说这逃归的女子容貌很像帝姬，问她旧宫的事，她也能道个清明。但是，宫人还是怀疑她是冒牌货，因为眼前的女子是一个大脚姑娘。柔福申辩道："金人驱迫如牛羊，跣足（赤脚）行万里，宁复故态哉？"赵构真信了，就封自己的皇妹为福国长公主。宋金议和后，赵构生母韦太后从金国还朝，她说柔福已化金国的一缕孤魂。于是，假柔福便被赐死，临刑前，她招称自己是开封尼姑李静善。

真假柔福的事隐含了两条暗线，一是北宋末季的宫廷已遍行缠足；二是缠足需从幼小时缠起，才能奏效，否则只为徒劳，会使得缠好了的"金莲"复归原态。纤纤细足不一定就是"金莲"，张邦基《墨庄漫录》叙述过一则《南史》的典故："齐东昏侯为潘贵妃凿金为莲花以帖地，令妃行其上，曰：'此步步生莲华。'"张邦基紧跟着说："然亦不言其弓小也。"张邦基暗示只有呈弓形的纤足方属"金莲"。有着一双如一弯新月的小脚女子，走起路来轻摇步态，在偏尚柔弱娇小的宋代男人眼中，更添美感。女为悦己者容，那些甘愿"须作一生拼，尽君今日欢"的女子，忍受着疼痛，以摧残健康肌体为代价，缠出一双被现代人视如畸形的"金莲"。

"金莲"这个词语在宋词与元曲中是小脚的美称，易于挑起男人的性臆想。潘金莲和西门庆的勾搭成奸，金莲起到了诲奸导淫的作用。《水浒传》第23回载：是缘法凑巧，那双箸正落在妇人脚边。西门庆连忙蹲下身去拾，只见那妇人（潘金莲）尖尖的一双小脚儿，正跷在箸边。西门庆且不拾箸，便去那妇人绣花鞋上捏一把。那妇人笑将起来，说道：'官人休要啰唣！你真个要勾搭我？'西门庆便下跪道：'只是娘子作成小生。'那妇人便把西门庆搂将起来。"

两宋之际的缠足主体是宫人、姬妾以及妓女。南宋抗金将领刘平叔府中有八名家妓，世谓她们有四绝"脚绝、歌绝、琴绝、舞绝"。赵令畤赠词《浣溪沙》赞道："稳小弓鞋三寸罗。"据《梦粱录》载，杭州西湖上有一种专载商贾、妓女、烧香婆嫂和各色伎人,名为"小脚船"的游船。小脚妓女在船上搔首弄姿,招诱男客,到西湖游览的客人遂以"小脚"径呼此类游船。

古语虽云:"橘生淮南则为橘,迁于淮北则为枳。"开封旧俗缠足在南迁之后,却未有过"水土不服"的遭际,它不仅跨过了淮水,还跨过宫廷的紫垣与红楼的粉墙,踱入士女的芳阁。明人胡应麟说:"谚言杭州脚者,皆穿窄袜言如良人者,南渡流人谓北方旧式。"

虽然宋时妇女缠足已成风气,但成年女性缠不缠足,还是悉随自便。李清照《点绛唇》自云"见客入来,袜划金钗溜",她能够不穿鞋子溜行,应当未曾缠裹双足。勤于劳作的妇女更是没有闲暇与闲心缠足。诗人徐积在《睢阳蔡张氏》诗中盛赞持家有方的蔡氏寡妇:"何暇裹两足,但知勤四肢。"苏东坡《于潜女》诗云:"青裙缟袂于潜女,两足如霜不穿屦。"杭州于潜县的农家女不仅不是缠足女,而且还是赤足女。只有闲愁上眉的上层女子与以色事人的下层女子才想有一双"似一钩新月"的"金莲"。《宣和遗事》述李师师的玉足道:"凤鞋半折小弓弓,莺语一声娇滴滴。"

南宋的云和月在斜阳晚歌中沦灭,缠足的洪流却泛滥了九州大地。元书画家陶宗仪回首缠足在元朝的百年历程时,他叙道:"近年则人相效,以不为者为耻也。"在"牌坊要大,金莲要小"的明清社会,明朝大学者胡应麟力证将缠足玩得登峰造极的不是宋人,而是明人。"宋初妇人尚多不缠足,至胜国(指元朝)而诗词曲剧,无不以此为言,于今而极。"可今人不知何据,却将缠足陋习的存在归结于程朱理学对女性的压迫与束缚。其实朱熹、程颐等两宋文人不曾变成明人李渔这样的恋足癖,他们也更不曾仿习明人方绚编一本赏足宝鉴《金莲品藻》。

宋代道学家是一群不招人待见的儒者,但在对待女子缠足一事上,他们反显得宽容。南宋理学家车若水曾质疑道:"妇女缠足,不知开始于何时?小儿未四五岁,无罪无辜,而使之受无限之苦。缠得小束,不知何用!"北宋洛阳名儒程颐的六世孙程准在南宋末年移居池阳,池阳程氏的女眷"不缠足,不贯耳"。

南宋宫廷有一种"宫样"范式叫作"快上马",《宋史·五行志》记载:"理宗朝……(宫妃)束足纤直,名'快上马'。"其中只言纤直而不言弓弯,又其名"快上马",可见宋宫的缠法比较人道,而非明清骨折肉腐的缠法,它既名"快上马",料应不会给女子的行为带来太大的不便吧?

宋代男人是否真是缠足的始作俑者?仅以美国汉学家伊佩霞女士的一段"他山之玉"作为答案与本文的结语:"毕竟是妈妈们,而不是求婚者无视裹脚引起的剧痛把小女孩的脚绑起来。缠足是她们强加给自己的暴力。①"缠足应是一种臣服于男权话语的女性美学观。它和欧洲的紧身胸衣,还有韩国的整容术一样,都会造成女性身体的损害,它们之间只有量的差别,没有质的区别。三句不离意识形态的历史研究方法和剑走偏锋的理学异端又有多大的区别呢?也许,这才是更值得我们深思的问题。

▲ 南宋·王居正《纺车图》局部　图中女子并未缠足。

▲ 南宋·佚名《丝纶图轴》中的宋代劳动妇女

---

① 【美】伊佩霞著、胡志宏译:《内闱——宋代妇女的婚姻和生活》,江苏人民出版社出版 2010 年 7 月第 3 版,第 36 页。

巾帼庖厨——厨娘

细雨斜风作晓寒,淡烟疏柳媚晴滩。入淮清洛渐漫漫。
雪沫乳花浮午盏,蓼茸蒿笋试春盘。人间有味是清欢。

——苏轼《浣溪沙》

▲ 宋人所绘《柳溪捕鱼图》

　　梅尧臣曾以一首《寄汶上》总结自己高升无望的仕宦生涯:"瘦马青袍三十年,故人朱毂几多违。"他的诗友欧阳修是当朝高官,照理说,应该是梅尧臣常往欧阳府上拜谒,欧阳修却隔三岔五就去梅尧臣家拜访。原来欧阳修爱吃鱼,而仁宗时的开封城,会做南方菜的厨子屈指可数,梅府恰有一名有做鱼脍专才的厨婢。本籍江西的欧阳修和刘原父想吃鱼时,就拎着几尾活鲜生鱼,到梅府蹭饭。

今日日本料理中的生鱼片，就是梅尧臣一行人嗜食的鱼脍。鱼脍鲜美，选料时颇费思量。鱼肉必须紧致细嫩，鱼骨要少且易剔走。松江鲈鱼便是脍中之最，松江长桥南的四腮鲈鱼更是鲈中之最优，味美肉紧，终日剁切，肉色不变。但松江距开封城水程极远，欧阳修等人想一尝鲈脍之味实不易。鲤、鳊、鲫、鲋等鱼类幸可斫成脍，他们也可以此解馋。梅尧臣是很够哥们的人，他一得到脍材，就会邀集欧阳修、刘原父分甘同味。叶梦得《避暑录话》卷四称，"圣俞得脍材，必储以速诸"。梅尧臣《买鲫鱼八九尾，尚鲜活。永叔许相过，留以给膳》的诗题亦可资证此事。

常去梅尧臣家蹭饭的欧阳修和刘原父不是懒得动手，只因鱼脍须得切成薄片或细丝，唯有厨娘做得好这门细活。厨技平平却还吹求细薄如纸的士大夫只有旁观的份儿，而不敢腆颜抢戏。在两宋时期，因高超厨艺而流芳的厨娘层出不穷，厨师却不太出彩。中国最早入史的宫廷女御厨就是两宋之交的一名厨娘。

据《春渚纪闻》[①]载，宋高宗宫中有一位随驾南下的女厨刘氏。当高宗赵构还是藩王时，她便在王府里做菜。宫里

▲南宋·李东《雪江卖鱼图》

---
① 《春渚纪闻》：北宋何薳撰。本书记述了北宋的仙道异事、民间奇闻。从中可了解宋时士大夫的迷信观念及民间习俗。

规定,主理御食的五品官"尚食"只能由男人出掌,但刘氏烹制的菜肴太出色了,兼能逢迎皇帝心意,宫人便敬称她为"尚食刘娘子"。

《武林旧事》记录了另一位南渡杭州的开封厨娘——五嫂。五嫂的招牌菜是鱼羹。抵杭后,她在杭州钱塘门外开了一间鱼羹店。据说,宋孝宗初年,太上皇赵构乘龙船游西湖时,"宣唤在湖买卖等人",年事已高的宋五娘亦在其列。她向太上皇述说身世:"东京人士,随驾至此。"赵构特请宋五嫂上船,共叙乡情,另"赐金钱十文,银钱一百文,绢十匹"。宋五嫂由于"尝经御赏",生意也做得极旺,"遂成富媪"。福建士人朱继芳诗述其事:

柳下白头钓叟,不知生长何年。前度君王游幸,卖鱼收得金钱。

究其属类,厨娘是宋代女伎之一种。南宋学者廖莹中描画南宋末年的人力市场时曾说:"名目不一,有所谓身边人、本事人、供过人、针线人、堂前人、杂剧人、拆洗人、琴童、棋童、厨娘,等级截乎不紊,就中厨娘最为下色。然非极富贵人不可用。"①女伎是宋代的职业女性,厨娘自少就身经百练,她们的拿手好戏是掌厨,其中还有许多才貌并重、熟习书艺与算术的可人儿。她们的聘价也极贵,只有钟鸣鼎食之室才聘得起,"力稍不足,不能用也"。如果连"最下色"的厨娘都能在职场大放异彩,"上色"女伎的璎玑良程也不难悬想。因此,京城的小户人家不重生男而重生女,生女则异常怜惜,待其初长时,父母就教给她们某种技业,以待富贵人家聘雇。

《事林广记》②说,宋岭南地区,其家无问贵贱,都不会教自己的女儿缝针纺纱,只是要她勤习庖膳,苦练刀技。只有厨娘才是岭南好女儿。岭南人常用一句乡谚夸他们的女儿:"我女厨裁袍补袄即灼然不会,若修治水蛇、黄鳝一

---

① 选自廖莹中《江行杂录》。
② 《事林广记》:南宋陈元靓撰,是一本日用百科全书型的古代民间类书。

条必胜一条。"由于路途迢远，加上岭南食俗独成一体，所以岭南厨娘鲜少受聘于士人之家，开封厨娘仍是大宋厨艺界的一姐。

一些有关宋厨娘的轶事散见于多本古代文集，我们可从中看出北宋开封城"第三产业"的发达及其高度的专业化，市民们可在细密的分工结构中找寻自己的岗位。

罗大经《鹤林玉露》载，有一士人到京城买回一名侍妾，她自谓曾是蔡京府中包子厨的厨娘。士人心忖自己赚到了。一天，士人让她做包子。她答说不会。士人诘问："你不是包子厨里的厨娘吗？却推说不会做包子！"她说："我在厨中只管打理葱丝。"士人只能自认倒霉。

苏颂雇过一名婢女，该婢女家里十口人都住在开封城曹门外，不事农桑，唯以替果子行捶取石莲肉为业。她说像她家这种专为果子行拣选果肉的户数少不了也有几十家，她家每年夏天都要捶取几十车的石莲。

宋人洪巽《旸谷漫录》中记载了一名知府雇用京都厨娘的例子。该知府为一寒素清官，适逢家有喜事，便拟摆办几桌酒席。他嫌家中婢仆们烹治的馔食难登大雅之堂，便修书一封，嘱请京城旧友替他选聘厨娘。不几日，友人回信，说他已寻得一个年仅20岁，容艺俱妙、能算能写的厨娘。一旬之后，厨娘应邀而至。但她并未径入知府的官邸，而在城郊住下，亲写手书一封，行遣脚夫给知府送去。她在信首历叙贺词，信末祈请太守派四角暖轿来接她。知府接信，见其笔画端楷，辞语委曲，遂知厨娘"殆非庸碌女子可及"，迅即派轿子接取厨娘。一袭红裙翠裳的她进门后，容止娴雅，知府还未尝过她所做的馐馔，就已被她的风采迷住。到了喜日，亲朋们都举杯致贺，想看一看京都厨娘是否浪得虚名。厨娘向知府出示了一份菜单，请他点菜："还未到办大宴的时候。明天只是办常宴，我只做五籃[①]五分。"知府俭省惯了，只在食单写上"食品第一为羊头签[②]，菜品第一为葱

[①] 籃：古代盛食物的器具，圆口、两耳。
[②] "签"类菜肴，在北宋时非常盛行，有鸡签、鹅鸭签、荤素签、莲花签、羊头签、肫掌签等。这类菜多将内馅切成细长之丝，再用笋子卷裹，其皮料和馅料极多、极杂。

蘁，余皆易办者"。厨娘接单看后，速写一份配料单："羊头签五分，合用羊头十个。葱虀五碟，合用葱五斤。他物称是。"知府暗忖用料过多，但碍于情面只好照办。翌晨，厨娘进厨正式工作。她很讲派头，不仅自带整套厨具，还带了一名贴身丫鬟，以任助手。厨娘的御用厨具多是璀璨夺目的银质器皿，重达六七十两，"至于刀砧杂器，一一精致"。众人啧啧称奇，个个双眼放光，在他们的赞美声中，厨娘围上围裙，搭上"银索攀膊"，掉臂而入，蹲坐胡床之上，开始了第一道程序——取抹批脔。她切末劈肉很有条理，似有运斤成风之势。此事毕后，一点不耽搁，即做头道菜"羊头签"。她先把羊头滤置厨台上，之后剔下脸肉，剩余的统统扔掉。众人不禁问其缘由，她说："贵人都不吃这碎料。"

▲ 宋代厨娘画像砖
（图片由网友"慢慢来"提供）
中国国家博物馆陈列品。

▲《妇女涤器雕砖》
（图片由网友"慢慢来"提供）
河南偃师出土。

但众人还是不想浪费,收捡用剩的羊头,厨娘冷笑道:"你们真是捡吃的狗子!"众人敢怒不敢言,因为厨娘的气场太强了!接着厨娘再做第二道菜"葱虀"。她取过葱,放在沸汤中烫一烫,尔后去掉须叶。按碟子的大小,分寸截断葱根,又将它们的数层外皮剥走,只取下看着像韭黄的葱心条。再以淡酒加盐浸泡这些葱心条。羊头签和葱虀等五道小菜上席后,"凡所供备,芳甘脆美,济楚细腻"。没有人能如实转述美食赋予人类的感官刺激,文学家写得天花乱坠,永不如读者亲口品尝。所以,洪巽也只能说厨娘做出来的菜肴好得"难以尽其形容",仅此而已。席间,众宾相顾称好,饱餐意足,也给知府脸上平添了光彩。散席后,厨娘整好衣摆,说:"今日只是试厨,承蒙台端看顾,请循例付酬。"知府略一迟疑,不知应该付多少酬金。厨娘就从怀中取出"支赐判单"。知府看过单子后,脸色一变,单子是厨娘写给上家雇主的账单:"每展会,支赐绢帛或至百匹,钱或至百千。"知府大惊,为了保全面子,只好照单支给,私底下追悔莫及:"吾辈事力单薄,此等酒筵不宜常设,此等厨娘不宜常用。"不出数日,知府就找了个借口,将厨娘请回开封。事经口传,传以为笑,宋人笑的是知府的不自量力!

  此事经今已有千年,有人说宋代厨娘是官僚集团穷奢极欲的产物,有人说宋代厨娘是女权主义的先行者,也有人说宋代厨娘与闲雅雍容的士大夫相辅相成……一千个人眼中,必有一千个厨娘。我们唯有放宽视角来审视,这样当我们推开历史的大门时,蓝田美玉与沧海遗珠才会如春潮般从华夏文化宝库中涌泻而出。

玉燕钗头——头饰

秋水浸芙蓉,清晓绮窗临镜。柳弱不胜愁重,染兰膏微沁。
下阶笑折紫玫瑰,蜂蝶扑云鬓。回首见郎羞走,胃绣裙微褪。

——周密《好事近》

▲宋·佚名《女孝经图》中梳着各色发髻的女子

周煇①是隐居在杭州清波门外的市隐之士，谈起女子头饰，也不免动了凡心："自孩子，见妇女装束，数岁即一变，况乎数十百年前，样制不应不同。如高冠长梳，犹及见之，当时名大梳裹，非盛礼不用。若施于今日，未必不夸为新奇。"妇女装束的"72变"让周煇记忆犹新，诚如斯言，宋代女子的头饰时或追新潮，时或尚复古。

宋初蜀地女子束高发为高髻，称之"朝天髻"，后人附会说这是孟蜀降宋的谶兆。西蜀女子最尚束高髻，陆游入蜀时，他见蜀地的未嫁少女，多梳"同心髻"。其形制高可两尺，女子只要将头发高高束起，再编一圈圆髻即成同心髻。同心髻实寓蜀人期盼阖家团圆、天下太平的心愿。宋宫中那些顶着"龙儿特髻"的宫人，其发髻也是高髻，但它或是一种显示头发厚密、发髻丰满挺立的辅饰。《东京梦华录》载，开封城相国寺每月五次的交易会上，就有"领抹、花朵、珠翠头面、生色销金花样幞头帽子、特髻、冠子"等饰品供售。

与高髻同盛的是高冠。女冠"重楼子"模仿当时的特种牡丹重楼子，用罗帛叠成楼阁式，戴在高髻上，有的冠子高过三尺，所插的角梳也长过一尺二寸。自"朝天髻"蓬兴，北宋的女子高冠与高髻渐转危巧，终至官方出面禁限的境地。

宋太宗端拱二年（989年），皇帝诏曰："妇人假髻并宜禁断，仍不得作高髻及高冠。"然则，宋代官府对国民生活的束约向是说得多，执行得少，那些爱靓不爱命的女子等朝廷"喊停"的风势一减，就依然故我。因此，每过几十年，朝廷就会颁一次限高令。如宋仁宗皇祐年间（1049—1054年），皇帝又颁旨："妇人所服冠，高无得过四寸，广无得逾一尺，梳长不得逾四寸，仍无得以角为之。"

虽终仁宗一朝，无敢犯禁者，但其后尚高的发髻与头冠复再繁盛。宋词中有大量描摹女子高髻的词句，如米芾的《醉太平》中的："高梳鸦髻。浓妆脸霞。"王之道《浪淘沙》中的："高髻堕香鬟。遗恨眉山。"南宋理宗时，宫嫔还梳

---

① 周煇（1126—1198年）：字昭礼，周邦彦之子，钱塘人。南宋学者、藏书家。晚年隐居钱塘清波门，不愿为仕，以藏书为事。

▲ 唐·周昉《簪花仕女图》中的高髻女子

着称为"不走落"的高髻。

正如"文无第一",宋代有多种千娇百媚,不教危髻独美的发式,"包髻""蝉鬓""双鬟"均为例证。包髻是女子在梳成发髻后,再用七彩的绢帛包裹的髻式。包髻时,妇人多将布帛叠成花的形状,布面还贴上金银珠翠或真花。整个髻样给人一种清新简洁之感,贵妇民女,皆喜梳束此髻。蝉鬓是将女子的鬓发梳成薄如蝉翼的一片,它常垂至颈间,梳着蝉鬓的女子移步时,或是静坐迎风时,极具轻盈的动感。苏东坡的《诉衷情》载:"肤莹玉,鬓梳蝉。绮窗前。素娥今夜,故故随人,似斗婵娟。"词中的佳人不仅谁见谁怜,还使人满怀滟滟的遐思。双鬟是在头上或额上梳两个左右对称的环形发髻。此式在宋前已有之,宋时尤盛。未婚少女多喜双鬟,欧阳修《玉楼春》词谓:"金雀双鬟年纪小,学画蛾眉红淡扫。"因这类对称的发鬟望若"丫"字,故亦称"丫髻"。《东京梦华录·执宰亲王宗室百官入内上寿》即载女童"多作仙童丫髻"。除这三

▲《北齐校书图》
传为北齐杨子华所绘。图左上为两个梳着丫髻的侍女。现藏于美国波士顿美术馆。

种髻外,宋代妇女中还流行"芭蕉髻""流苏髻""三十六髻"等不一而足。

宋女子的冠式也多样。角冠是屡遭谕饬整改的女子冠饰。它原是宫人喜用的头冠,遂名"内冠子"。角冠的冠状如团形,并有四个伸出的角,冠后两角较长,最长可达两三尺。戴冠的贵妇乘车时,得侧身进车。北宋文人王栐说宋初的女子冠饰初无定制,妇人多以"漆纱为之,而加以饰,金银珠翠,采色装花"[1],但仁宗时,有宫人在角冠上添饰白角梳,使冠长至三尺,议者指为妖异,宋仁宗亦以为过分,故在皇祐年间并禁高冠及长角冠等头饰。只是,积习已深,朝廷焉能在朝夕间就更改女子们的趋尚?朝廷曾禁用鹿胎皮和玳瑁为冠饰,女子就转用仿玳瑁的饰料。法禁渐弛后,她们便用白角、鱼枕、象牙、玳瑁等物为饰。有的女子还返璞归"珍",戴上以金银或珠玉相缀的"太妃冠"。南宋末年,连乡下的村姑也都戴上了角冠。毛翊《吴门田家十咏》诗云:"田家少妇最风流,白角冠儿皂盖头。"

头冠中花冠是最典雅的冠式。宋代花冠的原式是唐宫的花钗礼服,宋代则

---

[1] 选自王栐《燕翼诒谋录》卷四。

▲ 北宋·王诜《绣栊晓镜图》中梳着"流苏髻"的女子

▲ 出土于内蒙古奈曼旗的辽国公主鎏金银冠（图片由网友"慢慢来"提供） 现藏于中国国家博物馆。

上至宫妃命妇，下至歌伎民女，皆喜戴用花冠。据《宋史·舆服志》载，皇后、妃子、命妇的首服礼冠为龙凤花钗冠和花钗冠，饰用之花数各有所别。北宋末年，有一种将四时之花合于一顶冠子，谓之"一年景"。南宋周密《武林旧事》载，元宵夜的杭州诸妓"夜卖所戴杏花冠儿"。宋代花冠比唐式更新颖别致，牡丹、芍药、桃、杏、蔷薇、菊、梅、荷皆可上冠，后由于绢质与丝质仿真花的横空出世，市镇上的鲜花花冠渐归稀落，戴花冠之习却日盛，其推手便是那不受节序制限的仿真花。

珠冠是比花冠价重的头冠，其以珠缀冠中，故得是名。由于宋人未制出珍珠的替代品，所以，能戴上一顶珠冠的女子非富则贵。珠冠的形制大小不一，太后和皇后所戴的凤冠亦是珠冠，名"云月冠"；公主出嫁时的珠冠叫作"真珠九翣四凤冠"。云月冠的饰珠是北珠[1]，它产自松花江下游，素以圆润和珠大而驰誉

---

[1] 北珠：产自辽东海域的稀世珍宝。北宋时在边境贸易中与契丹互市，购买北珠，所费颇巨。

宇内。南宋时，有人花了十万缗收购北珠，做成十顶珠冠，献给韩侂胄的十名侍妾。凭之可推算出一顶北珠珠冠的造价应高过一万贯钱。除过角冠、花冠、珠冠，宋代还有"垂肩冠""山口冠""燕尾道冠"等女子冠式，不胜枚举。

在发髻或头冠插上梳子是宋代的通式。簪、钗、胜、梳、步摇是宋代女子最爱用的搭饰。

簪也称"搔头"，它是插定发髻或头冠的长针，多以金玉珠宝等物为饰料，并常加工成凤凰、彩蝶、花鸟等簪形。搔头如花易落，常使男人遐想联翩。如王之道《菩萨蛮》之上阕："香鬟倭堕兰膏腻，睡起搔头红玉坠。秋水不胜情，盈盈横沁人。"这娇慵的女郎教人如何不怜惜？

今人时将簪与钗混为一谈，但它们不尽相同。钗为双股长针，簪是单股长针。簪算得上是钗的"始祖"。钗更易于夹在鬟发上，女子鬟上若别满钗子，从远观之，仿似一丛偎人不起的娇花。

胜是一种仿花的女性饰物。它由金箔、银片、玉石或绢纸等物雕裁而成，常蔽于女子发前为饰，宋人将它们分为金胜、银胜、罗胜、花胜、人胜等等。人胜是立春之日的节日饰品，立春时，妇女将五色绸或彩纸剪成人形、燕子形和花蝶形等，戴上头鬟，以贺春神的再临。南宋史浩《喜迁莺·立春日》写到了钗头结上金胜的美态："最好是，看彩幡金胜，钗头双结。"

头梳即能梳头，亦能装饰头。宋代女子喜用插梳作为发髻的衬饰，绾着同心髻的少女亦常在髻上插银钗六根，后插象牙梳子。但象牙梳价高，民女为图省钱，多代用木梳。梳子是一物两用的用品，故其销量也颇高，南宋杭州的商业街上就有直销梳子的"梳行"。

步摇是可挂在鬟发前后左右的挂饰。步摇之名得自汉代刘熙的《释名》："上有垂珠，步则摇也。"步摇多附丽于簪钗之上，其花枝多由金银丝编就，上缀翠玉花饰，下垂五彩珠带。戴着步摇的女子起步时，美人的鬟影与步摇同轻，好比是仙女凌云而行。

玉燕钗头

红颜

▲《宋仁宗皇后像》 左右为头戴各式鲜花的宋代宫女，居中的皇后戴着九龙纹钗冠。现藏于故宫博物院。

官府素是女子头饰的"大敌"，因为民女的服饰常有僭越之嫌。民户的侍妾若都戴上北珠珠冠，皇后的云月冠亦将黯然失色。因此，朝廷屡下禁令，让庶民禁穿或禁用某类服饰，但收效甚微，多因《宋会要·舆服》所说的"冒法者，众"，这教那些满口"之乎者也"的官员情何以堪啊！

即使禁风正劲，民间的女子还是有对策的。南宋咸淳五年（1269 年），杭城禁以珠翠为饰，杭州的女士们就改用琉璃制的首饰。诗云："京师禁珠翠，天下尽琉璃。"对宋代女子来说，如不许用钗头凤，用钗头燕也行，而对烈女子来说，头可不留，钗头凤须留！

▲ 五代·周文矩《宫中图》局部　最左边的女子在发髻上加插梳子。全图共分三卷，分别藏于美国克里夫兰艺术博物馆、哈佛大学福格博物馆及大都会艺术博物馆。

头饰亦是宋代女子传情的信物。古代夫妻和情侣在相别前，有一种分钗的习俗：女子将头上的对钗分折成两枝，一枝赠予男子，一枝自己保留，待不知何夕再逢时重聚成对。朱敦儒《临江仙》是一曲时代的哀歌，诉说了汴京失守后，他与爱人离散的哀痛：

　　直自凤凰城破后，擘钗破镜分飞。天涯海角信音稀。梦回辽海北，魂断玉关西。

　　月解重圆星解聚，如何不见人归？今春还听杜鹃啼。年年看塞雁，一十四番回。

转眼就过了14年，分钗恐难合璧，那种唯朱敦儒自晓的断魂之痛非因对钗的分散，而是缘于已成迷梦的心上人永不可期的魂兮归来……

胜日寻芳——女性出游

西楼月下当时见,泪粉偷匀。歌罢还颦。恨隔炉烟看未真。
别来楼外垂杨缕,几换青春。倦客红尘。长记楼中粉泪人。

——晏几道《虞美人》

▲ 宋·佚名《四美图》　美国私人藏品。

▲ 宋·佚名《杨柳溪堂图页》

"梧桐更兼细雨,到黄昏,点点滴滴",那是李清照旧欢成忆的心泪;"最是分携时候,归来懒傍妆台",那是朱淑真小别情郎的怅惘;"欲笺心事,独语斜阑",那是唐婉无计排遣的悲愁。她们令人心疼的美,让我们一再撑起宋代的兰舟,驶进倒影月华的潋滟波心,幻想着为她们采撷忘忧草。但乱红飘砌的宋时胭脂雨中,何处是她们的芳踪?约个佳日,我们循着宋人的清词丽句,寻访她们的衣香鬓影罢。"等闲识得东风面,万紫千红总是春",正月初一是每年的首个春日,闺愁已被东风拂去,她们顾不得帘外春寒,离了深闺,到市里赏游。

《东京梦华录》载:"正元一日节,开封府放关扑(赌博)三日……向晚,贵家妇女纵赏观赌,入场观看,入市店饮宴,惯习成风,不相笑讶。"元旦的那三天,开封府放松了对赌博的限管,贵族妇女不仅能进赌场观赌,也能下注竞彩。李清照是著有赌经《打马经图》的女赌侠,她在元旦这天,应该也会进赌坊试试手气吧。

▲《丽人行》 此图传为北宋著名画家李公麟所作，现藏于台北故宫博物院。

再过一旬，李清照若还是没着家，她准保是去赏灯了。开封士女最兴去西池看花灯，《说郛》①说："每灯夕及西池春游，都城士女欢集，自诸王邸第，及公侯戚里，中贵人家，帘幕车马相属。"元宵是女性的盛日，但她们不用等到正月十五，至少在初六夜，即可纵游"金碧相射，锦绣交辉"的春月灯市，朱淑真更爱此夜的夜月，其词《忆秦娥·正月初六夜》说："弯弯曲，新年新月钩寒玉。钩寒玉，凤鞋儿小，翠眉儿蹙。闹蛾雪柳添妆束，烛龙火树争驰逐。争驰逐元宵三五，不如初六。"初六只算是元宵盛华乐章的序曲而已。《武林旧事》说，元宵节这天，杭州"都城士女，罗绮如云，无夕不然也"。她们有时还有异性游伴，《梦粱录》称，元宵时，"公子王孙，五陵少年，更以笼纱喝道，

---

① 《说郛》：元末明初学者陶宗仪所编纂。"说郛"意思就是五经众说。共100卷，条目数万，汇集秦汉至宋元的名家作品，内容包罗万象，含经史传记、考古博物、山川风土、诗词评论、问卜星象等内容。

胜日寻芳

红颜

▲ 南宋·李嵩《观灯图》 台北故宫博物院藏画。

将带佳人美女，遍地游赏"。

据李清照《永遇乐》的词意，她曾在元宵日乘着香车宝马，访谒诗朋酒侣。元宵节是京城女子最偏重的节朔，她在同词中说："中州盛日，闺门多暇，记得偏重三五。铺翠冠儿，捻金雪柳，簇带争济楚。"这"雪柳"不是覆雪的柳树，而是元宵节里的女性头饰。据古史载，宋代女子的元宵节物是"闹蛾""雪柳"等物，衣多尚白，"盖月下所宜也"。她们走动时，斜插发丝上的"闹蛾"在灯照下亮晃晃摇摆，真似联翩舞动的群蛾。人们总以飞蛾扑火类比那些义无反顾的爱情，"闹蛾儿满路"的元宵节期间也是宋代的恋爱季节。

南宋词人李邴《女冠子》词即述杭州上元夜，有情人出双入对的时景："见许多才子艳质，携手并肩低语。"《宣和遗事》的叙写愈加纤丽："那游赏之际，肩儿厮挨，手儿厮把，少也有五千来对。"但这五千来对的情侣中，能修成正果的又会有几对？朱淑真也曾披着一身白，簇戴闹蛾，在当年的元宵节，与她的情郎相会，"月上柳梢头，人约黄昏后"。下年的元宵夜，却落个"不见去年人，泪湿春衫袖"的煞尾。爱情总是如此短暂，遗忘却如此漫长，永失所爱的北宋词人刘弇在风雨中悲唱："断送一生憔悴，能消几个黄昏！"目下是清明节，他陡然忆起去年紫陌青门，可昨昔的她已化今宵雨魄云魂，心有多痛，唯他自明。

李清照、朱淑真等女词人，正处花样年华时，尚不知人世间有此般的大苦大悲，她们不想辜负花红柳媚的三月韶光。因此，三月暮的寒食、清明节，又是两个属于她们的狂欢节。

寒食节一般是在上年冬至节后的第 105 天或 106 天，寒食过后是清明，所以宋人就把这两个节日合起来一起过。是时，城里的姑娘将自己打扮得靓丽动人，呼朋唤友，相约踏青。女人之间总会相互较劲，即使她们互视对方为闺蜜。那些爱美的女子，在踏青前已做好新鞋，争奇斗艳的战场已延展到她们的脚丫上。毛滂词《小重山》曰："宜春金缕字，拂香腮。红罗先绣踏青鞋。"词中所叙的女子，在立春日就已做好这双绣花鞋！

《武林旧事》说，杭州女子径行延长了假期。清明前后十天，她们抹上浓妆，配上繁饰，"接踵联肩，翩翩游赏，画船箫鼓，终日不绝"。赵鼎臣奏事说，寒食、清明之间，"都人士女嬉游娱乐"，竟致都城狱空，狱卒们一走了之。不用想了，他们就是去看美人秀的。踏青也许仅是她们瞒骗爹娘的说辞，她们有的是去郊外的园囿赏花、拾翠、斗草。韩琦说他的园林一到寒食节，就成了士女们的乐园："遇寒食节，州之士女无老幼，皆摩肩蹑武来游吾园，或遇乐而留，或择胜而留，叹赏歌呼，至徘徊忘归。"有的少女可能是去约会她们的恋人。柳永说，此时"处处踏青斗草，人人眷红偎翠"，市郊处处洋溢着欢声笑语，晃动着彩袖舞影。绮罗香里，啼鸟声中，多梦雨季就要到来。少男少女牵着手，踏着绿茵，漫步于甜甜腻腻的情路上，这幅如梦似幻的画景是宋代寒食、清明的纪念封，年年都有复制品，在开封，在杭州，在成都，在洛阳……吕渭老《生查子》记述了一对小情侣在踏青前后的亲昵缠绵：

> 裙长步渐迟，扇薄羞难掩。
> 鞋褪倚郎肩，问路眉先敛。
> 　踏青南陌回，倚醉开娇靥。
> 今夜更同行，忍笑匀妆脸。

若爱人远逝，女子们就再无踏青斗草的闲绪了。"春困

▲ 明·陈洪绶《斗草图》

厌厌,抛掷斗草工夫,冷落踏青心绪。"柳永《斗百草》词中这位愁闷抑郁的女子,还在苦等爱人的归期。李清照应该会深有同感吧?当她与丈夫赵明诚天人永隔之后,她"试灯无意思,踏雪没心情"。① 只要是一个重感情的女子,那么,爱人就是她的全部。但是,男人的世界永远不是只有她。作为男子附庸的宋代女子,一年十二月中,只有七夕之日才是她们感到骄傲的日子吧?

七夕节亦称"女儿节""乞巧节"。每年农历七月,满天彩云变幻万端,老百姓说这是天女织就的"巧云"。相传,天帝只准织女和牛郎在七月初七相会一次,这天是谓"七夕"。他们在鹊桥上相会时,人间的女子就争向织女乞巧,祈盼她能赐教女红巧技。古代民谣《乞巧歌》唱道:"乞手巧,乞容貌;乞心通,乞颜容;乞我爹娘千百岁,乞我姊妹千万年。"

北宋开封城,七夕节前的三五天已是香车宝辇填巷,脂泽金粉飘散。男女

▲ 宋·佚名《乞巧图》局部

---

① 选自李清照词《临江仙·庭院深深深几许》。

都去采摘未开的荷花,若摘到一株双头莲,就是喜兆。到七月初六或初七,富裕人家会在庭院搭造一座彩楼"乞讨楼"。然后,父母铺陈磨喝乐①、花果、酒水、笔砚、针线,或儿童的裁诗,让待字闺中的女儿"呈巧"。已婚的妇女则望月穿针。七夕夜,皇宫里的女人要对着月亮,用九孔针穿五色线。

柳永词虽有卑俗的缺点,但他是最能摹刻城市景趣的词人。穿针楼乞讨是堪比元宵灯会、清明踏青的女子盛会,此夕的男子只是女人的陪衬。"运巧思穿针楼上女,抬粉面、云鬟相亚。钿合金钗私语处,算谁在、回廊影下。愿天上人间,占得欢娱,年年今夜。"柳永《二郎神》中的"云鬟相亚"证此楼上不只有一个女子;"私语处"应是情侣正在耳鬓私语的僻静处;"算谁在"衬映出楼下的男女成众,以至于楼上人辨不清那是谁和谁。

晏几道就在穿针楼上重逢他的初恋,其《临江仙》词中有供证:"穿针楼上曾逢。"不过,若经细思,士人家的彩楼不会任人登览,并准男人和他家的

▲南宋·陈清波《瑶台步月图》

---

① 磨喝乐:梵文音译,原指佛祖释迦牟尼的儿子。磨喝乐传入中国以后经汉化,由蛇首人身的形象演化为可爱儿童形象,成为"七夕"节供奉牛郎、织女的一种土泥偶人。据《东京梦华录》记载,两宋时期,每年的七夕节,无论是达官显贵,还是平民百姓,都用磨喝乐来供奉牛郎、织女,借此来实现乞巧和多子多福的愿望。

女儿谈情说爱。柳永《二郎神》中的那座穿针楼要么是太虚幻境的缥缈飞楼，要么是平康里巷的舞榭妆楼。《东京梦华录·七夕》说："里巷与妓馆，（乞巧用的女性用品）往往列之门首，争以侈靡相尚。"

身属士女阶层的李清照、朱淑真、唐婉等人，她们只会在自家的穿针楼上乞巧。乞巧时，她们将小蜘蛛养在盒子里，次日开盒，谁的蛛网结得最圆最正，就预示着谁将是有织女巧技的小仙子，这叫"得巧"。朱淑真《七夕》诗云："拜月亭前梧叶稀，穿针楼上觉秋迟。天孙正好贪欢笑，那得功夫赐巧丝。"四句点出"拜月""穿针""巧丝"等七夕节俗。

中秋节、重阳节、冬至节等下半年节日，宋代士女也会出游，但此时的她们多是丈夫或家人的随从，而且还要恪遵三从四德的妇道，不许妄与他人交接。我们如果见到她们和丈夫双双把家还，还是别过去叨扰，唯祝君安好。"非时"的逢晤，总非得宜，亦教人愁肠寸断。

还记得那年东风恶、欢情薄，桃花落的绍兴沈园吗？陆游与唐婉再度重相逢，一个已别娶，一个已他嫁，二人两两难相忘，旧情复燃。他填了一阕《钗头凤》给她，她也回赠一阕《钗头凤》给他。再别后，她的香魂随着千般愁恨零落成泥碾作尘。啊！且别责怪陆游，一个情字不知害苦了多少痴男怨女，又有多少人能参透"相见争如不见"？

▲ 南宋·李嵩《焚香祝圣图》 画中男子在女眷的陪同下焚香向天许愿。现藏于台北故宫博物院。

闲乐

生活如戏,乐在其中。生命似金,敬请珍重。

——德兰修女[1]

---

[1] 德兰修女(1910—1997年,Mother Teresa of Calcutta):世界著名的天主教慈善工作者,主要替印度加尔各答的穷人服务。因其一生致力于解除贫困,而于1979年获诺贝尔和平奖。

花样年华——从宋代男子簪花说开去

世味年来薄似纱,谁令骑马客京华?小楼一夜听春雨,深巷明朝卖杏花。

——陆游《临安春雨初霁》

闲乐

▲ 南宋·李嵩《明皇斗鸡图》 李嵩是侍奉南宋光、宁、理三朝(1190—1264年)的画院待诏,其作品颇丰,题材涵盖面极度广。此图刻画了唐明皇李隆基在统治后期耽溺游乐的生活一景。现藏于美国纳尔逊·艾金斯美术馆。

彩胜宫花

宋孝宗淳熙十三年（1186年），杭州细如轻愁的雨巷那头，传来叫卖杏花的声音，报知卧睡小楼上的诗人陆游，春已深浓。宋人为何要买杏花呢？他们可能是买来做头饰。他们？怎么不是她们？清人赵翼在《陔馀丛考·簪花》中说："今俗唯妇女簪花，古人则无有不簪花者。"男子簪花，古已有之，在两宋尤盛。在宋时，既给自己买花、也给妻子送花的男士们准定是宋代花市的大买手。

宋代民俗多肇兴于唐朝，"簪花"亦不自外。王维名诗《九月九日忆山东兄弟》可证："遥知兄弟登高处，遍插茱萸少一人。"宋人史铸《白菊集谱》引载《仙书》说："茱萸为辟邪翁，菊花为延寿客。"因此，唐人在重阳当天也会鬓插菊花。如杜牧诗《九日齐山登高》所言："尘世难逢开口笑，菊花须插满头归。"除在节日里，平日唐朝男子偶尔也会簪花。唐玄宗时，小名"花奴"的倾世美男汝阳王李琎，通晓音律，他曾在君前敲击羯鼓。皇帝满生欢意，躬自摘下一朵红槿花戴在花奴帽上。花奴戴着花，奏了一曲《舞山香》，曲终却花不落，玄宗喜称："花奴姿质明莹，肌发光细，非人间人，必神仙谪堕也。"

个案不能代表主流，簪花要到宋时才成士庶的普遍俗习。每逢国家大典、佳节良辰、岁时祭祀等喜庆时分，赵宋君臣都会将花儿簪在头上。按惯例，皇帝要在琼林苑主持"闻喜宴"款宴新科进士，赐戴名花。"闻喜宴"亦名"琼林宴"，能够与宴是士子的无上荣耀，但宴上总有感到不自如的人。宋仁宗宝元元年（1038年），在那些春风得意的簪花郎环伺中，司马光显得格格不入。他性尚简朴，不肯戴花。同伴劝谕他："这是君上御赐的花，不可不戴。"司马光不得不勉强戴上一朵小花。根据宋初诗人王禹偁追忆登榜后景况所作的《杏花》诗："登龙曾入少年场，锡宴琼林醉御觞。争戴满头红烂漫，至今犹杂桂枝香。"可猜想，司马光戴的这朵花很有可能也是杏花。

司马光不想戴的花，却是京城的抢手货。宴后，进士们在归途中，他们鬓

▲ 北宋·赵昌《杏花图》

边的"今上赐花"总被乞丐和娼妓抢走。那些位居社会底层的人,无非是想沾点喜气罢了!

宋徽宗崇宁年间,70来岁的福建士子徐遹终于考取进士。徐遹信马游遍开封的花街柳巷,都不见有女郎取走他白发上的那枝花,她们嫌他是满带霉运的衰神。徐遹唯以诗自嘲:"白马青衫老得官,琼林宴罢酒肠宽。平康过尽无人问,留得宫花醒后看。"

皇帝游幸时,也会赐花臣下。皇帝在御宴上,曾亲手为初任参政大臣的寇准戴上一株新艳的花并笑言:"寇准年少,正是饮酒簪花时。"谁说人老就没有"饮酒簪花时"？寇准镇守陕西时，曾比照皇帝的规格为自己贺寿。在酒兴催发下，他披上龙袍，骑马游街，已染霜白的鬓发还簪着一枝花。有人向宋真宗秘报寇准已生叛心。宋真宗就问王旦①："寇准要谋反吗？"老好人王旦笑笑："寇准上年纪了，有点痴傻，陛下可要下诏骂他几句！"皇帝闻言，疑意始消。

想到一名略略发福、头顶渐秃的老人头上花枝乱颤的画面，今人都会不禁莞尔，古人亦不例外。有一年的立春，苏轼往访苏辙。那天东坡头上戴着花，花下还系着幡胜②。侄子们笑指伯伯的华发说："伯伯是老人了，你也还要簪着花胜吗？"不能小瞧了苏轼戴的幡胜，它可是皇帝的御赐之物！《东京梦华录·立春》载，立春这天，"执宰、亲王、百官，皆赐金银幡胜。入贺讫，戴归私第"。簪花的老翁们并不感羞涩，反倒乐在其中。

宋神宗熙宁五年（1072年）三月，苏轼受邀到杭州吉祥寺赏牡丹。他在《牡丹记叙》记述了当日的盛景："酒酣乐作，州人大集，全盘缘兰以献于坐者五十有三人，饮酒乐甚，素不饮者皆醉。自舆台皂隶皆插花以从，观者数万人。"名刹牡丹盛放，游人花簪满头。苏轼陶醉了，他也簪上了一株娇艳欲滴的花，还赋诗《吉祥寺赏牡丹》记乐："人老簪花不自羞，花应羞上老人头。醉归扶路人应笑，十里珠帘半上钩。"当年的苏轼仅37岁，不算太老。但作为顽童，已经超龄了。"人老簪花"正映出老顽童苏轼性格中真率、活泼、旷达的一面。

---

① 王旦（957—1017年）：字子明，大名莘县（今属山东）人，北宋大臣。当王旦任宰相时，寇准屡次在皇上面前说王旦的短处，然而王旦却极力称赞寇准的长处。
② 幡胜：一种用金银箔纸、绢剪诸物裁制而成的饰品，是宋代立春之日人们头戴的配饰。

乱花迷眼

西湖风月一年四季不曾冷落，能供杭州人选戴的花色品种，真谓是"乱花迷眼"。《梦粱录》称得上是杭州人全年的"选花指南"。其"暮春"条说："是月春光将暮，百花尽开，如牡丹、芍药、棣棠、木香、酴醾、蔷薇、金纱、玉绣球、小牡丹、海棠、锦李、徘徊、月季、粉团、杜鹃、宝相、千叶桃、绯桃、香梅、紫笑、长春、紫荆、金雀儿、笑靥、香兰、水仙、映山红等花，种种奇绝。"其卷十三则说："四时有扑带朵花，亦有卖成窠时花，插瓶把花、柏桂、罗汉叶。春扑带朵桃花、四香、瑞香、木香等花。夏扑金灯花、茉莉、葵花、榴花、栀子花。秋则扑茉莉、兰花、木樨、秋茶花。冬则扑木春花、梅花、瑞香、兰花、水仙花、腊梅花。"

▲ **宋代小品画《秋葵图》** 这幅《秋葵图》属于南宋画院派中的纨扇画，从中我们可以窥见宋代小品画隽永精致的艺术特色。

▲ 南宋·李嵩《花篮图页》

杭州卖花人将花放在竹篮上,"歌叫于市,买者纷然"。他们寓唱于卖的销售手法,也见于《东京梦华录》:"是日季春,万花烂熳,牡丹芍药,棣棠木香,种种上市,卖花者以马头竹篮铺排,歌叫之声,清奇可听。"

有趣的是,两书叙说暮春卖花的用语颇为相似。《梦粱录》载:"雕梁燕语,绮槛莺啼,静院明轩,溶溶泄泄,对景行乐,未易以一言尽也。"《东京梦华录》载:"晴帘静院,晓幕高楼,宿病未醒,好梦初觉,闻之莫不新愁易感,幽恨悬生。"我们不能妄断说吴自牧抄袭了孟元老,因为是杭州的卖花声模仿了开封旧声,正如王安石所说"京师者风俗之枢机也,四方之所面而内依仿也",早在宋高宗定都杭州以前,杭州人想已久染此风。

受限于运输、供求等因素,不是谁都能随时随簪插应季的花儿。所幸宋人能造出堪与真花媲美的人造花。

据蔡京之子蔡绦的笔记《铁围山丛谈》中所述,皇家宴饮所赐的人造花有三品。下品是"绢花",辽国使节入贺宋主生日时,为向外邦示以崇俭,分赐绢花;中品是"罗帛花",多用于春秋两季的会宴;上品是"滴粉缕金花",遇有大礼后的朝贺、上元节游春,或是到金明池游园,近臣都陪驾出游,届时将设小宴,列席的重臣将分到滴粉缕金花。依官品高低,同游的随员也会分到数量与品相皆有差别的"燕(宴)花",而以"滴粉缕金花"为最。

受益于宋人的簪花成例,假花制造业成为蓬蓬勃勃的朝阳产业。洪迈《夷坚志》载:"(南宋)饶州天庆观居民李小二,以制造通草花朵为业。""通草花"是一种用通草制作的假花,它们在北宋即已有售。苏轼在《四花相似说》中,曾以四种假花比喻"四花":"荼蘼花似通草花,桃花似蜡花,海棠花似绢花,罂粟花似纸花。"耐得翁在《都城纪胜》回忆过花店出售假花的画面:"官巷之花行,所聚花朵、冠梳、钗环、领抹,极其工巧,古所无也。"南宋还有官办的制花作坊"文思院",掌造"金银犀玉工巧之物,金彩绘素装钿之饰,以供舆辇、册宝、法物及凡器服之用"。上文已述的幡胜亦是假花,也由文思院进造。

即便过了花时,人们也能购得自己所要的花。因为宋人很早就掌握了温室栽培和花卉保鲜的技术,这可证诸周密的《齐东野语》:"花之早放者名曰'堂花',其法以纸饰密室,凿地为坎,绠竹置花其上,粪以牛溲(尿液)硫磺,然后置沸汤于坎中,汤气熏蒸,盎然春融,经宿则花放矣。如牡丹、梅、桃之类无不然。"

园丁们若想单凭技业而独领风骚,那就太天真了。他们有两大竞争对手,一为卖假花的少年,一为善采荼蘼的灵巧妇女。南宋许棐诗的《马塍种花翁》生动地说明了园丁与卖假花的少年之间的摩擦,诗云:

> 东塍白发翁,勤朴种花户。盆卖有根花,价重无人顾。
> 西塍年少郎,荒嬉度朝暮。盆卖无根花,价廉争夺去。
> 年少传语翁,同业勿相妒。卖假不卖真,何独是花树。

东塍有一个勤奋的白发种花人,他卖的"有根真花"因价高而无人问津。反观那个售假的轻佻少年,花的卖价颇低,买者纷顾,少年"开导"老人说:"同行之间不要相互拆台,做生意一向卖假不卖真,何独是花树呢?"

除此之外,这栽花园丁更要面临那些贤惠妇人的压力。冬日花少,她们就在春末采摘荼蘼花,夹在书页中。入冬时,则簪在鬓上,谓之"花腊",盖取意于"腊月之花"。好尚簪花的男人借戴她们的"花腊"并不出奇。

▲ 林椿《海棠图》

百花齐簪

古代民俗的发展大多遵循"从皇室到贵室,再到民间"的规律,史学家司马光对此有透彻的认识:"宫掖者,风俗之原也;贵近者,众庶之法也。故宫掖之所尚,则外必为之;贵近之所好,则下必效之,自然之势也。"假如簪花渐成皇帝的日常习惯,那么,簪花亦将成臣民的闲日常事。细读宋人的著录,便知簪花是老少咸宜、男女皆尚、永无限时的庶民乐事。

宋徽宗是耽于嬉娱的风流君主,每回起驾还宫,开封人必见这位君王"御裹小帽,簪花骑马"的装扮,从游的群臣、侍卫也同样簪花。见男人一个个顶上花繁成丛,贵家士女就纷纷坐上轿子,到街上看热闹。她们大约是不屑于和男士争美,因而也不学他们簪上花儿,只是"小轿插花,不垂帘幕",静静地看。

继业的南宋皇帝亦多爱簪花。淳熙十三年(1186年),宋孝宗为敬贺太上皇(宋高宗赵构)八十大寿,在元旦日举办庆典。《武林旧事》在书的开篇首记此事:"御宴极欢。自皇帝以至群臣禁卫吏卒,往来皆簪花。"三天后,杭州的喜庆气氛依然很浓,"四方百姓,不远千里",皆来一睹盛事,诗人杨万里赋诗赞道:"春色何须羯鼓催,君王元日领春回。牡丹芍药蔷薇朵,都向千官帽上开。"

淳熙年间,礼部尚书赵雄等人奏请"庆寿行礼日,圣驾往还并用乐及簪花",后得宋孝宗准奏。这只是通过立法延长并扩展帝室"簪花"的期限和范围,但事实上,在北宋末年,宋廷的花之盛礼已不限于宫室与御苑、帝帷之内,节庆与典礼、宫宴之时。南宋"千万人簪花"的壮观场景,常见诸时人的笔端。南宋君臣朝谒过景灵宫后,姜夔作诗道:"万数簪花满御街,圣人先自景灵回。不知后面花多少,但见红云冉冉来。"

"万数簪花"的出现与皇帝的出行频率成正比,但亦有特例。据记,宋帝簪花的风尚曾在嘉定年间中绝。《梦粱录》说:"嘉定四年十月十九日,降旨:遇大朝会、圣节大宴,及恭谢回銮,主上不簪花。"姜夔虽是清贫诗人,却不失精灵，他吟诗赞述宋宁宗的"圣德"："六军文武浩如云，花簇头冠样样新。惟有至尊浑不戴，尽将春色赐群臣。"宋宁宗为了昭明他的至尊之尊，刻意不簪花，姜夔却将这粉饰为皇帝想将"春色"尽赐群臣。

宋代官僚宴集时，也常簪花。宋代扬州的芍药名闻天下，州城的开明桥"春月有花市"，而花价时时见涨。韩琦任太守时，其价已高过每况愈下的洛阳牡丹花。韩琦诗谓："广陵芍药真奇差，名与洛花相上下。洛花年来品格卑，所在随人趁高价。"①哪个文人不爱花？但花贩子开价太高的话，韩太守在买花前，还是得三思而后行。幸州衙后院的芍药开花了，一开就开了四本花，花瓣上下呈红色，一圈金黄蕊围在其中。韩琦喜出望外，设席园中，邀请幕僚王珪和王安石赴宴赏花。"二王"均是崭露头角的政坛新秀，与韩琦同属仁宗朝的名流。花开四朵，韩琦还想再请一人，正思间，有人通传说名士陈升之已到扬州。太好了，"第四朵花"花落陈家了。主宾四人皆簪花进席。宴散后的数十年间，他们皆官至宰辅。这即为宋代掌故"四相簪花"的来历。"四相簪花"虽只是巧合，却可证明宋代官员在私宴中，已有簪花的习尚。公余宴游时，韩太守簪不簪花是他个人的自由，但在特定的场合，韩太守必须簪花。

关于簪花的时间、地点，朝廷亦有明确而具体的规定。姑举"立春"为例，现代的立春是一个平常的节气，但在"一年之计在于春"的农耕社会中，它是极受重视的节日。立春的一项祭礼是"春牛礼"。立春前一日，人们将数十尊土牛迎于官署前，留待次日的"鞭春礼"。这天，官员也要簪花进酒，酒分三巡，由属官先进，长官为次，春牛为后。鞭春礼的即日，地方守官手执彩杖，鞭打泥牛，象征春耕开始。礼毕，诸官按序排位，之后就是簪花。

宋代典礼节文甚繁，簪花算是强制性的"例行公事"，其趣味大抵会稍减。有幸"琼林簪花"的文人，倒会羡慕那些无案牍之劳形的布衣黔首。陈留有一

---

① 选自韩琦《和袁陟节推龙兴寺芍药》。

名40余岁的理发师，他和7岁的女儿相依为命，每天赚了点小钱，就与女子醉饱，之后"簪花吹长笛，肩女而归"。同城的江端礼叹道："无一朝之忧，而有终身之乐。疑以为有道者也。"

即使在雨魄云魂化成伤的清明节，折花簪发的女子，举目皆是。神宗朝诗人郑獬行经某江村时，却见："清明村落自相过，小妇簪花分外多。更待山头明月上，相招去踏竹枝歌。"总体来看，端午清明的簪花人不比重阳日多。《乾淳岁时记》载："都人（杭州人）九月九日饮新酒，泛萸簪菊，且以菊糕为馈。"元旦、花朝、中秋、冬至等四时节令，民众亦会戴上应景的花。

男子大婚时，也是要簪花的。司马光《书仪·婚仪》"亲迎"条说："世俗新婿盛戴花胜，拥蔽其首，殊失丈夫之容体，必不得已，且随俗。戴花一两枝，胜一两枚可也。"司马光虽然觉得新郎戴花有失体统，但他还是愿意妥协的。兴许，他在新婚之日也随俗戴过一两朵花吧？《东京梦华录》亦见同类的载述："（婚宴中）众客就筵三盃之后，婿具公裳，花胜簇面。"《水浒传》第五回写小霸王周通下山强娶刘太公女儿时，"头戴撮尖干红凹面巾，鬓傍边插一枝罗帛象生花"，这段描写与宋代婚俗颇相契。

在闲时，簪红戴紫的男男女女亦无处不有。开封少年昔以插花相尚，欧阳修《谢观文王尚书惠西京牡丹》诗云："京师轻薄儿，意气多豪侠。争夸朱颜事年少，肯慰白髪将花插。"骑在牛背上的南宋小牧童，也学着他们的模样，在斗笠上插花。杨万里以此景入诗《安乐坊牧童》："前儿牵牛渡溪水，后儿骑牛回问事。一儿吹笛笠簪花，一牛载儿行引子。"

既然男人都簪花，巾帼又岂肯让须眉！《梦粱录》卷十三"夜市"条载："并在五间楼前大街坐铺中瓦前，有带三朵花点茶婆婆，敲响盏，掇头儿拍板，大街游玩人看了，无不哂笑。"范成大《夔州竹枝歌》中也咏赞了那个红花簪头的老婆婆："白头老媪簪红花，黑头女娘三髻丫。背上儿眠上山去，采桑已闲当采茶。"看来，宋代老来俏的婆婆还真不少！语涉村妇簪花的诗篇也较多见。

闲乐

如苏门子弟张文潜诗《田家三首·其二》："插花野妇抱儿至,曳杖老翁扶背行。淋漓醉饱不知夜,裸股掣肘时欢争。"宋代的"茶花女"亦爱簪花。浙江诗人舒岳祥咏赞过一群摘茶妇女的美态:"照水眉谁画,簪花面不羞。人生重容貌,那得不梳头。"①

需要特别指出的是,没有证据能确证宋代男人比女人更爱簪花。唯因男人是宋代诗坛的主轴,使得读者萌发宋代男人最"臭美"的想法。

▲ 宋·佚名《山茶霁雪图》

---

① 选自舒岳祥《自归耕篆畦见村妇有摘茶车水卖鱼汲水行饁寄衣春米种麦泣布卖菜者作十妇词》。

花边余事

簪花和杀伐,似乎难以找到它们之间的交集。深谙暴力美学的宋人,却能将它们完美地结合起来。试想,鲜血溅到花瓣上,不正是多部动作片的经典镜头吗?

宋代处决罪犯时,罪囚或会簪花,意向犯人宣示圣恩或天恩。《宋史·五行志》载,南宋绍兴初年,"郡狱有诬服孝妇杀姑(婆婆)",她无能自证清白,只好嘱求行刑人将她发髻上插的花塞到石缝中,说:"生则可以验我冤。"行刑者遵从她的请求,那花后来竟结了果。《水浒传》中,那牵合潘金莲和西门庆露水姻缘的王婆受剐刑时,但见她头上"一朵纸花摇"。赦免囚犯时,狱卒也要簪花。《梦粱录》卷五"明礼成登门放赦"条说:"罪人皆绯缝黄布衫,狱吏皆簪花鲜洁,闻鼓声,疏枷放去,各山呼谢恩讫。"

狱卒和盗贼是大宋法场的两大常客。前者将后者推上法场时,给他们簪上花儿,真像是一种恶搞。宋高宗绍兴初年,江淮大盗张琦自号"三朵花";建炎年间,湖北还有一绰号"九朵花"的盗贼头

▲ 清·金廷标《簪花图》中的簪花贵妇　现藏于故宫博物院。

领。谁规定了强盗在打家劫舍时不准簪花？不许他们簪花，才叫强盗逻辑呢！

南宋以后，簪花的人，尤其是簪花的男子逐渐少见，元明清三代，只见于零星的记载。元、明、清三朝只保留了侍宴赐花和进士簪花的礼典。明清文人倘若随兴戴花闲游，估计会被世人当成怪人。《杨文宪公年谱》载杨慎①白发簪花、携妓游城的行为，这成了士林热议的话题，他们讨论的焦点是：杨慎是真疯了？还是佯狂避祸？晚近簪花挂彩的男子几近绝迹，所以，《红楼梦》中只有一群每日"斗草簪花，低吟悄唱"的女子，而不见一群簪花的贾府男人。明清时，簪花似成女性的特权，明末清初的卫咏说："美人是花真身，花是美人小影。"随着世变风移，以花簪发的女子亦渐不多。鉴湖女侠秋瑾会否是最后的簪花女诗人呢？她在《兰花》诗中说：

九畹齐栽品独优，最宜簪助美人头。
一从夫子临轩顾，羞与凡葩斗艳俦。

只是她还未来得及与兰花说声道别，香魂已然散入秋风秋雨中。

▲ **明·周天球《兰花图轴》** 周天球曾师从"江南四大才子"之一的文徵明。周擅画兰花，笔势飘逸，画风遒劲，深得南宋遗民画家郑思肖之风。

---

① 杨慎（1488—1599年）：字用修，号升庵，四川新都人。明武宗时高中状元，授翰林院修撰。武宗死后无子，传位朱厚熜，是为嘉靖帝。嘉靖欲尊生父为皇考，这引起诸大臣反对，杨慎就是其中积极的一员。他的态度触怒了嘉靖帝，嘉靖帝将其流放云南。然而，嘉靖仍未放松对杨慎的警惕，为逃避迫害，杨慎便白天装疯卖傻以保命，晚上勤奋著述，研究云南民俗文化。

狸奴往事——宋代养猫风气

> 我老苦寂寥，谁与娱晨暮？狸奴共茵席，鹿麑随杖屦。
> 岁薄食无余，恨使鸟雀去。安得粟满囷，作粥馈行路！
>
> ——陆游《冬日斋中即事》

▲ 宋·佚名《狸奴图》

夜宫狸影

猫是月光下的神秘独行者，当它们在重门锁闭、帘幕拂垂的皇宫永巷中潜行时，更增添了宫闱的神秘性。宋朝民间将猫称为"天子妃"，它源起于一段悲伤的唐宫往事。唐高宗李治宠妃萧淑妃受武则天迫害，被打入冷宫，削为庶人。被囚之初，萧良娣发下毒咒说："愿阿武（则天）为鼠，吾作猫儿，生生扼其喉！"武则天既惊且怒,便在宫中立了一道禁猫令,以防"天子妃"萧良娣复仇。萧淑妃的话能令武则天如此恐惧,原因说来也巧,因为武则天生肖属鼠。

猫儿亦与大宋的凤冠与皇位的归属有联系。它们在宋朝有数个别称,以"狸猫"和"狸奴"最为常用。"狸猫换太子"是包公案系列中最惊心动魄的宫廷秘案,情节大致如下:已届中年的宋真宗,尚无子嗣,他的两位爱妃刘妃和李妃相继怀上龙种。皇帝和她们立约:谁先生下皇子,就册封谁为皇后。李妃先诞下了龙儿。心如蛇蝎的刘妃与一名心腹太监相勾结,将李氏的婴儿换成一只剥了皮的狸猫,再诬告李妃生下妖孽。李妃封后不成,还沦为深宫里的绝望女囚。大内总管陈琳心地善良,怕李妃的孩子会遭刘妃的毒手,便与宫女寇珠合作,将婴儿藏进食盒中,偷送出宫,请八贤王代为养育。刘妃起了疑心,派陈琳拷问寇珠。寇珠为守秘,撞柱自尽。之后,李妃所住的宫室离奇起火,她伺机逃出皇城,从此流落民间。其后,刘妃升为皇后,因刘氏子病夭,李妃之子亦被立为皇储。十多年间,李妃那个不知情的孩子误认刘皇后是他的生母。再后来,这个孩子继位为帝,是为宋仁宗。在他派包拯巡抚民间时,李妃向包拯申说奇冤。经过多番波折,包拯审清了案情。最后,宋仁宗将李妃接回宫里,悉心孝养。"狸猫换太子"的真相终于大白天下。不过,小说只是小说,并不是真史。"狸猫换太子"一事只是清代说书艺人石玉昆的臆造。

宋孝宗赵昚被立为太子,还真托了一只狸奴的福。绍兴二年(1132年),尚无子嗣的赵构年岁渐高,为了延续大宋国祚,便诏令官员在宗室中征选十名七岁以下的童子,作为太子的备选。这十人入宫后,从中又选出了二人。这两个宗子一胖一瘦,赵构较中意较胖的那个,就赐给瘦子300两银子,遣他回家。瘦子还未走出殿门,赵构却唤他回来,因为他又动摇了。赵构让他们叉手并立,倏然间,一只猫从他们跟前晃过。胖子飞起一脚,将这捣乱的猫踢将开去。这一脚也踢碎了胖子的太子梦。赵构板着脸说:"猫儿偶然经过,有必要踹它一脚吗?你为人如此轻率,安能执掌国玺?"于是,胖子被送走,瘦子留宫。这位不踢猫的孩子就是后来的孝宗皇帝赵昚。

南宋皇室盛行养猫,胖子的暴行在任何时候均会遭谴。但反之,臣下若和皇帝谈到宫里的御猫,纵是犯忌,皇帝亦多会宽谅他们。宋理宗在祭祀时,问随侍的大臣徐清叟:"猫儿捕鼠,你怎么看?"徐清叟根据猫的习性,说:"爱之欲其生,恶之欲其死。"因为老鼠落到猫爪中时,猫会先留着老鼠,玩上几回再吃。猫食鼠时撕咬的动作较残暴。话音才落,徐清叟就知自己失言,因为宋理宗生肖正属鼠。但爱猫的皇帝却毫不在意。宫廷的侍臣和宦官为求得到君王的重用,争相搜求各地名猫,进献御前。

华府猫迹

猫在皇宫过得阔气,在贵族的华府中,它们过得也不赖。依功能,宋代的猫可分为"捕鼠之猫"与"不捕之猫"。不难揣知,平民养的猫多是捕鼠之猫,在普通人的认知中,捕鼠必然是猫的天职。但随着国人生活的日益富足,只供赏玩的不捕之猫也日益增多。饲养者多是社会的上层精英。

过惯了好日子的猫是不捉老鼠的,因为它们在日常食物中已汲取所需的全部养分,何须再高抬猫爪呢?还不如美美睡上个懒觉呢!经多个世代的人工筛选与自然退化,个别宠物猫就丧失了狩猎技能。

南宋桐江有一富翁,家养二猫,宠爱甚深。它们坐卧不离身,日间在富翁怀抱中接受爱抚,夜间随他入寝。富翁出外时,就托付奴婢好生伺候它们。有一天,一老鼠跳进瓮中偷吃粮食,奴婢急告主人。主人想他的猫儿终有用武之地了,乐呵呵地抱着一只猫投进瓮中。老鼠吓得上蹿下跳,叫声惨绝。那猫却不敢攻击它,而被老鼠吓得从瓮底一跃而出。富翁笑笑,将另一只猫也放入瓮中。

▲ 宋·佚名《狸奴婴戏图》 《狸奴婴戏图》又名《端午婴戏图》，画中的陈设、背景，还有那只蜷在孩子身旁、全身皆白、尾色独黑的"雪里拖枪"猫，无不显示出这是宋代华府的花园。现藏于美国波士顿美术博物馆。

岂料它也从瓮中逃出，庭中恰好有一只小鸡，落进鸡爪的小猫竟被活活啄死！这真不啻"虎落平阳被犬欺"的猫版！

苏轼是讲求实用的名臣，他并不倡导养"不捕之猫"。他在奏章中曾说："养猫以捕鼠，不可以无鼠而养不捕之猫。"但这正像我们的现代社会，虽有人反感爱宠人士，但因有闲阶级的存在及壮大，宠物猫狗的总量只增不减。

在南宋的官僚贵人府中，流行养一种黄白相间的宠物猫"狮子猫"。《梦粱录·兽之品》说："（狮子猫）不能捕鼠，以为美观，多府第贵官诸司人畜之，特见贵爱。"南宋临安城百业旺盛，养猫人还能在一些商铺里购得供狮子猫食用的猫粮和猫窝。顾客们的爱宠更能在铺中享受到诸如剪毛美容等服务。专售猫食的商铺在北宋时已初见端倪。据《东京梦华录》说，在故都开封的市集中，已有专卖猫粮的店子，"养猫则供猫食并小鱼"。

秦桧那个受封"崇国夫人"、小名"童夫人"的孙女丢过一只狮子猫。相府走丢狮猫与杭州市民有何相干呢？但对养尊处优的秦府大小姐来讲，这可是天大的事。秦府责令临安府必须在限期之内寻回"宝猫"。期满，临安府的官吏仍未破案。为使秦小姐消气，他们就将临近秦府的居民一一拘来问审，并拟让一名武官充当替罪羊。那名无辜的武官很惶恐，他整日漫行，四处搜寻。凡见狮猫，他都悉数捕来，但童夫人却说这不是她家的那只猫。武官贿赂了秦府一名老卫兵，得知了那狮猫的特征和长相，然后便在杭州城的各处酒楼茶肆张贴上百张带图的寻猫启事，以求线索。临安知府心生恻隐，央求秦府的一个受宠小人，替活受罪的人们向秦小姐求情。经连番恳求，童夫人才不再深究此事，了却这桩"狮猫案"。

宋人爱猫成习，"涉猫"的犯罪活动，虽让人生厌，但也无可避免地产生了。杭州城房舍低矮，地气潮湿，小猫性本贪玩，就常到室外嬉耍，趁便晒下日光浴。偷猫贼亦游荡于街巷中。他们偷到小猫后，为了不让它们嚎叫，常把它们浸入水中。猫是有洁癖的动物，皮毛一打湿，它们便会不停舔着身上的水分，直到

▲ 宋·佚名《富贵花猫图》 在一户人家的庭栽牡丹下，卧着一只胸前系有绳子、毛发被精心梳理过的杂色长毛猫。这些细节说明这是一只被照顾得极好的家养宠物猫。

闲乐

▲ **宋·易元吉《猴猫图》** 易元吉以画猫、猴著称。宋末元初画家赵孟𫖯在此画记有跋语:"二狸奴方雏,一为孙(猴子)供奉携挟,一为怖畏之态,画手能状物之情如是。"画中的猴子挟持着一只小猫,小猫斜眼望着猴子,不知所措;那只侥幸逃离猴爪的小猫回头望向它的同类,背部弓起,虽有怒意,但亦难掩其"怖畏之态"。

舔净为止。但到了那时,它们离家已经极远。被盗走的猫,多半会被转卖给餐馆。据岳飞孙子岳珂所著的《桯史》载,杭州有一家名为"鹦野味"的食店,以价廉物美的猫肉和狗肉为卖点,吸引了成堆的顾客。

  宋高宗时期发生过一起关于猫的奇案。家住杭州北门外西边小巷的孙三,每日都赶早出门,四处兜售熟肉。孙三和妻子原先过着平淡如水的清寒日子,但过了些时,孙三出门前,都要叮嘱妻子:"看好咱家的猫儿,偌大个临安府,谁有咱家这种猫?你可不能教别人瞧见它!它一跑到门外去,别人定会偷走它!这可会要我老命!我们老而无子,它就相当于我们的孩子!"街坊们平昔与孙氏夫妇来往绝少,也从未见过孙家的奇猫。他们听到孙三的唠叨,起初只是纳罕,但听惯后就烦了,只道那猫是过去罕见、如今易见的虎纹斑猫。忽有一日,一只拖着绳子的猫从孙三家里蹿出,孙婆飞也似的从后紧追,将它抱回室内。

▲ 宋佚名《戏猫图》局部图　画中下方的三只猫凑到了一起，从猫爪下的那根细长的尾巴可以推断，它们捕到了一只老鼠。现藏于台北故宫博物院。

他们见了都啧啧叹奇，那猫浑身深红，它的尾巴、猫爪、胡须亦是烈火般的赤红色。孙三卖完肉回家时，从邻人的口中闻知红猫逃奔一事。孙三气得关起门，狠狠暴打了孙婆。此后，孙三家有奇猫的传言便不胫而走。一名有权势的宦官想买下这猫进献皇上，就派人和孙三接洽。孙三不肯割爱，他说："我一世孤贫，能混口饭吃就够了，自己也花不了几个钱。但我爱猫如命，我不能没有它！我不卖！"

宦官不肯死心，一再加码。当他开出300贯的天价时，孙三流着泪，将爱猫交到宦官派来的人手上。孙三没了猫就似丢了魂。他在当夜打骂妻子说："都怪你！300贯钱能否买回我儿？"宦官却似捡到宝，尽心喂养调教，欲待它驯服后，再送进宫。才过几天，猫毛逐渐褪色，仅过半个月，红猫就变成浑白色的家猫。宦官得知自己上当了，便急急忙忙领着人去寻孙三夫妇。但这对夫妻早已携款潜逃！孙三的骗术并不高明，他只是用染麻绳的法子，将白猫染成了"红猫"。

护书衔蝉

宋代诗人多爱猫。黄庭坚饲养的家猫寿终后,没有天敌的老鼠就成了夜里的恶魔。它们整夜竞奔,翻盘弄碗,扰得黄庭坚睡难安眠。正巧黄庭坚听说某名官员的母猫待产,就买了几斤鱼,以猫鱼为手礼,请主人分赠一只猫。黄庭坚以《乞猫诗》纪事:

秋来鼠辈欺猫死,窥瓮翻盆搅夜眠。
闻道狸奴将数子,买鱼穿柳聘衔蝉。

"衔蝉"是猫的另一代称。后唐琼花公主有两只猫,一只"白而口衔花朵",名"衔蝉奴",另一只"乌而白尾",名"昆仑妲己"。黄庭坚的朋友周文送过一只猫给他。黄庭坚作了一首《谢周文只送猫儿》一诗答谢他的惠赠,兼赞周家猫的雄风:

养得狸奴立战功,将军细柳有家风。
一箪未免鱼餐薄,四壁常令鼠空空。

周家猫战功昭著,杀鼠如麻,颇有西汉细柳营大将周亚夫的风范。它还很"仁义",并不计较吃住,亦不嫌主人家贫。每顿饭虽只有鱼可吃,也无所谓,因为它还有老鼠可吃,黄庭坚因而家无一鼠。

林逋是北宋杭州隐士,他不娶不仕,结庐西湖孤山下,畜养白鹤,植梅自娱,人谓之"梅妻鹤子"。林逋在《猫儿诗》中,以诙谐的口吻安慰他的猫儿:

纤钩时得小溪鱼,饱卧花阴兴有余。
自是鼠嫌贫不到,莫惭尸素在吾庐。

▲ 南宋·李迪《狸奴小影》 今存的宋代猫画中,以猫为主要背景或唯一描绘对象的作品并不多,此图即为一例。南宋宫廷画师李迪只在画里画了一只通体金色、胸有银毛的"金床银背"猫。这只金床银背毛发柔顺、杂而不乱、层次分明,很符合古人"胸有旋毛,猫命不长"的相猫观念,也反映了宋人深盼猫儿福寿双全的愿想。

　　林逋钓到的溪鱼都成了小猫的食粮。小猫吃饱后,时常睡进卧花之梦中。林逋在末句劝道:"我家实在太穷了,连老鼠也不来光顾。你可别因为无所事事而抛下我和我的草庐。"人说猫势利,不如狗之忠义。此话的对错尚且不论,至少,林逋认为老鼠比小猫还要势利。

　　猫在北宋已是国人的友伴,它们一旦离去,也会造成人的心灵创伤,一如亲人的逝去。仁宗朝诗坛巨擘梅尧臣有一首《祭猫诗》,深情回忆了它昨昔的种种。那天早晨,它去世了。当日,梅尧臣替它举办了"水葬",将它的遗体放在河中,任它随水漂流,"送之于中河"。他所用的祭品是猫最爱吃的米饭和鱼,"祭与饭与鱼"。这只猫名叫"五白","自有五白猫,鼠不侵我书"。五白擅长于运用"杀一儆百"的战术,它捕到老鼠时,定将战利品衔在嘴里,绕着庭院环行,警告幸存的老鼠:要么逃,要么死。"昔尔啮一鼠,衔鸣绕庭除。欲使众鼠惊,意将清我庐。"五白早已是梅家的一分子,梅尧臣乘船到外地时,

狸奴往事

闲乐

163

也要带着它,同住一个船舱:"一从登舟来,船中同屋居。"五白生前是一只勤快的猫,梅尧臣感叹它"有勤胜鸡猪"。世人大多倚重马驴的驮运耐力,认为猫的功用价值不如前者,痛失爱猫的梅尧臣无心和他们争论,而深埋于无尽的唏嘘当中,"已矣莫复论,为尔聊唏嘘"。梁实秋说《祭猫诗》还是着重于猫的实用性,但"忘形到尔汝(指梅尧臣与猫以你我相称),已经写出了对猫的一份情"。

猫之于宋代文人,不唯是老鼠的克星,亦是文化的守护者。苏轼的友人蔡天启,也曾向人乞猫。他不是心疼自家的厨房遭到老鼠的糟蹋,因为他自己都吃不饱,鼠辈们还能吃到残羹剩菜吗?他唯怕老鼠"饿急败坏",会转去啃咬他最宝贵的藏书。他亦作乞猫诗:

厨廪空虚鼠亦饥饿,终宵咬啮近秋帷。
腐儒生计惟黄卷,乞取衔蝉与护持。

猫的妙处并不止于"捕鼠"和"护书",还在于"报时"。古人还能通过猫瞳孔的形状变化来判断时辰。沈括《梦溪笔谈》有一则"猫眼定时"的故事。欧阳修藏有一幅古画《牡丹丛》。画中的花丛下趴着一只猫,欧阳修弄不懂画家画猫的用意。他的姻亲吴育观画后说:"这是一株中午

▲ 清·任熏《牡丹猫图》 古人画猫常取猫的谐音"耄"(即指年逾七十的老者),以寓健康长寿之意。

时的牡丹花。依据在哪呢？你看罢，它花瓣半萎，花色黯淡，显然是缺乏朝气的日午牡丹。你再看看花下之猫，它的瞳孔细如丝线，只有正午时的猫才会这样。"吴育又补充说："猫眼在晨时与暮时都是圆的，它随着太阳的升高而渐变狭长，到日头最高的中午，便眯成一条线。"

乞猫是中华的古老民俗，今日的广东局部地区仍有此俗。人们想要得到一只猫，例须用鱼、盐等食物向猫主人交换，而不是花钱购买。乞猫通常只限于亲友邻里之间，要猫的人要以"聘"的名义求猫，而在东南地区，最典型的聘礼是"盐"，盖因"盐"与吴音的"缘"字谐音。

陆游一生作诗近万，其中即有多首爱猫诗。他多次以盐为"聘礼"，迎

▲ 宋·佚名《冬日婴戏图》　现藏于台北故宫博物馆。

请小猫。陆游家有名可考的家猫有两只，诗人根据它们的体貌，将它们取名"雪儿"和"粉鼻"，并吟诗相赠。其一为《得猫于近村以雪儿名之戏为作诗》：

> 似虎能缘木，如驹不伏辕。但知空鼠穴，无意为鱼餐。
> 薄荷时时醉，氍毹夜夜温。前生旧童子，伴我老山村。

这名为"雪儿"的小猫是从邻村聘来的。雪儿大概是世上最讨喜的小猫，有虎性的它工作既尽职，又不贪吃。也不会提出过高的要求，只求能时时"醉薄荷"①，夜夜能躺在温暖的毯子上。在陆游眼中，雪儿不是平凡的猫儿，而是他前生的书童，陪伴闲居孤村的他度过今生的桑榆暮景。陆游在《赠粉鼻》中描述道："连夕狸奴磔鼠频，怒髯喋血护残囷。问渠何似朱门里，日饱鱼餐睡锦茵？"看来，粉鼻习染了"朱门贵气"，每日饱享口福之后，就睡到他家最值钱的锦织垫褥"锦茵"上。陆游看不下去了，不得不说上几句。

晚年的陆游遭罢官，成了一名自耕农，光景亦时好时坏。他自己受苦不要紧，却不愿让狸奴随他吃苦。陆游在《赠猫》诗中，向狸奴传达了他的歉意：

> 裹盐迎得小狸奴，尽护山房万卷书。
> 惭愧家贫策勋薄，寒无毡坐食无鱼。

本诗大意是：你是我书房的守卫者，无奈我家里太穷，无力富养你，供你坐的毛毡，供你享用的鲜鱼，我统统欠奉。但猫性不比沟壑难填的人性，人类若能匀给它们一口剩菜，即便没有鱼，猫也会知足。猫是陆游的老友，它们相从陆游踏遍南宋的残山剩水，陪着陆游一直到老。

---

① 陆游祖父陆佃曾说："薄荷，猫酒也。""醉薄荷"顾名思义，即指猫嗅闻某种薄荷后，会出现类似于我们醉酒的迷幻效果。

冲向云霄——宋代的蹴鞠运动

　　艳朵珍丛间舞衣。蹴球场外打红围。小舆穿入花深处,且住簪花醉一卮。

　　秋欲尽,最怜伊。江梅未破菊离披。情知不与韶华竞,回首西风怨阿谁。

——陈耆卿《鹧鸪天》

《蹴鞠图》　传元人钱选(1239—1299年)绘。一说这六个踢球者分别是赵匡胤、赵光义、石普、石守信、党进、楚昭辅。现藏于上海博物馆。

闲乐

霞上飞梁

　　宋哲宗年间,开封端王府里,端王正和一群人在王府的庭院踢球。他姑父驸马都尉王晋卿派来送礼的小吏在一旁等着。端王虽爱踢球,可只有业余的水准。那小吏球艺精湛,实在看不下去了,只好别过头去。端王有些好胜的少年心气,望着小吏："你也懂踢球？""小人会几脚。"小吏嗫嚅道。端王便拉他进场，要他露两脚看看。小吏不踢还好，一出脚便技惊全场。端王望得乱花迷眼，神魂出窍，便厚着脸皮，叫仆役给王驸马捎话："多谢姑父厚礼，你送来的礼物和小吏，小侄一并收下了。"这小吏姓高名俅，原为苏轼门下的文书，现辗转来到驸马府中。王驸马手下不缺人，高俅便成了端王的帮闲小跟班，终日追随皇爷调弦品竹，载歌载舞，斗鸡走马……

未几，宋哲宗驾崩，因国无储君，哲宗弟端王即位，是为宋徽宗赵佶。高俅是潜邸故人，也随赵佶冲上云霄。端王府的王府旧人眼红了，他们也想谋份肥差，骤登高位。宋徽宗回复说："汝辈若有高俅球技，不愁不富贵！"

宋代因球踢得好而平步青云的人，非仅高俅一人。宋真宗末年，丁谓[①]权倾朝野。柳三复[②]欲攀高枝，却苦无门径。后来，柳三复获知丁谓常在自家后院踢球，于是，他就守在丁府院外。那天，丁谓一脚将球踢到墙外，落到柳三复脚边。柳三复倏地捡起球，奔进丁府。柳三复见着丁谓后，先把自己的诗文上呈丁公，再向丁公行拜。柳三复一边行礼，一边用头、肩、背颠球，球却没有落地。丁谓看得很是过瘾，便将柳三复揽至门下。在丁谓垮台前，柳三复过了好几年的滋润日子。

赵佶等人耍的这种球戏，是谓蹴鞠，它是我国古代的一种近似于足球的体育运动。有人说足球的发明者是中国人，英国人并非现代足球的鼻祖。持此论调的人通常会援引国际足联主席布拉特的观点："足球源于中国，由于战争而传入西方。"这是一种讨好了东方国度里的某些人，却不那么靠谱的论点。中国蹴鞠与英国足球在规则、人员配备、球场设置上都有着极大的相异，彼此更无牵涉。古希腊是西方古典文明的开源，希腊人开展团体性球类竞技的时间不

[①] 丁谓（966—1037年）：字谓之，江苏长洲县（今苏州）人。宋真宗时期任参知政事。
[②] 柳三复：柳永（柳三变）的长兄

会晚于中国人。公元前后的地中海霸主罗马帝国,也兴起了一种与足球相似的体育运动。曾为罗马帝国臣民的不列颠人,他们不向海峡对岸的罗马人取经,却偏向远隔重洋的中国人学习,这难免让人觉得不合常理。更何况,在8世纪前后,唐朝和东罗马帝国之间还隔着盛产天方夜谭的阿拉伯帝国。别说英国人、希腊人、罗马人不服气,原始人也会抗议。却说在数十万年前,某处海滩上散落着无数个椰子,一群摩登原始人也曾将它们踢进海中……

为了严谨起见,我们只谈论中国的蹴鞠,而不研究古代的足球。蹴鞠这项运动始载于《战国策》:"淄甚富而实,其民无不吹竽、鼓瑟、击筑、弹琴、斗鸡、走犬、六博、蹹踘者。"据古代学者的释义,"蹹踘"即为蹴鞠。蹴鞠起源自战国,历经秦汉、魏晋南北朝、隋唐,传衍不衰,到宋代时,蹴鞠迎来了它的黄金时期。

▲ 宋代蹴鞠铜镜(图片由网友"慢慢来"提供) 现藏于中国国家博物馆。

一点星飞

从宋代开始,蹴鞠热潮席卷全境,地不分南北,人不分老幼,上自皇亲国戚,下至黎民百姓,皆以戏耍蹴鞠为乐。《宋史·礼志》说,隆兴初年,宋孝宗赵昚常召集诸将在殿前击球。风雨来时,随侍们便张开油帘,用备用的布沙除地,以确保球赛的照常进行。杨太后观赛时,心有所悟,吟诗道:"用人论理见宸衷,赏罚刑威合至公。天下监司二千石,姓名都在御屏中。击鞠由来岂作嬉,不忘鞍马是神机。牵缰绝尾施新巧,背打星球一点飞。"

一个晚春日,陆游忆起少年时观球的即景:"蹴鞠场边万人看,秋千旗下一春忙。"陆游还记得那天正逢清明节,人们耽于踢球,差点忘了今天是必须祭拜先人的清明节。观众有"万人"应为虚指,但人数过千必是无疑。陆游如果去往开封、杭州等大城,凡有宽阔处,必见市民练球,宋话本《钱塘梦》说:"有三十六条花柳巷,七十二座管弦楼,更有一答闲田地,不是栽花蹴气球。"当大地回春、暖意渐来时,市民涌向开阔地去踢球。纵目驰骋,球来球往,

▲ 两宋·苏汉臣《长春百子》中玩蹴鞠的儿童

有如时停时飞的彩云。李邦彦做官前是开封的一名"球星",自称"赏尽天下花,踢尽天下毯",开封人遂称他"浪子宰相"。

开封琼林殿南的横街,俨然是蹴鞠一条街,"牙道柳径,乃都人击毬之所"。《东京梦华录》详载过开封一场蹴鞠赛的战况:"左军球头苏述,长脚幞头,红锦袄,余皆卷脚幞头,亦红锦袄,十余人。右军球头孟宣,并十余人,皆青锦袄。乐部哨笛杖鼓断送。左军先以球团转,众小筑数遭,有一对次球头小筑数下,待其端正,即供球与球头,打大臁过球门。右军承得球,复团转,众小筑数遭,次球头亦依前供球与球头,以大臁打过。或有即便复过者胜。胜者赐以银碗锦彩,拜舞谢恩,以赐锦共披而拜也。不胜者球头吃鞭,仍加抹枪下酒,假鼋鱼,密浮酥捺花。"

"左军球头"苏述和"右军球头"孟宣是对赛的两支球队"左军"和"右军"的队长。孟宣来头不小,他还是一名才名颇著的京城剧作家。但是,名头再响的孟队长要是输了球,也要象征性地挨几下鞭子,脸部还要被涂上白粉,以当惩罚。为什么只打"球头"呢?因为球头是本队唯一的射门手,如果他在赛事中表现欠佳,就会直接导致输球。球队获胜,奖赏也归队长一人所有。孟元老未确言"左右两军"对阵的球场长宽,但我们仍能知道球门的宽高。球门的两侧分立两根高三丈二寸的木柱或竹竿,它们相距两尺八寸,柱间拉起一张阔度九尺五寸的球网。双方队长射中球门上那个直径约三尺的小门"风流眼",则算赢一筹。比赛多以三筹为一局,也有赛五筹的。孟宣及其队友参加的对战是一种有球门的团队对抗赛,两队球员分着色彩各异的队服,分归左右两军,上场人数是12人或16人。

球队成员在场上都有自己的专属位置,各司其职。《武林旧事》说:"左军一十六人:球头张俊、跷球王怜、正挟朱选、头挟施泽、左竿网丁诠、右竿网张林、散立胡椿等;右军一十六人:球头李正、跷球朱珍、正挟朱选、副挟张宁、左竿网徐宾、右竿网王用、散立陈俊等。"上场球员站立在球门两端,抽签决定哪一方先开球。之后，以鸣鼓吹笛为号令，发球方的队长率先发球，将它踢给"跷球"。鞠球在"左右竿网""正副挟"以及"散立"之间来回传递。最后，"球头"将球踢向"风流眼"，球进，得分。球不进，也莫气馁。在球落地前，只要有本方的"竿网"接住，他们还可以再次发动进攻。球落地了，则判输一筹或转换发球权。这类设有球门、"捉对厮杀"的蹴鞠赛被命名为"筑球"，由教坊司负责择选人员参赛，常在宫廷内院中进行，多见于皇帝寿辰、宫廷大宴、外交国宴等"大阵仗"。

不设球门的蹴鞠赛"白打"更受宋人青睐，白打只需有一块平坦的空地，即能开赛。白打以选手的花样多寡和技艺高低来定胜负。赛场的宽窄视参赛人数的多少而定，球场由丝围子圈起。根据同时上场的人数，白打可分为"一人场""二人场"乃至"十人场"。一人场又称"井轮"，属于个人赛，由参加者轮番上阵。井轮对个人的控球术要求颇高，没有多年苦练与超人禀赋，是玩

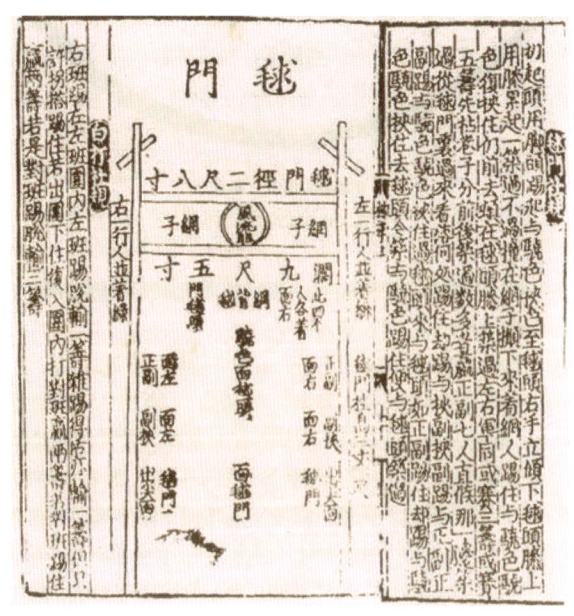

▲《事林广记》中的球场示意图

不转井轮的。丁谓、高俅、柳三复等人应是精于此道的高手。除禁用手，井轮容许选手用身体各部位触球，只是选手必须"直身正立，不许拗背"。二人场到十人场都是团体赛，分别称为"二人场""转花枝""流星赶月""小出尖""大出尖""落花流水""踢花心"和"全场"。

各种"人数级"的比赛皆有本级的赛制与指定动作、踢球线路，同时也听许选手自由发挥，使尽浑身解数。用上身接球谓之"上截解数"，膝以上接球名为"中截解数"，用小腿和脚部接球称之"下截解数"。高人们为求取胜，经常会使出"燕归巢""风摆荷""斜插花""玉佛顶珠""叶底摘桃""拐子流星""双肩背月"等绝招。因动作组合千变万化，技法精彩纷呈，《蹴鞠谱》赞道："脚头数万踢，解数百千般。"

宋人喜欢踢球，和制球工艺渐趋进步有关。汉代鞠球都是实心球，蹴鞠多作为军人强身健体与军事训练的游戏。然而，这种球明显不适合城乡百姓玩耍。

唐朝已有充气气球的问世，但还不够精良。宋人在唐人的原有根基上，加以改进。《宋朝事实类苑》谈过宋代鞠球的制造原理："今所作牛彘胞，纳气而张之，则喜跳跃，然亦有不同。"晚唐的匠人将6片或8片尖皮缝成圆形的球壳，宋人多用10片或12片的皮块制球。宋代官吏如想将繁重棘手的公务变为轻松易办的小事，常用如下的譬喻："十张牛皮缝成一个大皮球来踢。"南宋陈元靓《事林广记》说到它的常规重量与基本原料，"前人健色，正重十四两"；"香皮十二，方形地而圆象天。香胞一套，子母合气归其中"。

《蹴鞠谱》归纳气球的缝制工序时，写道："密砌缝成侵薶，不露线角，嵌缝深窝，梨花可戏，虎掌堪观，侧金钱缝短难缝，六叶桃样儿偏羡。"徒有美观的外表，不算完美，工匠们须得做到"角嵌斜平缝不偏""须交碎凑十分圆"，这一来，球才可踢得更稳、更高。程大昌的《演繁录》中谓此为"加巧"，意在使踢球者"以脚蹙，使之飞扬上腾，不复拘于窟域矣"。《蹴鞠谱》是明初作品，此书中提及的球种达四十余种之多。宋代的情况应与明初相去不远吧？

冲向云霄

闲乐

南宋·刘松年《瑶池献寿图》

宋代鞠球可通过反复灌气，延长使用寿命。宋人编过一首顺口溜："打气容易又言难，少则宽时多则坚。坚则损脚宽难踢，直须停当十分圆。"彼时宋人已研制出打气筒，比起唐人的人工吹气，自是省时省力又省心。何谓省心？即是省去了"惊心"，吹皮球时，谁能担保它不会爆炸？

宋代鞠球固是较好，可是，若将它们丢给三脚猫玩，他们照样踢不好，甚至还会伤及无辜。苏州士人李璋与朋友踢球时，不慎将球踢到一过路妇人的头上，击碎她的冠梳。她家人就把李璋扭送公堂。太守升堂后，问李璋："听闻你是应考的举子，本官且试试你的课业。"李璋说："你给个题目。"太守说："那你就以踢球误碎妇人冠梳为题！"

李璋是才气不凡、轶荡无拘的文人，他便仿照四六骈文的格式，赋道："偶与朋游，闲筑气球，起自卑人之足，忽升娘子之头。方一丈八尺之时（李璋意称自己能将球踢上一丈八尺的高度），不妨好看；吃八棒十三之后，着甚来由！"太守听后，笑着挥手，放了李璋。

然而，任随鳖脚的人在逶巷上胡乱开球，让皮球在市民头顶上横飞，终归不妥。有鉴及此，宋人慢慢就摸索出一套花式繁多、供入门者学习的指导歌诀"十踢法"，它涵括了"肩、背、拍、拽、捺、控、膝、拐、搭、臁"这十样踢法：

> 肩如手中持重物，用背慢下快回头。
> 拐要控膝蹲腰取，搭要伸腰不起头。
> 控时须用双眼顾，捺用肩尖微指高。
> 拽时且用身先倒，右膝左手略微高。
> 胸拍使了低头觑，何必频频问绿杨。

齐云圆社

入门者要想更上一层楼,就不应闭门造车,当与同好者切磋一番,携手共进。在此背景下,蹴鞠爱好者发起了诸多民间社团,其中要数"齐云社"办得最有声色。齐云社又名"圆社",其宗旨在于维护蹴鞠球员的利益,提高自身的竞技水平,负责举办比赛与宣传推广。《事林广记》言:"若论风流,无过圆社""齐云一社,三锦独争先"。的确,若以组织章程、会员数量为指标,"齐云社"均是当世的第一社团。入社人员至少要符合两个条件:首先,球艺较精;其次,具有一定的经济能力,因为社团运营的费用由全体会员一应承担。时下欧陆足坛的豪门巴萨、皇马,为何能在球员转会市场上叱咤风云?就是因为它们是会员制球队,有着巨量的富裕会员。齐云社是一个高富帅扎堆的俱乐部,它的主要成员是城市的"富室郎君、风流子弟"。《水浒传》中的端王赵佶便是齐云社的尊贵社员。此外,齐云社中还有一些类同于"职业球员",以展现蹴鞠绝技为业的卖艺人。如《梦粱录》记载的"范老儿、黄如意、小孙、张明、蔡润"这五大球星。

齐云社是全国性的球协,在各地均设分社,其中杭州分社的实力最强。各地的齐云社每年都要主办大型的蹴鞠赛会,它们会在赛前发布球讯,并据行情酌情收取报名费。杭州齐云社是称雄全国的班霸,它的主场环境也是最好的。《事林广记》曾不厌其烦地铺陈杭州球场所在地的景色:"春风喧鼓吹,化日沸歌讴""繁华胜桑瓦溢楼""湖山风物,花月春秋""四圣观柳边行乐,三天竺松下优游"。开赛前,双方球员要互相作揖。赛后,还要互相告别。

得益于"以赛代练"的模式,南宋专业球手的人数,已初具规模。《蹴鞠谱》列明了成为合格球手的必经之

▲《事林广记》中的"唱赚图"
球员们四周都是"遏云社"的音乐艺人。

路:"先到圣前拈香拜毕(参拜本业的祖师爷)……社司、部署问其姓名(登记注册)……到来日约定'撞案'(实战考核)。"负责考评的人是齐云社的成员,他们所定的"撞案"达标线超高,仅"脚头"一项,即用脚颠球,要求左右脚各颠百下,双脚不得相杂,不得忽高忽低。接受试训的球员其实是异地的社员,只有通过当地齐云社的考核,才可以在当地表演或参赛。本地齐云社的义务则是:免费款待并安排社员的比赛行程及商演事宜。《西江月》词曰:

> 请知诸郡子弟,尽是湖海高朋。今年神首赛齐云。别是一般风韵。
> 来时向前参圣,然后疏上挥名。香金留下仿花人,必定气球取胜。

齐云社又名圆社,其成员恪守"无规矩不成方圆"的古训,它既是一份纪律准则,也是一份处世指引。它有"十不许",比如"狂风起不踢,酒后不可踢",诸如"入步拐,退步打,入步肩,退步背,入步蹑,入步膝"等危险动作也是受禁的。它还有"十要紧",指导社员要如何修身养性:要明师,要口诀,要打点,要开发,要朋友,要论滚,要精明,要穿着,要让朋,要信实。齐云社还为"筑球"和"白打"两种蹴鞠赛类订立了相应的规则。《白打社规》规范了各类白打赛的判输赢球规;《球门社规》则主讲筑球时的比赛传球次序。齐云社还有自己的会歌,《事林广记》"圆社市语"条共载有《紫苏丸》《缕缕金》《好女儿》《大夫娘》《好孩儿》《赚》《越恁好》《鹘打兔》《尾声》等九首会歌。

齐云社以学习、交流球技为核心,通过严密组织,约束成员的道德行为,从而佳誉喧喧,成为世人交友、宣泄情感的社交方式。它的成功建基于两大要素:一是蹴鞠是大宋第一运动;二是拥有海量的狂热球迷。

齐云社并非南宋杭州唯一的球协,那儿的说唱艺人也在街上建起了"遏云社"。"遏云"源自形容歌声动听的成语"响遏行云"。齐云社社员信心爆满,他们不怕"遏云社"与本社社名相冲突,有时还会请遏云社的人演唱齐云社会歌。

紫陌芳尘

宋初词人潘阆自号"逍遥子",为人放浪不羁,视礼教如无物,曾有诗曰:"散拽禅师来蹴鞠,乱拖游女上秋千。"狂人潘阆想要人陪他耍蹴鞠,竟会散拽游女来蹴鞠。蹴鞠也是宋时深得女子喜爱的闺中闲乐之一。

清明、寒食节期前后,在小园幽径,或是在青芜河畔,男人都能见到好些个香汗成珠、桃靥浅笑的蹴鞠女子。以北宋开封城为中心,方圆百里内,"举目则秋千巧笑,触处则蹴鞠疏狂"。这是属于她们的花季,她们可以尽情玩闹,选择荡秋千还是踢球。因为球体变轻,兼之女子的动作更为灵巧,体态更为优雅,所以她们能将白打踢得更好看。赵文《凤凰台上忆吹箫·转官球》是一首专咏女子蹴鞠美态的宋词,其曰:"白玉磋成,香罗捻就,为谁特地团团。羡司花神女,有此清闲。疑是弓靴蹴鞠,刚一踢,误挂花间。方信道,酴醿失色,玉蕊无颜。"

"故国三千里,深宫二十年"是唐人诗句,更是古代宫女闲愁岁日的真实写照。宋代宫女虽不能随心所欲地到郊外探游,却把宫垣围成的深宫当作球场,蹴球取乐。北宋超级玩家赵佶还曾组织过多场宫苑女子球赛,有诗为记:"韶光婉媚属清明,敞宴斯辰到穆清。近密被宣争蹴鞠,两朋庭际再输赢。"

上有所好,下必甚焉,宋代因之有多支女子蹴鞠队。据《文献通考》载:"宋女弟子队一百五十三人,衣四色,绣罗宽衫,系锦带,踢绣球,球不离足,足不离球,华庭观赏,万人瞻仰。"女子也可以加入蹴鞠社团齐云社,社中最高级的男选手称"校尉",女选手则谓"女校尉"。

女性蹴鞠的主旨是愉悦身心,因此,在球场上大显英姿的女子多为女单好手。《梦粱录》载,"村落百戏之人,拖儿带女,就街坊桥巷,呈百戏传艺,求觅铺席宅舍钱酒之资。且杂手艺,即伎艺也,如踢瓶、弄碗、踢磬、踢钟、弄花钱、花鼓槌、踢笔墨、壁上睡……"这些"百戏之人"中就有蹴鞠的村妇,某些色艺俱佳的妙龄女子,则成为富家少爷踢球时的"陪练"。

▲ 《宫乐图》 民国珂罗版故宫书画集将它定为宋人作品。现藏于台北故宫博物院。

闲乐

蹴鞠至宋,已是"苍头为路,仕女争光"的全季候运动。"秋千"与"蹴鞠"这两个意象,也频现于宋人的诗词中。北宋夏竦的《寒食》诗是其中的佳作:

夹城烟淡草霏霏,晋俗相传禁火时。御苑梨繁花盛发,帝园桐嫩蘖初披。

尘微蹴鞠人将散,雨细秋千索半垂。游骑寻芳还斗酒,九门谣诵乐重熙。

蒙蒙细雨中,蹴鞠扬起的烟尘已然散去,闲置的秋千还在半空中摇荡,那时的少男少女如今已不在,只留下如烟般缥缈的青春往事让后人无限回味……

瓦舍勾栏——都市游艺场

> 我是个蒸不烂、煮不熟、捶不匾、炒不爆响珰珰一粒铜豌豆,恁子弟每谁教你钻入他锄不断、斫不下、解不开、顿不脱、慢腾腾千层锦套头。我玩的是梁园月,饮的是东京酒,赏的是洛阳花,攀的是章台柳。我也会围棋、会蹴鞠、会打围、会插科、会歌舞、会吹弹、会咽作、会吟诗、会双陆。
>
> ——元·关汉卿《南吕·一枝花·不伏老》

闲乐

▲《清明上河图》局部　图中的算命馆生意不错,不断有市民过来问卦。

梁园欢声

关汉卿笔下这位任情任性的元代"浪子班头",最该去宋代开封或洛阳的"瓦舍勾栏"找乐子。"瓦舍"是宋代的都市游乐场,也称"瓦子""瓦肆"。"勾栏"亦称"构肆""游棚",它是瓦舍当中的文娱设施,观众入场后,可按自己的喜好,观看不同类型的文体表演。

瓦舍之名的来由甚为有趣,它取意于"来时瓦合,去时瓦解"。这刚好符合它的特征,即游人可随便进出瓦舍,看客们也不是一定得进勾栏看演出,也可只来瓦舍找吃喝。说瓦舍只是游艺中心也不恰当,在名都大邑,大铺小店、舞榭歌台、酒垆茶庄皆荟萃于此,那些算卦人、药贩子、剃头匠等诸业行家也去瓦舍赶场。这可佐证于宋代南戏《张协状元》的说白:"你看茶坊济楚,楼上宽疏。门前有食店酒楼,隔壁有浴室米铺,才出门前便是试院,耍闹却是棚栏,左壁厢角奴鸳鸯楼,右壁厢散妓女柳市。此处安泊,尽是不妨。"瓦舍首次出现的年月已不可确考,身处"太平处处是优场"[①]欢景中的宋人也不知瓦舍起于何时。

"桑家瓦"在宋文学作品中很常见。话本《宋四公大闹禁魂张》中的赵正,入城后,先"去桑家瓦里,闲走一回,买酒买点心吃"。这桑家瓦亦曾在《水浒传》中露过脸。李逵和燕青在汴京游赏时,"两个手厮挽着,正投桑家瓦来。来到瓦子前,听得勾栏内锣响",他们所进的这座桑家瓦是京城的乐游胜地。

《东京梦华录》共载十座瓦舍,潘楼街南的桑家瓦子是其一,它与同城的里瓦、中瓦三足鼎立,三瓦共计有 50 余座勾栏。桑家瓦虽然名气响,可算不上开封城最大的瓦子。内瓦的勾栏"莲花棚""牡丹棚"还有里瓦的"夜叉棚""象棚"均能容纳数千名观众。

---

① 选自陆游《剑南诗稿》第 27 卷之《春舍》。

瓦舍勾栏

闲乐

▲ **宋代傀儡戏青铜镜（图片由网友"慢慢来"提供）** 傀儡戏即木偶戏，宋代傀儡戏分为若干种。艺人手牵布线操纵傀儡进行表演的是"悬丝傀儡"；用木棍操纵的是"杖头傀儡"；手擎小童、效仿傀儡表演的是"肉傀儡"；将折叠的纸制人物，借火药爆发产生的推动力，将它们射向空中，并在半空中旋转的是"药发傀儡"；在水上和船上表演的傀儡戏则是"水傀儡"。宋人杨侃的《皇畿赋》中曾述其实景："浮泛傀儡之戏，雕刻鱼龙之质，应乐鼓舞，随波出没。"现藏于中国国家博物馆。

南宋虽仅继承了北宋的半壁江山，但杭州城的瓦子数绝不少于开封城。《梦粱录》说："其杭之瓦舍，城内外不下十七处。"杭州瓦舍的龙头是北瓦，它有13座勾栏，全天候演出，从不间断。杭州城的南瓦俨如夜间大卖场，《都城纪胜》中说："其夜市除大内前外，诸处亦然，惟中瓦最胜，扑卖奇巧器皿，百色物件，与日间无异。"这种无有昼夜之分的瓦子应不是杭州人的首创。孟元老说，每晨五更，戏鼓声起，戏剧艺人已在开演头回小杂剧，不爱梦场爱剧场的票友匆促进场，来晚了，戏可就落幕了。

两宋瓦舍供演的品目极多，《东京梦华录》与《梦粱录》等书或许也未能尽录。六月六日是神仙崔府君的生日，也是开封城的夏日盛典。这天，教坊的国家级演员和瓦舍的民间艺人会同台献演，孟元老写过一份当日的"导视表"：上竿、趯弄、跳索、相扑、鼓板、小唱、斗鸡、说浑话、杂扮、合生、乔筋骨、乔相扑、浪子、叫果子。除单子上的这些"百戏"，勾栏还有说三国、傀儡戏、十八般武艺等常备戏目与武术表演。

勾栏原意是栏杆或栅栏，瓦舍一般有多座勾栏，驻守勾栏的班子为与对家相隔，就围起四面勾栏，兼防不买票的人溜进来。《耍孩儿庄家不识勾栏》的作者杜善夫是宋元时期的戏曲家，他在曲中细述了一个秋收后进城的农夫撞入勾栏的所见所闻。"（农夫）见一个人手撑着椽做的门，高声的叫'请请'，道'迟来的满了无处停坐'。"农夫在这位老兄的鼓动下，心痒痒就想进勾栏瞧瞧。但天下没有免费的勾栏，那人收了农夫200钱的门票钱，才放农夫进勾栏。朝鲜印行的汉语教材《朴通事谚解》也说："勾栏里看杂技去来。去时怎得入去？一个人与他五个钱时放入去。"

看戏也是要打赏钱的，据明人徐渭的《南词叙录》载："宋人凡勾栏未出，一老者先出，夸说大意，以求赏，谓之打野呵。"老者向观众讨要赏金，即是代勾栏收费。《水浒传》里的勾栏戏子白秀英一演完某段戏，就托着盘子向观众收钱。"插翅虎"雷横凑巧身无分文，白秀英就说："官人既是来听唱的，如何不记得带钱出来？"莫管是观演前付钱，还是中场或终场时付钱，总之，定要付费，不许白看。

勾栏内有戏台、戏房、腰棚与神楼：戏房是演员们化装和更衣的后台；腰棚和神楼是观众们的座席；神楼是正朝戏台、视野上佳的客座，其中"青龙头"是头把交椅，多归富人和官员占用。勾栏最惯见的布局是方方正正的中式样式，外形为矩形或方形。那勾栏的座位席可能呈环形排列，以使观众接收到最直达的声效。客满之后，勾栏可能还会锁上门。封闭式的勾栏，有时会酿成惨剧。《南村辍耕录》谈过松江府的勾栏惨案，事发前，观众们都被锁在勾栏中。勾栏突然坍塌，压死 42 人。幸存者在看场的"衣朱紫人"的带领下，脱离了险境。

露台、山棚是勾栏的外迁，它们亦是露天式与流动式的勾栏。开封和杭州等大城市，逢年过节时，例于主道之侧、皇家园林之内搭设乐棚、彩棚，供市民进内玩乐。《事物纪原》卷九"戏台"也称："宋朝至岁上元，辟端门，起山楼露台棘围，列钩容、教坊乐，及彩棚夹道，令都人纵观。"节日一过，这些露台和山棚便被拆除，街道亦将恢复本来的面貌。

▲ 南宋·佚名《会昌九老图卷》局部　画中亭前临水处设有栏杆。

露台清音

宋人常称勾栏艺人为"露台弟子"。据传,名声鹊起前的李师师原为"露台妓",孟元老谈到京城勾栏的名艺人中就有"小唱名妓李师师"。然而,我们还是要小心求证才好,"师师"是宋代妓者的通用艺名,李姓又是中国的大姓,与李师师同名的妓女或许不在少数。晏几道和秦少游均曾邂逅过名叫"师师"的妓女,不过,晏几道歌咏的"师师"当是"颍川花",而非"大梁花"。晏几道宦居颍川时,正值神宗朝,此师师若是李师师,她到徽宗时便已是半老徐娘了。

古往今来,无数的豪杰曾在歌妓的石榴裙下折腰。潘称心是南宋的一名官妓,她"秋波滴溜,歌喉宛转",曾是"蟋蟀宰相"贾似道的情妇。可她在"贾正经"的笔下,就仅是"贱娼"而已了。《三朝野史》说:"贾似道阃才有余,相才不足。又云以元老之尊眉,与贱娼潘称心亵狎。"潘称心被如此践踏,只因她戏子的身份。

瓦子是一个大舞台,捧红了无数的戏子。仅说傀儡戏这一项,开封城的名角就有张金钱、李外宁等人。南宋杭州名角之数远过于北宋开封,而且南宋傀儡戏的细目极多,杖头傀儡有张小仆射、刘小仆射;悬丝傀儡有金钱卢大夫、陈中喜、陈中贵、郑荣喜;水傀儡有姚遇仙、赛宝哥、王吉、金时好;肉傀儡有张逢吉、刘逢吉等艺人。一流的艺人不仅能给瓦子带来可观的营收,自己还能赚取不菲的酬劳。艺能超绝的艺人,受财主的重赏是常见之事。

委顺子是蜚声艺坛的艺人,他是南宋的"说话人","耸动九重三寸舌,贯穿千古五本书",而特蒙皇帝召见。说话人即以讲故事为业为生的人,其内容涵盖讲史、小说、铁骑、说经等。讲史的说书人是最吃香的,他们兼通书史,广有涉猎,泛泛之辈难胜其任。他们讲说金戈铁马、宫廷秘闻等专题时,语言通俗易懂,又不失谐趣。他们正是"麻辣说史"和"戏说历史"的先驱者。这些说话人也常在勾栏中驻留,有的名家甚至一生都不曾到别家瓦舍作秀。《西湖老人繁胜录》说:"小张四郎,一世只在北瓦,占一座勾栏说话,不曾去别瓦作场。"杭人遂称他"作场"的勾栏为"小张四郎勾栏"。

▲《清明上河图》局部　孙羊店前的大胡子说话人引来了一大群听众。

酒香不怕巷子深不是铁律，光有名角镇场和王牌节目，不足以保证车骑过客络绎而来，宣传和推广是大有裨益的辅助手段。勾栏的艺人都很懂得自我包装。那些勾栏艺人为自增身价，总用本朝的官名、科名作为自己的艺名，有的还称自己曾受皇上亲见，借此炫耀。如《武林旧事》所载的各色伎艺人中，经点算，一共有554名艺人曾被荐去南宋宫廷演出。

不管勾栏里的名角有无去过宫里，只要他们能显现不输于教坊艺者的功力，市民就不会追究他们是御前还是御后。他们已在台上练就了过强的心理素质，无畏于"服妖"的恶语，敢穿上炫人眼目的戏服。

好的艺人是勾栏的摇钱树，所以勾栏会在艺人名气上大做文章。《水浒传》写到雷横和李小二来到郓城县的勾栏入口时，"只见门首挂着许多金字账额，旗杆吊着等身靠背"，招牌上还标明今天的花旦是白秀英，戏目是"豫章城双渐赶双卿"。在剧中扮演蓝采和①的演员在开戏前说:"一壁将牌额题,一壁将靠背悬。有那边方来看的见了呵,传出去说,梁园棚勾栏里末尼蓝采和做场哩。我则待天下将我的名姓显。"

　　想在戏台上站稳脚跟的艺人,唯有时刻保有一颗兢兢业业的心。演好了,观众不仅报以欢呼,还会因为入戏太深,或是捧腹,或是落泪。北宋末年,教坊名伶丁仙现每次献演时,"观者如堵,鼓吹振作"②,那天,他在台上望向先皇仁宗的画像,举起袖子掩面,似在饮泣。宋仁宗是一名仁君,开封父老念起先皇的遗德,亦禁不住潸然泪下。演砸了,观众觉得不值票价,不但会喝倒彩,可能还会朝那蹩脚的艺人扔东西。元人高安道散曲《嗓淡行院》中就有砖头与土块齐飞的戏景:"四边厢土糁,八下里砖彪。"

　　为了煽起现场观众们的热情,天府之都成都的勾栏还引入了富于妙趣的竞争机制。西园是成都府衙内的花园,每至春时,官府例准市民进园恣意行乐。本城的两大酒坊主亦会在西园摆起擂台,他们各请一批伶人,演起对台戏。擂台只有一座,对戏的双方唯以扔骰子决定上场顺序,骰子点数多的那一方先上台,此称"撼雷"。最近擂台的是官员们的专座,戏棚外则放着高凳,供市民歇坐,"庶民男女左右,立于其上如山"③。天幕的底色从晨光微黄渐转为暮色苍茫,幕下的优伶却只搬演杂剧,而观众竟都乐而忘返。伶人每演到一个"诨段子",官民皆笑,就奖他的戏班一面青红色小旗;如若官民不同笑,则不得奖旗。至夜散场时,旗多者为胜。

　　勾栏的班主未必是风雅之人,但他们必是向慕风雅的人。"舞低杨柳楼心月,歌尽桃花扇底风"是晏几道的名句,也多作勾栏门对。用如此绮丽清绝的句子

闲乐

---

① 蓝采和:唐朝人。八仙之一,在今安徽省凤阳县临淮关镇得道成仙。陆游在《南唐书》中说他是唐末逸士。元代杂剧《蓝采和》说他姓许名坚。蓝采和是他的乐名。他常穿破蓝衫,一脚穿靴,一脚跣露,手持大拍板,行乞闹市,乘醉而歌,周游天下。后在酒楼,闻空中有笙箫之音,忽然升空而去。
② 选自《邵氏闻见录》。
③ 选自庄绰《鸡肋编》卷上。

瓦舍勾栏

闲乐

▲ **山西洪洞县元代杂剧壁画里的账额（图片由网友"慢慢来"提供）**
画中榜上横幅书写"大行散乐忠都秀在此作场"。"大行散乐"应是戏班的名称或来路，"忠都秀"或是班子名角的姓名或艺名。现藏于中国国家博物馆。

作为勾栏门口的对联,真得夸他们识货啊!看官们也为略一沉吟,念想中州胜日。

爱看热闹是人之常情,勾栏里的乐手找准了这点,在勾栏开戏之前会敲锣打鼓广而告之。《南村辍耕录》称:"有女官奴,习讴唱,每闻勾栏鸣鼓,则入。"众人循声鱼贯而入,择座坐好后,勾栏的演职人员在表演前,会先说一段开场白——致语。《事林广记》载有南宋歌唱团体遏云社的致语,词曰:

遇酒当歌酒满斟,一觞一咏乐天真。三杯五盏陶情性,对月临风自赏心。

环列处,总佳宾。歌声缭亮遏行云。春风满座知音者,一曲教君侧耳听。

——《鹧鸪天·遏云致语》

▲ 丁都赛戏曲砖雕（图片由网友"慢慢来"提供） 丁都赛是徽宗朝的杂剧女伶,在京城颇享盛名。浮雕中的人物服饰兼具"蕃汉"风格,她上身穿汉服,下穿契丹人的民族服饰。现藏于中国国家博物馆。

戏里戏外

提到瓦舍勾栏,就不能不细谈市民文学这一新生文学类型。中国的散曲、杂剧、话本艺术皆萌芽于宋代。而这些中国古代城市通俗文学,正化育于遍布各地的瓦子勾栏。对此,日本宋史大家斯波义信有过极高的评价:"中国历史上首次由市民自己创作、欣赏、享受的文化诞生了,这是值得大书特书的事件。"

杂剧是宋代戏剧的精粹,有狭义与广义之分。狭义的杂剧专指戏曲,主要有滑稽戏和歌舞戏两大流派:滑稽戏承自唐代参军戏,借由调笑寓以讽谏,兼具歌舞戏的某些成分;歌舞戏由唐代大曲与歌舞小戏演成而来。北宋前期,宋代杂剧尚未尽脱唐戏的藩篱,但经过宋代戏剧家和音乐家的携手努力,杂剧转型了,以崭新的面貌登临百花争艳的大宋艺苑。

宋代杂剧非单一的短剧,它情节较复杂,"生旦净末丑"的前身末泥、引戏、副净、副末、装孤等角色你方唱罢我登场,他们既有独白,也有相互间的对白,他们时而唱念,时而舞蹈,交叉演绎交织着男女清欢幽恨、人世酸甜苦辣的连场大戏。伶人演戏时,有乐器伴奏,以锣鼓踏节拍。全套的杂剧分有艳段、正本、杂扮三部分,正本是戏里的主轴;艳段是正本前的小段,亦称"焰段",意指其如焰火,易明易灭,章句简短;杂扮是正本后的加演,可演可不演,亦可独演。

北宋灭亡后,杂剧是罕有的未随宋室南渡而衰亡的艺林瑰宝。金国杂剧又称"院本",女真人围攻开封时,向宋廷索要大批杂剧艺人。这些受俘者在漫天胡尘里,仍用汗水与泪水建出不比江南戏林逊色的剧坛。山西侯马市出土过一座金国戏台的模型,戏台设备齐全,"生旦净末丑"俱全,它展示出了金国剧艺的日臻纯熟。经过百余年的自行发展,在金元之际,北方杂剧与诸宫调相糅合,产育了新的文学载体——北曲,入元之后,转称元曲。

南宋的杂剧艺人境遇不错,他们还屡次登上琼台银阙。杂剧艺人借戏箴谏国政多不会逆犯龙鳞,故有"无过虫"的戏喻。《都城纪胜》说:"(杂剧演员)

《华色比丘尼品》
山西高平开化寺宋代宗教壁画,图中套着刑具的女子正被押往刑场。

大抵全以故事世务为滑稽,本是鉴戒,又隐为谏诤,故从便跣露,谓之无过虫。"《贵耳集》[①]载,宋高宗头戴双胜交环,名二圣环。有一杂剧演员打趣说:"可惜二圣环(还)只放在脑后。"艺人以此嘲讽皇帝的矫情,明明就不想光复中原,还迎回二圣[②]干嘛!这次皇帝虽不急,宰相却急了,因为伶人戳中了秦桧敏感的神经,他下令:"明日下伶于狱,有死者"。

南宋杂剧声势后来日趋衰微,这与秦桧的迫害未有多少关联,主要是因为另一个戏种——南戏的勃兴。南戏又称戏文,它是南曲戏文的简称。南戏流入杭州城后,兼收并蓄杂剧和诸宫调的长处,以成新貌。较之于北方杂剧的脸谱化与套路化,南戏演出形式灵活多变,它没有固定的舞台装置,全凭主配角的动

[①]《贵耳集》:宋张端义撰,入《四库全书》杂说类,里面有较多对文人的评述。
[②] 指宋高宗被金人俘虏的父亲宋徽宗和宋钦宗。

▲ 南宋《杂剧人物图》中的两个小脚女伶

作和说唱实现剧景的转换，并以他们的上下场隔划场次，一场称一出，一部戏可多至几十出戏。戏中歌唱（曲）、念白（白）、科介（模拟形体动作）相间，并杂以插科打诨，其主曲调是南曲，演奏乐器以管乐器为主，乐风轻柔婉转。南戏在"生净外末丑"以外，还渐添"旦"与"贴"诸角。生旦是剧中的核心，净丑是专以逗笑观众为能事的喜剧角色。在杂剧中，歌唱的戏份多落在一角身上，而在南戏，丑或末亦有一展歌喉的机遇。南戏是与杂剧各擅胜场的剧种，中国戏剧在这两驾马车的牵引下，才从萌芽驰往成熟。

南戏的起源，众说纷纭。徐渭《南词叙录》称："南戏始于宋光宗朝，永嘉（今浙江温州）人所作《赵贞女》《王魁》二种实首之。"据《钱塘遗事》载，南戏由温州书生王焕带入杭州，进而风靡京城。祝枝山的《猥谈》也附和此说："南戏出于宣和之后，南渡之初，谓之温州杂剧。""南戏故乡是浙江温州"本是定论，但刘念慈先生经实地调研，著成《南戏新证》一说，力主温州、杭州、

▲ 宋人绘《眼药酸图》　图中的男演员可能是在演卖假药的无良商贩。

莆田、泉州等闽浙沿海县市都是南戏的广阔故乡。

不管何说为是，温州都是宋代南戏的大本营。温州在宋时有"一片繁华海上头，从来唤作小杭州"的美誉，它在宋孝宗淳熙年间即有十几万户人家。"小杭州"的瓦子数虽不比杭州多，但在此驻演的南戏戏班必当不少。《永乐大典》收录了几部全本流传并保有原貌的南戏剧本，如《张协状元》《白兔记》《小孙屠》等戏文，可确考为南宋作品的就是这部《张协状元》。

人各有所长，演员虽可跨界当编剧或导演，但鲜有能一人分饰三角，并获三赢的神人。宋代艺人因其文学素养难与科班出身的文人相比肩，很少会操刀写剧本。那写剧本的任务就交由书会来完成。

书会是宋代的文学笔会，成员涵括说话人、戏曲作者与艺人，它多设于南宋的大城市，如杭州、苏州、温州等地。书会主创人员称为"先生"或"才人"，成员流品颇杂，既有才高名重的"公卿显宦"，也有胥吏、商贩、医生和倡优等中下人士。他们既写说话用的话本，也写演戏用的剧本、唱戏用的唱词。《张协状元》《白兔记》《小孙屠》等南戏剧本均非成自一人之手，而由书会里的写作组写成。《张协状元》由九山书会编撰，《小孙屠》由古杭书会出品，《白兔记》则是永嘉书会。书会里也有一些类型作家，《武林旧事》分述过数名书会才人的创作情况；李霜涯是写"赚词"的绝妙圣手；李大官人以写"弹词"见长；平江（苏州）周二郎最擅编写"弄猢狲"的唱词。

若说南方文人成为编剧的动因是"锦上添花"，那么北方文人则是"逼上梁山"。与南宋对立的金国灭亡之后，华北征服者蒙古人停办了科举，北方文人几乎失去了一切，他们的职务、他们的愿景都不复留存。那些不甘于"饿寒狼狈，冠衣褴褛"的志士才人转去从事戏剧的创作，独辟营生的蹊径，也为中国戏剧史书写了新的篇章。关汉卿一生都混迹在瓦舍勾栏中，却在纵情放浪中重塑了自我，他还标榜说："我是个普天下郎君领袖，盖世界浪子班头。"本文开首的那粒铜豌豆就是他的自况。

凭栏观史

瓦子勾栏毕竟是吃喝玩乐皆备的风月场,自然吸纳了一众耽于玩乐的纨绔少爷。宋明文人笔下颇有些被坏人诱至勾栏的迷途公子。

《水浒传》说高俅在蒙受端王知遇前,帮了一个生铁王员外儿子使钱,每日三瓦两舍,风花雪月,被这人父亲开封府里告了一纸文状,府尹把高俅断了20脊杖。张耒《明代杂记》载,"京师有富家子,少孤、专财,群无赖百方诱导之,而此子甚好看弄影戏"。这些千方百计诱引他人到勾栏里的无赖也许就是受雇于瓦舍的"托儿"。

王明清《挥麈录》载录了一起和瓦市恶少有涉的案件。开封市民薛六郎是京城某典当铺的持有人,在熙宁年间的某天,平素安分守己的他却卷进一桩谋

▲ 南宋·李嵩
《骷髅幻戏图页》

闲乐

反案。开封府尹接获宫里发来的密件,信中附有"欲谋乱者姓名凡数十人",信里还说这份名单由巡逻的卫士"获之于宫墙上"。府尹未敢掉以轻心,经多番明察暗访,排除了薛六郎以外的叛贼的嫌疑。他唤来薛六郎,问道:"你平日与何人为仇?"薛先生说:"我老了,素昔都不怎么出门,更不曾与谁结怨。"再三问询之下,薛先生说:"我族妹的儿子是个不长进的人,四处浪迹,他十天前忽来找我借钱,我不借,他骂了我几句就走了。但我和他素无过节啊。"府尹说:"就是他诬陷你的!"薛六郎外甥在犯事之后,还去瓦市看傀儡戏,当看得正入迷时,开封府的捕快从后拽其衣带,他自曝其迹地反问:"是不是我做的那件事败露了?"

因了瓦市里的那些不良少年,吴自牧在《梦粱录》中批评说:"顷者京师甚为士庶放荡不羁之所,亦为子弟流连破坏之门。"1000 个人就有 1000 座瓦舍,即便吴自牧自己不待见逛瓦舍的败家子,也不应该一竿子打翻一船人。因为有人还说:"临安中瓦,在御街中,士大夫必游之地。"若这话属实,吴岂不得罪了全城的士大夫了?《西湖老人繁胜录》亦云:"(杭州市民)深冬冷月无社火看,却于瓦市消遣。"瓦舍若真是邪恶的渊薮,家长们岂敢放任自己的孩子去瓦舍,而且这还是在他们知晓勾栏里有裸女相扑的前提之下。

在瓦子勾栏秀出的各路武艺中,相扑尤其是女子相扑是最抢眼的武戏。《梦粱录》曾述杭州瓦市中的女相扑手:"先以女颬数对打套子,令人观睹,然后以膂力者争交。"

载于《梦粱录》的杭城女相扑名手有"赛关索、嚻三娘、黑四姊妹",载于《武林旧事》里的有"韩春春、绣勒帛、锦勒帛、赛貌多、侥六娘、后辈侥、女急快"等名家。男相扑手出阵时,皆赤膊光腿,仅着短裤,女相扑手亦须如之。故女子相扑亦名裸女相扑。

那时的父母要是给淘气的孩子缠得不行,就给他一点钱,让他到就近的勾栏听说书。小孩子若看了"裸女相扑",天也不会塌下来,谁说他们一定会学坏?

在京城三瓦五舍里乱窜的小孩子们，若干年后，纵是最调皮的孩子王也不见得就会是下一个"高俅"。

勾栏里的说书人自诩"讲论只凭三寸舌，称平天下浅和深"，十七史①的内容，他们信手拈来。然而，"旧说梦华犹未了，堪嗟。才百馀年又梦华"，他们对瓦舍勾栏的消亡也莫奈何。瓦舍消亡的"元凶"可能是明成祖朱棣。他掀举"靖难"的旗号，夺了侄子建文帝的皇位后，就将政敌及其妻女都收没于瓦子勾栏中，供明军将士消遣。好端端的瓦子勾栏由之化为淫窟，等待这些无辜女子的是"千人骑、万人压、乱人入"的非人厄运。而那三句三字经却曾是《水浒传》中雷横母亲辱骂白秀英的原话。

悲夫！

▲ **南宋·苏汉臣《杂技戏孩图》**
画中一个杂技艺人正在施展绝技，逗两小儿开心。

闲乐

---

① 十七史：中国史学发展到宋朝，共编著了17部正史，它们分别是：《史记》《汉书》《后汉书》《三国志》《晋书》《宋书》《南齐书》《梁书》《陈书》《魏书》《北齐书》《周书》《隋书》《南史》《北史》《新唐书》《新五代史》。

婚育

毋庸置疑，正因家庭的存在，人类社会最杰出的美德才得以创造、加强及传承。

——温斯顿·丘吉尔[1]

---

[1] 温斯顿·丘吉尔（1874—1965年，Winston Churchill）：英国著名政治家、历史学家、作家、记者。曾于1940至1945年、1951至1955年期间两度任英国首相，带领英国获得第二次世界大战的胜利。著有《不需要的战争》，该作品获得1953年诺贝尔文学奖。

罗带同心——宋代婚礼

吴山青,越山青。两岸青山相对迎,争忍有离情。
君泪盈,妾泪盈。罗带同心结未成,江边潮已平。

——林逋《长相思》

▲《唐风图册》局部 传为南宋马和之绘。

父母之愁

宋代是一个对婚姻有诸多明令规范的朝代。如,男女的最低婚龄分别为15岁和13岁;同姓不得婚,《宋刑统》明确载道:"诸同姓为婚者各徒二年。"四代以内有直系血亲的同宗男女亦不得婚等。宋代只承认一夫一妻制,已婚的男人可以有别的女人，但这种不是明媒正娶过门的女人只能当妾，妻妾的位次不能调换，触法者要判两年徒刑。除非达成多个苛刻的先决要件，否则，宋代的"小三"是扶正无望的。妾侍和正妻一样，都不能与丈夫同姓。男人打算纳一个姓氏不明的妾之前，应先进行占卜，确保她和自己不同姓。

宋代律例还对男方与母族、妻族之间联姻做出限定，首要前提是男方和女方必须是同辈人，比如，男方不能娶自己母亲的姐妹，不能娶自己姐妹的女儿，因为这些都属于乱伦的逆行。仁宗时，欧阳修曾被诬告，说他和自己的外甥女有枕席之欢，在当时闹得沸沸扬扬，幸得皇帝做主，才平息了这场风波。不过，宋代男子可以名正言顺地娶自己的表姐妹。苏轼二姐"苏八娘"就嫁给了表兄程之才。

子女已届婚龄时，宋代的父母就要替孩子们筹划婚事了。男子并无必要一到15岁就结婚，终身大事可先缓一缓。然而，青春易逝，少女们的姻缘就耽搁不得了。等到容颜渐凋，年华不再时，她们若还是未嫁之身，枕前泪共帘前雨，声声伴无眠。

现在25岁的城市未婚姑娘很常见。若在宋代，25岁的女子还未嫁出，既会被世人视为不幸，亦可能使她的家族蒙羞。有些30余岁的宋代妇女，已是外婆或奶奶了！程颐的侄女25岁守玉而终，大概是受坊间私语之累所致。程颐煞费苦心地代他哥哥程颢和侄女辩护。程颐说侄女"幼而庄静，不妄言笑；风格潇洒，趣向高洁"，她找不到如意郎君是因为自己太出众了，难在芸芸众生中觅一能与之匹配的佳婿。程颐还说他"恨其死，不恨其未嫁也"。程颐侄女的事并不是一个孤例，终身未得所归的女子亦不止一两个。有的女子死抱独身主义，他人看不穿唯有叹一句："岂有处子终不嫁人者乎？"宋代也有父母过于看重门第而导致女子晚婚，甚至有女不得嫁的。

父母择女婿重门第古已有之，而尤以唐人为盛。唐代最高上品莫过于"五姓七家"，即陇西李氏、赵郡李氏、博陵崔氏、清河崔氏、荥阳郑氏、范阳卢氏、太原王氏。这些高门非常珍视自家的优良血统，他们甚至瞧不起李唐皇室，因为在他们眼里皇室是冒牌的"陇西李氏"。他们只愿同自己家族平级的世族

▲ 宋·佚名《天寒翠袖图》

婚育

联姻。唐高宗朝的宰相薛元超自称人生有三大恨:"我虽然不才,但富贵过人。平生有三恨,做官之始未能以进士擢第,不娶五姓女,不得修国史!"

宋兴前的60余年,朱温在黄河边上的白马驿屠灭了忠于唐室、以五姓七家公卿为主的朝官,五姓七家等名门遂彻底退出了历史舞台。但这不意味着宋代士人不重门第了,宋人嫁女仍会在意男方有无显赫门第,以确保选到一个拥有锦绣前程的女婿。

父母对子女该和谁结婚拥有最终的决定权,孩子们的意见仅供参考。宋人公认的好女婿就是那些考中进士,有机会加官晋爵的男子。北宋魏泰说过:"国家用人之法,非进士及第者不等美官。"再结合宋代"满朝朱紫贵,尽是读书人"的现实,就知魏泰所言不虚。到北宋中叶,贡院"每三年一开科场"成了定例,每到放榜年,京城就会迎来"结婚潮"。王安石诗云:"却忆金明池上路,红裙争看绿衣郎。"这些绿意郎就是本届的进士。发榜那天,开封城的达官贵人早早出动,就着榜单,给自家的掌上明珠物色未来的夫君,此谓"榜下捉婿"。一日之间,八九成的进士即成宦门贵室之婿。女方家人还得付给他们一笔"系捉钱",说好听些,这钱是资助给他们在京读书的生活费,说难听些,这就是他们的"卖身钱"。每笔"系捉钱"少说也有1000贯钱,"士农工商"是我国古代的"四民",排在最下的商人想招纳最上的士人为婿,唯有加倍付系捉钱,才能钓上这些清贫的"金龟婿"。成婚后,进士的家人还会过来要钱,"其父母亲属又诛求,谓之遍手钱"。哲宗时,曾巩异母弟曾布在榜下捉得进士江褒做女婿,就花了3000贯的礼金。

有不少不慕虚荣,或是已有妻室的新榜进士成了榜下拒婚者。冯京,在仁宗朝"连中三元"后,外戚张尧佐仗着自己侄女张贵妃是皇帝的宠妃,派人将冯京拖到张府。捉来冯京后,张尧佐当即给冯京围上金腰带,诈称皇帝要冯京做张家的女婿。冯京回以冷笑,坚执不许。傅察①中了进士,蔡京"欲妻以女",

---

① 傅察(1089—1126年):字公晦,孟洲济源(今属河南)人,曾任青州司法参军、太常博士、兵部与吏部员外郎。

傅察顶有骨气，"拒弗答"。有一个书生考中之后，被带到一个富人家中。一个紫衣少女径直来到他身边，柔声问道："我相貌不差，愿与你成亲，不知你意下如何？"书生笑笑，说了一通客套话，最后请这姑娘容他先回家，他说得和发妻通传一声，看妻子肯否恩准此事。书生的回绝真是妙极了！当然，也有在系捉钱下折腰的，《铡美案》中的陈世美正为此类。原已成家的陈世美进京赴考，中状元后，被宋仁宗招为驸马。陈世美为了遮掩自己的欺君之罪，竟不惜对发妻秦香莲痛下毒手。

择婿事关女儿的幸福，万一今榜选不中如意郎君，父母如何肯教女儿再空等三年？所以"榜前选婿"亦有之。王曾初临殿试时，宰相李沆激动地说："此人今次不第，后亦当为公辅！"他还对身边的人说："吾得婿矣！"好在王曾成为李宰相的女婿后，真中了状元，后来也步入大宋名相的行列。

仁宗朝的贤相杜衍少时落魄，流浪到河阳县，以代人抄写书信为生。本县富户相里氏看中了这位勤勉自强的杜秀才，就将女儿嫁给杜衍。不多久，得到岳父资助的杜衍考出了宋真宗年间某榜殿军的佳绩。

太平宰相晏殊有女初长成，他嘱托门生范仲淹替爱女选婿。范仲淹说富弼和张方平这两个书生才德甚佳，可二选其一。晏殊问："何人更佳？"范仲淹说："公之女若嫁官人，某不敢知。必求国士，无如富某者。"富弼于是雀屏中选。果如范公吉言，富弼后来也当到了宰相。而上文谈到的那个冯京，日后则成富弼的东床快婿，官至副宰相。

然而，不是人人都是神算子，"榜前选婿"有一定的风险，必不比"榜下捉婿"来得稳妥。而且，我们能读到这些例子，实因"物以稀为贵"，那些看走眼的"榜前选婿"者可不会在老脸上大书特书"有眼无珠"四字。

最讨巧的方式总是"榜前约定，榜后成婚"，因其不确定性太强，也会遗下后患。其因要么是女方等不得，要么是男方变了心。

《夷坚志》中的孙愈爱上了舅舅的女儿王真真，舅舅却希望自己的女婿是当官的人。于是，孙愈和舅舅立约，他若能考过州试，舅舅就答应这门亲事。但霉运当头的孙愈每回赴考，均告失利，舅舅失去了耐心，便把王真真嫁给别人。孙愈因此害了相思病，吐血身亡。

《夷坚志》中的另一位人物王魁是宋代最典型的寡情汉，他的薄情惹得宋人传唱不休。王魁和莱阳的妓女桂英相恋，并约为夫妻。他还在海神庙前立誓："吾与桂英，誓不相负；若生离异，神当殛之。"但当王魁夺得进士榜的榜首之后，按父亲的意愿，娶了崔氏为妻。所谓的山盟海誓，在"父命难违"之前，竟是如此地不堪一击！桂英得知此情，许下毒誓："魁负我如此，当以死报之！"言罢，桂英愤而自刎！宋代的自由恋爱故事，多像王魁和桂英的故事，终落得悲剧收场。

与女方不同的是，男子不及第之前并不急于成家。有的专志于应考，主动将自己的婚事押后；有的则是父母的告诫起作用，"晚娶甚善，可善保养血气，专意学问"。一些家教极严的诗书人家还立下过"未第决不许娶"的家规。富弼也是等到制科①及第的28岁那年，才将晏殊的女儿娶过门。

宋代进士及第的平均年龄超过了30岁，像寇准和苏辙这种19岁及第的少年郎，并不算多。虽说宋人平均寿命不长，普遍早婚，但士人多须熬过十年寒窗，所以时人才把"金榜题名时"和"洞房花烛夜"连在一起说。随着教育重心的下移，读书人越来越多，每届科举取士的人数仍不满千人。南宋杭州城，每到考期，"诸路士人比之寻常十倍，有十万人纳卷"，其录取率还小于1%，所以四五十岁还未中举且未成婚的也大有人在。陈修登科时，年已七十三，还是个单身汉。宋高宗"出内人施氏嫁之，年三十"。好事者特意作了一句诗："新人若问郎年几？五十年前二十三！"然而，"不孝有三，无后为大"，生育子息是古代夫妻的天命，尚无功名的士人难免会面对读书和婚育间的冲突，七老八十时上榜还孑然一身。

---

① 制科：一种难度较大的科举科目。

一边是大龄未婚士人的日渐增多，另一边则是早婚风气越演越烈。那时指腹为婚的情况甚为寻常，"世俗好于襁褓童幼之时轻许为婚，亦有指腹为婚者"。此外，宋代民间还出现了童养媳，宋人称她们为"养妇"，"民间女幼许婚未行，为养诸婿氏者，曰养妇"。①

　　婚姻是社会稳定的坚强基石，针对这两种相反的倾向，分处北宋和南宋的司马光和朱熹不约而同地建议：女子最适宜的婚龄是14到20岁，男子是16到30岁。之所以这么调整，是因为考虑到有些措大②要埋头苦读，故把上限调到30岁了，给他们预留了15年的备考时间。司马光等人所提的折中草案，可能真的促成过一些老光棍走进婚姻的殿堂，所以他们的主张才会被南宋朝廷写入嘉定年间的新令中。

　　然而，因受主客观因素的制约，书生中的"老大难"是杜绝不了的。洛阳理学名家邵雍40岁还未成家，两个老同学劝他说："先生年逾四十不娶，亲老无子，恐未足为高。"邵雍说："贫不能娶，非为高也。"老同学就给邵雍介绍了一个学生的妹妹，一个较富有的同学还给他办了一份聘礼，免去邵雍的后顾之忧。说到底，这都是"孔方兄"的错，邵雍要有一个有钱有势的老爹，会成为剩男吗？他比那些樵夫、渔父还要穷，能不成剩男吗？

　　有钱人还可以将宗室之女买来做儿媳。北宋商人想集财富与尊贵于一身，而"争市婚（宗室）为官户"。至北宋中后期，宗室与皇室昭穆渐远，兼因子孙繁衍不绝，这些皇天贵胄中也分化出了贫户，因此"宗室以女卖婚民间"已不是一天两天的事了。郡王的女儿是县主，皇族之裔价钱自比榜下的进士要高，"每五千贯一个"，一县主顶五个进士。开封豪族"帽子田家"觉得很划算，一再买入县主，"家凡数县主"。"大桶张家"不愿让"帽子田家"抢尽风头，

---

① 选自宋代晁补之《鸡肋集》卷67。
② 宋代对读书人的贬称。

不断买进，"至有三十余县主"。高太后在哲宗朝前期临朝称制，闻说宗室卖婚的事之后凤颜大怒："国家宁要汝钱，是何门当户敌？"可她的愤慨终究敌不过"商品经济"大潮，只要商人价钱公道，宗室们照样卖女儿。

有些富公子在结婚前，已纳了数十个小妾。南宋末年的方回从未娶亲，一辈子却都浸淫在无穷的闱乐中。他家中娇妾与美婢甚众，那些假道学嘴里骂着方回淫贱，恐怕是欲成方回而不可得罢了！再看那晏殊的小儿子晏几道，这位开封城的"金鞭美少年"情性疏狂，弃绝名禄，尽日携翠袖枕玉臂，醉弄影娥池水，可他家里那位"无处说相思，背面秋千下"的妻子还在等着他归来。

媒妁之言

旧中国婚姻多始于"父母之命，媒妁之言"，周朝《礼记》亦云："男女非有行媒不相知。"在宋代的包办婚姻中，如果说父母是导演，子女是主演，那么媒人就是第一配角。一个家庭若无法通过自己的社会网络，觅得心仪的婿媳，就得求助于媒人。即便双方父母已私下许婚，婚礼中也须有媒人在场。

宋代的职业媒人是分等级的，孟元老说开封城市民可从媒婆所着的服饰认出她们的品级。头等的媒人，戴头盖，穿紫色背心，专替皇家子弟说亲；次一等的媒人，戴冠子，发髻上扎黄带子，或是穿一条系裙，手擎清凉伞，成双同行。男女完婚之后，除要付给媒人谢媒礼金，还要附上额外的酬金，其数额的多寡视媒人的级数以及男女双方家庭的财力而定。

宋朝末年出版了一部供媒人使用、分24章的工具书，但此书并不是那些说媒能手的必备之书，因为她们都有一张"能说动因纽特人买冰块"的嘴皮子。有个别媒人言语翻覆，骗女方时就说男方家财巨万，骗男方则说女方貌若天仙。

南宋袁采在《袁氏家范》中，训诫子孙说："大抵婚嫁，固不可无媒，而媒者之言，不可尽信。"袁采还说："若轻信其（媒人）言而成婚，则责恨见欺，夫妻反目，至于仳离者有之。"

除了专职媒人之外，有名望的士大夫也会受托出任兼职媒人。宋神宗熙宁初年，苏轼受堂兄嘱托，在京城为其觅择佳婿。他先是考察本年的春榜，可是没找着看对眼的。适闻司马光养子司马康新近丧妻，忽闪一念："就是他了！"司马光挚友范镇业已退休，苏轼便转托范镇说媒。但能不能成事，苏轼心里没谱，他在给堂兄的书简中谈道："但恐其（司马康）方贵，不肯下就寒族。"司马康父祖均是本朝名宦，门第确实高于苏家。不过，苏轼实为过虑。宋人娶媳妇和嫁女儿大都遵行两套标准，娶媳妇要娶家境不如男方的女子，而嫁女儿则反之，如此，女子便不会依仗娘家的势力，凌驾于夫家之上。但据范镇回告，司马康不置可否。司马康也许尚未走出丧偶的阴影吧？苏轼又再托范镇去找司马光说，但这之后，就没了下文。

皇帝高兴时，也可以做大臣的媒人。柳开是宋初古文家，文品虽高，品行却恶劣，嗜吃人肉。在原配去世后，他去探访一名姓钱的故友，在主人书斋中看到一幅美人的画像。友人说那画中人是其妹。柳开立刻表示愿娶为继室。钱某见柳开未与媒人同来，又未征求父母的尊见，就请柳开宽限几天，想请示父亲再给答复。不料，柳开丢下一句："以（柳）开之才学，不辱钱氏！"说罢，也不问可否，强将女孩抢回柳府。女孩的父亲就向皇帝告御状。皇帝却对他说，柳开"真豪杰之士也"，说他得了一嘉婿，还自荐当媒人，替柳开补办婚礼。

宋代的婚俗不是一成不变的，各阶层和各地方婚仪各异，但万变皆不离"六礼"。先秦以来，中国婚仪就按六礼举行，按顺序分别是"纳采""问名""纳吉""纳征""请期""亲迎"。据宋徽宗政和年间新颁的《五礼新仪》，六礼的每一环节均与媒人有涉。结婚如无媒人牵头，即为违礼违法。

在双方达成意向之前，媒人要两头奔走。媒人若是回告女方坚决说不，男方就不必当面受辱了。双方家长达成初步意向后,六礼的工作才逐步展开。首先,媒人作为男方的使节,前往女方家中"纳采"。纳采俗称"求亲",又名"敲门",即男方派人在黎明时,携带礼物来到女方家中,向女方家人表明来意。按古礼的要求,男方要送来一只生雁。大雁不易捕到,所以宋人在纳采时,常以木刻之雁相代,或以羊、鸡等驯养禽畜相代。

"纳采"完毕,媒人就要"问名"了。女方会将女子的排行、父母情况等实情告知媒人。男方会就此卜问凶吉,或者祭告祖宗。如果男方卜得吉兆,就

▲ 宋·郭思《戏羊图》

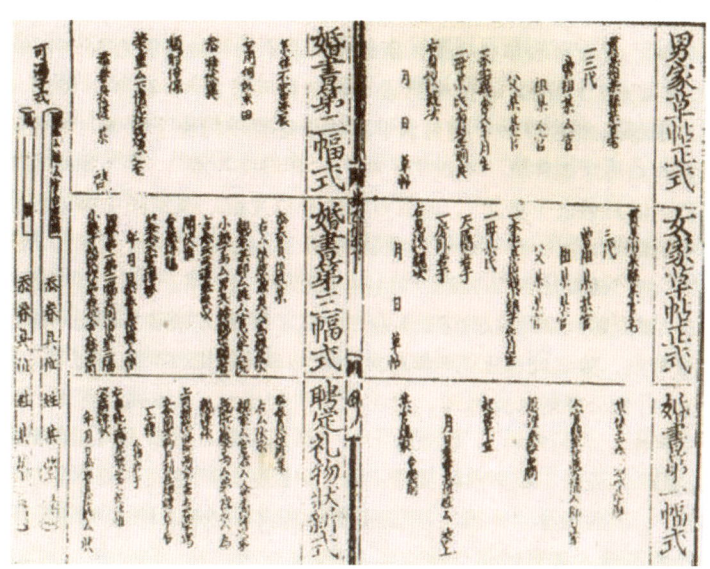

▲《事林广记》提供的草帖婚书聘礼状式

进入下一个步骤"纳吉",即再派媒人向女方报喜。

实际上,问名和纳吉多是走过场而已,男女双方在议婚时,彼此多已交过底,司马光曾说:"计纳采之前已卜矣,于此告女家,以成六礼也。"所以,朱熹等人索性就建议将纳采、问名、纳吉三步合成一步。朱熹的《朱子家礼》简繁适中,渐被士人采用。

一般的庶民婚仪甚至连前三步都省了。通常女方会把女子的生辰八字、父祖三代的名讳和衔职、生母姓氏、女方陪嫁品,一并写在"草帖"上,请媒人转交男方。男方也会写一张载有同类信息的草帖,如果是上门女婿,还要在草帖上写"陪嫁品"。媒人常常随身带着帖纸,以便双方父母尽快写好草帖。议亲双方读过对方的草帖后,彼此若感满意,就会通过媒人互换一份更为详尽的"细帖"。

细帖亦名"定帖",定帖亦即订婚书。《梦粱录》说,一份规范的定帖要内含男方的父祖三代的名讳、官品职位、涉婚男子在家中的排行及其职位、生辰八字、父母是否健在，若已过世，将由谁主婚。女方回敬的定帖与男方定帖样式相同，会在帖中列出女子的嫁妆清单，如"首饰、金银、珠翠、宝器、动用、帐幔，及随嫁田土、屋业、山园等"[①]。男方请媒人定帖时，还要请媒人捎上四坛酒或八坛酒。定帖放在彩色绸缎和布匹衬底的盘子里，酒盛在金色的坛子里。坛上覆着布，扎上花朵，放上红色木架，并附送羊肉、茶叶、面点等物，由人抬去女家。女方送帖时，则回赠两瓶清水、三五条活鱼、夹着两根葱的一双筷子，它们都装回男方送来的酒饼中，寓意配对成双的良缘。杭州人则会将婚书放入绿色匣子，匣子外壳贴上"五子二女"的花笺纸，预祝男女婚后多生子女。

双方在换帖的过程中，常由媒人充任中间人，商定聘礼与嫁妆等议题。事

▲ 宋·佚名《百子戏春图》
百子图并非真在画中画出 100 个孩子，画家以"百"代"多"，"百子"寓意子孙生生不息。百子图后成明清年画长盛不衰的题材。

[①] 选自吴自牧《梦粱录·嫁娶》。

情若告吹，多因谈不拢聘礼和嫁妆。不过，宋代嫁女的花费常多过娶媳。宋人曾叹道："伤生以送死，破产以嫁子！"一些清贫的士人家庭，若难承受嫁资，则变卖家产，或是四处借债。嫁妆远多过聘礼，这是宋世婚媾的常例。贵门与官绅嫁女时，虽会时感吃力，只要不到破产的地步，也会咬牙坚持。这是时风使然，他们不可不跟风。在房价腾跃的今天，有人说丈母娘是推高房价的罪魁祸首，男方可能是替他们的宋代先祖还债吧！

宋神宗熙宁六年（1073年），苏轼为了筹集外甥女的嫁资，向驸马爷王晋卿借了200贯钱。宋神宗之弟扬王赵颢"有女数人，婚嫁及期，私用不足"，千岁爷赵颢唯向万岁爷预支俸禄。赵颢幸有一个珍重手足之情的皇兄，不然，他家的郡主要么只能嫁作商人妇，要么就只能坐等成为老姑婆了。

北宋年间，侯可在巴蜀之地任县令时，发现当地有好多嫁不出的中青年妇女，其本由是"巴人娶妇，必责财于女氏"。侯县令因地制宜，颁布本县的嫁资"指导意见"，凡是超出规定数额，涉事方将会受罚。侯县令的新规有利于女方，男方再也不能借婚嫁之名，行勒索之实。福州和巴蜀之地的风俗类似，知州孙觉①堪称福州宅女的救世主。孙觉对付前者的杀器是用行政命令干涉："福州嫁资以一百贯为上限。"随着孙大人一声令下，福州立时就多了数百对新人。可是，一地两地的女方逆袭无助于扭转全国的大势。司马光这位谦谦君子，也很火大，怒向这种"向钱看"的不正之风开火："今世俗之婪卑者，将娶妇先问资装之厚薄，将嫁女先问聘财之多少！"然而，他的呐喊收效甚微。前辈蔡襄②老早就劝告世人："娶妇何，谓欲以传嗣，岂为财也。"只是，和那些满脑都是钱的俗人谈这些，不啻对牛弹琴。习俗日久，再难摇撼。好在宋代的"泰山泰水"们也不全是任

---

① 孙觉（1028—1090年）：字复明，号莘老，高邮人，进士出身，历任县令、知州等职。与苏轼、黄庭坚等交好。
② 蔡襄（1012—1067年）：字君谟，进士出身，历任三司使、转运使、知州等职。汉族为人正直，学识渊博，书艺高深，书法史上论及宋代书法，素有"苏、黄、米、蔡"四大书家的说法。

由亲家宰割的"愚公愚婆"。嫁妆是女方的私有私产,公婆无权支配,丈夫也只有得到了妻子的批准,方许动用。

男女双方谈好条件,交换过草帖和定帖后,如果男方心底还不踏实,可以去女方家"相媳妇"。在北宋,男方亲属多在媒人陪同下,前去女家。《东京梦华录·娶妇》称:"若相媳妇,即男子新人或婆往女家。"男方过来女家,首要目的是直观地审视准亲家的家庭实况。那些本无亲缘与故旧关系的男女在婚前多不会见面。偶也有男士亲身出马的,称之"过眼"。李清照是北宋的前卫女子,她可能在赵明诚来李府相媳妇时,偷瞄过他一眼。事见清照词《点绛唇》:

蹴罢秋千,起来慵整纤纤手。露浓花瘦,薄汗轻衣透。
见客入来,袜划金钗溜,和羞走。倚门回首,却把青梅嗅。

理学在南宋后期才被确立为官方学说,因此在那以前,南宋的社会风气比北宋还要开放。南宋士庶在相媳妇时,当事的男女已准先行会面。相见的地点在风景优美的画舫、园圃、茶楼等处。男女还可在席间对酌互敬,男的喝四杯,女的喝两杯,以示男尊女卑。相媳妇时,男方若看中了她,就在她头上插一枝金钗。宋代话本《西山一窟鬼》描述了秀才吴洪在酒店相媳妇的场景:"(吴洪)把三寸舌尖舐破窗眼儿,张一张,喝声彩","当日就插了钗",不久就成婚。如果男方主意变了,也可悔婚。那时男方会搁下一两段给女方"压惊"的彩缎。

有的女方父母拒收下这压惊的绸缎,还会把这事闹上官府。北宋的《江邻几杂志》谓:"京师风俗,将为婚姻者,先相妇。相退者为女氏所告,依条决此妇人,物议云云,以为太甚。"开封府在处理一起同类案件时,曾判女方胜诉,但市民颇以为开封府处置不当,因为大宋婚法认为婚事成立的始点是"纳币",在那以前,双方均可行使反悔权。

相不相媳妇没有硬性规定,但若出了岔子,后果自负。凌景阳在壮年时才中进士,他的新娘子是京城酒店业巨子的女儿,凌先生怕妻子嫌他太老,就匿报了五岁。谁料到妻子比丈夫还不厚道,竟瞒报了十岁!这对大伯大婶在行婚礼时,才互知对方的真实年龄!更惨的还在后头,朝廷有令:良贱不婚,官员不许娶商人之女为妻。虽此禁律已渐松弛,但凌景阳还是栽在了这事上。皇帝原想授予他馆职,但谏官指摘他"结婚非类",因此他的馆臣之梦终化泡影。

原本不相识的男女,他们的婚约始于"纳币"。纳币又称"纳成",是正式的订婚仪式,说白了就是下聘。男方所送的聘礼,若遵照古礼,得有三匹红黑色的布、两匹浅红色的布、两张鹿皮。在物阜民丰的宋代,只给几匹布料和兽皮未免太显寒碜,所以,男方多改用金钱财物为礼。杭州的富户常送"三金":金钏、金镯、金帔坠。不太富的人家,多送银饰、镀银或镀金的饰物。按《梦粱录》载,南宋的低收入家庭在定聘时,常送一两匹彩缎、一沓纸币、一只鹅、一壶酒、一块茶饼。每户人家送哪样的聘礼,并无定法。男方聘礼一旦送达,女方也会回礼。富人之间的联姻,最要摆阔。杭州女家的回礼主要有"绿紫罗双匹、彩色绢匹、金玉文房玩具、珠翠须掠女工"等手工精品。男方送出聘礼、收到回礼之后,暂不可与女方接触。六礼的正剧至此也可告一段落。

▲ 宋代菱花形漆奁女子梳妆盒(图片由网友"慢慢来"提供) 现藏于中国国家博物馆。

大红花轿

两家再度接洽前的间隔期可能长达数月或数年之久。这期间，男方并不得闲，他们须去择定佳期。男方一选好吉日，便要派人告知女方，谓之"请期"。男方要赶在大婚之日前广派请帖。请期后，男方要送给女方一些俗谓"催妆"的吉礼，如催妆花髻、销金盖头等嫁日物用，女方则回送男方罗花幞头、绿袍[①]靴笏等娶日衣饰。

请期之后就是"亲迎"。亲迎前一天，女方会派人去男方家布置婚房。女方的人先在房中挂上帐幔，铺放奁器具，摆好珠宝首饰，此名"铺房"。安置停当之后，从嫁的婢女们就守在房中，不准外人踏足。宋以前的婚仪无此一项，女方铺房可能只为显摆。范仲淹是厉行清俭的贤者，他拒绝了铺房的新俗。范仲淹之子在婚前，亲家王氏想"以罗为帷幔"，范仲淹赶紧劝止说："罗绮岂帷幔之物？我家素尚清俭，你何要乱我范氏家法？你敢把他拿到范府，我就立刻在院子里烧了它！"像范公这样力抗时俗的名人，可称是"孤胆英雄"。古代虽无铺房的前例，但连好古的司马光也不反对铺房，他还认为铺房所用的摆设都放在显眼处才好。

铺房一毕，新郎官便要迎亲。亲迎是婚礼的高潮，"昏"字古通"婚"，在六礼中，唯亲迎设在"昏"（黄昏）时，其重要性不言而喻。我们可将亲迎视同为"新郎亲自迎亲"。除皇帝娶亲可由大臣代行此礼外，谨守礼治的普通人家，都会规规矩矩走一回迎亲路！对于不守此礼的做法，程颐的弟子朱光庭痛斥道："鄙俗杂乱，不识亲迎，人伦之重，则是何尝有婚礼也！"

吉日那天，新郎一家人赶早就起床，忙着张罗婚庆之事。朱熹《居家杂仪》讲授了大宋新郎的家人该如何摆好两个人的桌子，桌上还要铺上何种果品、酒

[①] 绿袍是宋代九品官的官服，特许新郎在成亲时穿用。

▲ 宋·佚名《柳塘鸳戏图》

水与器皿。那些恪遵古道的家庭，会在婚仪的每道环节前向祖宗禀告，迎亲前也不例外。末了，新郎就穿上盛装，戴上冠帽，起行迎娶新娘。新郎骑着马，后面跟着一辆载新娘的车子或轿子，引领一干人众，齐去迎亲。中国人用花轿子迎亲的成俗始自宋朝，司马光说："今妇人幸有毡车可乘，而世俗重檐子（轿舆），轻毡车。"新娘选乘轿子还是车子，就看她会不会晕车，晕车就换乘轿子。至南宋时，宋人在迎亲时都用花轿，花车或毡车已渐遭淘汰。吴自牧说："（亲迎日）引迎花檐子或棕檐子、藤轿，前往女家，迎取新人。"

男方派出的随从称为"行郎"，他们分别拿着花瓶、花烛、香球、沙罗洗漱、妆盒、镜台、裙箱、百结、清凉伞、交椅等。随行的乐队会沿路吹拉弹唱，杭州人还会雇来骑在马背上唱曲的女子。

热闹的迎亲场面并非古已有之,实是宋人改进的产物。《礼记》申言"婚礼不用乐",古人曾辩解说音乐是动的,属阳,与属阴的新娘相克。北周时,偶见"嫁娶之辰,多举音乐"的史载,但终归于"偃旗息鼓"。唐人在嫁娶时,虽复闻弦管舞乐,却被卫道士斥为"越礼",而遭官方禁断。宋室承接古代的遗俗,婚礼不奏乐。但到哲宗成婚时,哲宗祖母高太后挡下了执宰不用乐的议案:"寻常人家,娶个新妇,尚点几个乐人,如何官家却用不得?"哲宗母向太后也帮腔说:"更休与他懑宰理会,但自安排着!"自是在婚典请乐队一事上,君民同俗。

在欢乐的音乐声中,迎亲的队伍到达新娘家了。乐匠、歌姬、行郎等随队人员将接受女方家人的茶酒招待,还会获赠一些小礼物。在屋内,新娘已换好出嫁用的裙裾。新娘的女性亲属,如她的婶婶、姑姑、姐姐、嫂子会送她到闺房门口,还叮咛她出闺后要恪守妇道。屋外,乐匠饮罢,待到吉时,复又演奏曲子,促请新娘上轿。披着盖头的新娘上了花轿后,女方得赏给陪迎者花红利

《清明上河图》局部
一名妇女似在和轿子里的人交谈。

▲《清明上河图》局部　坐在后一顶轿子里的女眷拉开帘子观景。

市钱，不然抬轿人就不会起轿。

史籍《续资治通鉴长编》称，新娘母亲也会跟出来，对新郎的外表评头论足，说他配不上她的女儿。开封城的一个岳母看过女婿的面相，便嘲道："我女儿是菩萨，却嫁给了麻胡（貌丑而多须者）！"一声叹息之后，岳母想见识见识女婿的"内秀"。麻胡女婿很丑，却饶有急才。他即兴赋一首七绝：

一双两好古来无，好女从来无好夫。
却扇卷帘明点烛，待教菩萨看麻胡。

麻胡诗的第二句若前后两个分句颠倒着来读，则意趣盎然：关了灯之后，媳妇还管我是麻胡还是麻皮吗？就是这么个"不堪入目"的男子，将她的女儿

河南禹州白沙镇宋墓壁画的乐队图

娶走了,一如她自己多年前的经历。

回程途上,欢欢喜喜,热热闹闹,自不在话下。途中,不会路遇拦路的"障车"。宋以前的迎亲队伍在返程中,也许会碰上市井无赖甚或是王公贵族拦要酒食和喜钱。北宋初年,开封仍有此俗,但宋太祖在开宝二年(969年)诏禁障车,打从这年起,障车就在史录中消失了。

障车的人走了,"拦门"的人又来了。花轿到了男方门前,当"时辰将正",迎亲人和男家的小儿辈都来讨索礼钱。拦门之意就是不教新娘度家门,除非留下买路钱!乐匠所念的"拦门诗"就是要钱的信号。《事林广记》选摘了多首拦门诗,如以下这首:

仙娥飘渺下人寰,咫尺荣归洞府间。
今日门阑多喜色,花箱利市不须悭。

读罢,便是新郎挺身而出之时。他回诗道:

从来君子不怀金，此意追寻意转深。

欲望诸亲聊阔略，毋烦介绍久劳心。

说归说，但毕竟人生难得几回娶啊！新郎还是会笑呵呵地用些许碎钱收买了拦门人。

众人钱一到手，路就通了。新娘出轿前，阴阳先生和"克执官"手执盛着五谷豆钱彩果的花斗，一面念咒，一面向门首撒出斗里的"法宝"，用以压制传说中的"三煞"——青羊、乌鸡、青牛之神。孩子们争着拾取那些抛撒物。这仪式叫"撒豆谷"，相传发端于汉代。

撒毕豆谷，可以请新娘下轿了，但她不能踩地，只能走在预先铺好的青绿色的布条、锦褥或毡花席上。两名女仆扶着她向前走，前有数名持着莲花烛台的引路女伎。另一位女伎则在她前面捧着镜子倒行，为新娘辟邪。此名"系席"，系取传宗接代之寓意。

进家门前，新娘要迈过一座马鞍子。宋代学者说新娘"跨马鞍"之俗不是汉俗，而是北朝胡人的旧俗。但有民俗家说，"鞍"与平安的"安"同音，跨马鞍或寓此意。

进了家门，新娘就"归家"了。今后，丈夫的家就是她的家。然后，新娘会被扶到挂着帐子的房里，在"室中少歇"，这叫"坐虚帐"。但她也可省去"坐虚帐"，转到新房里，坐到床上，此为"坐床富贵"。

话分两头，新郎先不随新娘进房，而先去换衣服。与此同时，本方亲属代他接待女方的父母及送嫁的"亲送客"，女方亲眷会在匆忙饮尽男方相待的三盏酒后退走，是谓"走送"。

宋代新郎不会穿上大红袍，浙东的新郎官一律穿绿袍，戴花幞头。若那花幞头是绿色的也无别的隐喻。满身花绿的新郎官会来到中堂，坐到摆在榻上的高椅，谓之"上高坐"，媒人和姨娘等女姻亲依次请求新郎给她们斟酒致敬。

▲ 宋代镜子实物图（图片由网友"慢慢来"提供）现藏于中国国家博物馆。

欧阳修《归田录》谓："今之士族，当婚之夕，以两椅相背，置一马鞍，反令婿坐其上，饮以三爵（酒），女家遣人三请而后下，乃成婚礼，谓之上高坐。"开封人凡办婚礼，唯有新郎上鞍，这场婚礼才算隆重的婚礼，谁家不随俗，谁家就是不知礼的人家。欧阳修的笔录可与孟元老《东京梦华录》"娶妇"条交相呼应："次丈母请，方下坐。"只有岳母替女婿求情，新郎方许下座或下鞍。

接下来，新郎就去新娘歇息的洞房稍息，等待拜堂。洞房门楣上横挂着的一段彩帛已被人扯裂，新郎入房后，众人纷抢布帛的碎片。他们抢的不是碎布，抢的是"利市缴门红"，图个好彩头。江南风俗是民家的新娘不戴盖头，初婚者"坐于榻下"，二婚者"坐于榻前"，供人围观。即便有男客以言语挑逗新娘，或是手摸新娘的脸蛋，男方也不以为忤。

开封和杭州的新婚夫妇，会先在房里用两匹彩绢绾个同心结，这彩绢由男女双方各出一匹。绾好了，新郎就手执槐木木牌，同心结一头挂在牌上，另一头握在新娘手里。新郎倒着走，与新娘面对面，和她徐徐步向中堂，行参拜大礼。新郎和新娘并立堂前时，新郎家一位父母双亲皆在世的女亲戚就用杆秤或梭子撩开新娘的盖头，使新娘"露花容"。新娘然后行礼，向神明和先祖的牌位下拜，

▲ 宋代钱币实物图（图片由网友"慢慢来"提供）

再按长幼之序向男方亲属下拜。《事林广记》列叙了主婚人此时的祝词，借此我们可一窥往时的风貌：

请新人拜　天神地祇东王公西王母　再拜　又拜
请新人拜　本家禁忌龙神井灶门官　再拜　又拜
请新人拜　本家伏事香火一切神祇　再拜　又拜
请新人拜　高祖曾祖公婆祖父祖婆　再拜　又拜
请新人拜　在堂公姑内外诸亲尊长　再拜　又拜

礼毕，新娘倒行，牵新郎回房。进房后，夫妻交拜。新娘站立于西，新郎站立于东，新娘先拜，新郎回拜。司马光原籍山西，他的乡里旧俗是："男子以再拜为礼，女子以四拜为礼。"司马光说："古无媳妇交拜之仪，今世俗始相见交拜。"检索宋前的礼书，确无此礼，"夫妻交拜"的礼节当发源于宋代。

对拜完了，夫妻双双坐在床上。礼官就往床上分撒刻有"长命富贵"的金银钱币、杂果等，这寄托着早生贵子、康健富足的求福之愿即为"撒帐"。礼官在抛物前，会念一段致语，"撒帐"时要往东西南北上下六个方向撒物，每撒向一处皆要念几句唱词。朝东撒时，他们常唱道：

> 撒帐东，帘幕深围烛影红。佳气郁葱长不散，画堂日日是春风。

朝上时，他们念道：

> 撒帐上，交颈鸳鸯成两两。从今好梦叶维熊，行见螺珠入来掌。

向后撒时，他们会唱道：

> 撒帐后，夫妇和谐长保守。从来夫唱妇相随，莫作河东狮子吼[1]。

撒帐完毕，紧接着就要"合卺"，合卺即为新郎新娘喝交杯酒。新郎和新娘用红绿色的同心结挽绾住杯盏，将两杯酒连起来，喝下这杯交杯酒。喝酒时，亦有诗相伴，如这一首："玉女珠唇饮数分，盏边微见有杯痕。仙郎故意留残酒，为惜馨香不忍吞。"饮罢，便把酒杯抛到床下。如果有一个杯子落地后复再弹起，另一个不动，则为佳兆。北宋王得臣说这是新娘往后会生下多个男丁的预兆。合卺之后就是"合髻"。合髻亦即"结发"[2]。新郎坐左，新娘坐右，剪下一缕头发，用梳子、钗子、发带等物，梳成绾在一起做信物。表达相爱到老、生死不渝的祈愿。

结发和合卺以后，新人在圆房之前，会再回大堂，向众人致敬，并接受他们的祝贺。双方家长行过互向亲家道喜的"新亲之好"礼后，喜宴即告开席。

---

[1] "河东狮吼"的典故来自于苏轼朋友陈季常的故事。陈素好声乐，并在陈府中养了一班歌女。他妻子柳秀英对此很恼怒。陈不识抬举，还邀请苏轼等人来同乐。柳秀英每闻他们的嬉笑声，都要抡起木杖，猛敲屋墙，怒骂陈。众客闻声惊奇，而陈也已吓成软脚蟹，走不动了。柳氏的郡望是河东郡，苏轼故以"河东狮子吼"戏之，诗曰："忽闻河东狮子吼，拄杖落手心茫然。"

[2] 关于结发的本义除了有婚媾的解读外，还有不同的说法。曹植的"与君初婚时，结发恩义深"、杜甫的"结发为妻子，席不暖君床"这两诗都写于乱世，先民或因行军打仗结发，而非为婚媾。除此之外，有人认为结发的本源是女方嫁妆所扎的记号。另一种解读认为结发是古时的成人礼，有"男子成年，已可成婚"的寓意。

南宋的新人出席喜筵前，会先到别室歇坐，与亲戚们敦叙亲谊，并喝数杯酒。宴后，新人再喝四杯酒，"以终其仪"。司马光《涑水纪闻》说："（庐州）嫁娶者，宗族竞为饮宴以相祝，四十日而止。"庐州为合肥旧称，北宋初期的庐州新人们想不吃成"合肥"都难！

婚宴后的婚仪，各地的俗例就呈现"多极化"的趋势了。下就"回门"作简单介绍。

"回门"在宋代称为"拜门"。初夜后的翌晨，在五更天的开封城，新娘要对着一张镜台"望上展拜"，此谓"新妇拜堂"；拜讫，再拜"尊长亲戚"，并给他们奉上缎子、绣花鞋、枕头，此称"赏贺"。长辈回以一匹布，这是给新娘的"答贺"。次日，新郎可单独，或带着妻子去看望新娘的父母。这叫"复面拜门"。新郎也可选在婚后第三天、第七天，再去拜门。南宋更可延至第九天。女婿到妻子的娘家后，他将受到岳父岳母的殷勤礼待，并款纳他们的赠礼。新郎告归，女方还会招请乐队，派他们陪送姑爷归第，行路间，乐师吹吹打打，好不喧闹！女儿嫁出后的第三天，即使姑爷未来拜门，父母都得派人给女婿家送去绸绢与油蜜蒸饼，这是"蜜和油蒸饼"，以寓夫妻感情亲密和睦、男方家业蒸蒸日上。南宋的杭州人管这叫"三朝礼"。女方家长若来回访，则称"暖女"。当女儿嫁满七天，他们可将她接回娘家去，送她合称绫罗、头面首饰等礼物。结婚逾月后，联姻的两家人"大会相庆"，大摆宴席，称为"满月"。南宋杭州的女方家人在"满月"时，还会送男方礼盒。孟元老走笔至满月之后，写道："至此以后，礼数简矣。"一套完整版的开封婚仪，方告终结。至于要不要照着孟元老的笔述，办一场如此繁缛的婚礼呢？这应可参酌吴自牧《梦粱录·嫁娶》的结言："若士庶百姓之家，贫富不等，亦宜随家丰俭，却不拘此礼。若果无所惜，则已之。"

婚前婚后——宋代婚恋面面观

风住尘香花已尽,日晚倦梳头。物是人非事事休。欲语泪先流。

闻说双溪春尚好,也拟泛轻舟。只恐双溪舴艋舟。载不动、许多愁。

——李清照《武陵春》

▲ 宋代磁州窑三色荷花瓷枕 (图片由网友"慢慢来"提供) 现藏于中国国家博物馆。

水精双枕——内帷之外

宋已婚女子禁与别的男人媾合，相形之下，男人就少了许多束缚。性是一个最能激起男人兴致的话题，宋代文人非但不会拒谈性，还常现于诗词意境中写性。一个和歌姬、舞女、妓女交往的文人，只要别太出格，就不会遭受旁人的斥责，他和她们的性事可能还会传为"佳话"。

请看欧阳修的这首《临江仙》：

> 柳外轻雷池上雨，雨声滴碎荷声。小楼西角断虹明。阑干倚处，待得月华生。燕子飞来窥画栋，玉钩垂下帘旌。凉波不动簟纹平。水精双枕，傍有堕钗横。

"水精双枕，傍有堕钗横"便是男女云雨之后的"侧面特写"。这首词据

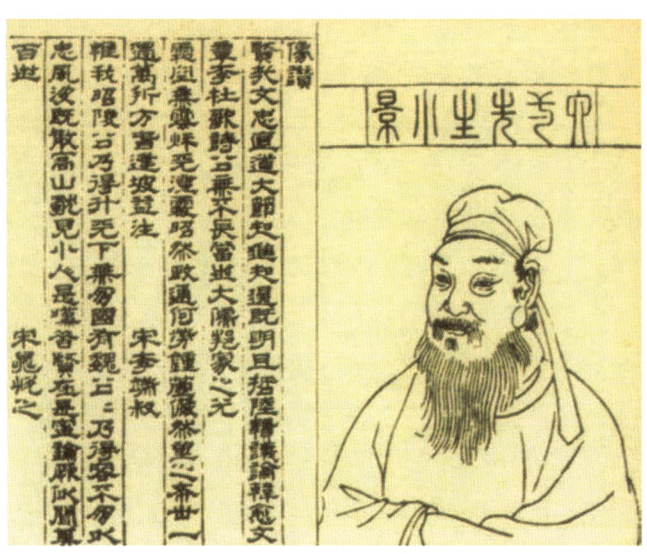

▲ 元刊本中的欧阳修赞咏及画像

说还有段有趣的来历。欧阳修出任洛阳留守钱惟演的属僚时，和一名官妓打得火热。一天，钱惟演与群僚在后花园会宴，欧阳修和他的情人俱未出席。许久，他们才姗姗来迟。众人面面相觑，都猜到欧阳修和她干吗去了，只是不好说破。钱惟演却决定捉弄这位女郎，他佯怒道："你为何迟到？"她吞吞吐吐道："我中暑了，就在凉堂里睡着了。醒后，发现金钗丢了，找啊找，还是寻不着。""你若能请到欧阳修即兴填词，我不但会饶了你，还会赔你一枝金钗。"钱惟演说。她的情夫欧阳修当然乐得卖个顺水人情，顷间写成《临江仙》。钱惟演也兑现了承诺，"而令公库偿钗"。

因受儒家"发乎情止乎礼"训诲的约束，宋代文人多不敢太过露骨地描画私情与幽媾。柳永毕生沉沦下僚，或许正与他的私德不谨有关。虽说八哥不该嫌乌鸦黑，但像柳永这般高调的仕林狎客，真是罕见。

自诩是"白衣卿相"的柳永之所以频遭同侪的白眼，可能一是因为他学而不精，屡试不第，二是因为他曾被多名妓女包养，并替她们编创淫秽的作品。《醉翁谈录》丙集卷二载："耆卿（柳永字）居京华，暇日遍游妓馆。所至，妓者爱其有词名，能移宫换羽，一经品题，声价十倍，妓者多以金物资给之。"南宋文论家胡仔说柳永"薄于操行"也不是全无根据的。且看柳永词《凤栖梧》的下阕："旋暖熏炉温斗帐。玉树琼枝，迤逦相偎傍。酒力渐浓春思荡。鸳鸯绣被翻红浪。"此词揭橥的只是柳永的原始肉欲。综合宋人的第一手资料，我们还能勾勒柳永的大半张游春图。柳永客寓汴京时，"日与纵游娼楼酒馆间"；居洛阳，"游东都南北二巷"；到金陵，与友人"游陵室之家，得累日"；回福建，他还"游于妓女珠玉之馆"。古今的文艺青年都憧憬着一场奋不顾身的爱情、一场说走就走的旅行，柳永以他个人的方式诠释了该如何让梦想成真。

宋代文人并非不能和妓女谈恋爱，但他们只要穿上了官袍，就只能和她们谈一场柏拉图式的精神恋爱。正所谓"礼不下庶人"，受着礼法管束的官员没有卧花宿柳的权利，法律不但严禁他们和官妓同宿，也不准他们与商妓媾合。

赵不池是一名小小的税务官,一日他偶过土窑子时,有土娼向他招手,他想到自己"身为见任,难以至妓馆",便压制了自己的欲求。并非人人都能像赵不池这么自律,要战胜自我的欲望可非易事。陆游就因为被控"燕饮颓放",罢官回乡。举报陆游的人并未冤枉他,陆游确曾与蜀妓有过亲密接触。不过,即便有官员眠花宿柳,一般也不太敢学那柳永大张旗鼓。以下这则花间逸闻可资为宋代男人多半会有"婚外性"的例证,还可窥知宋代官员与妓女相好时的概貌。

李之仪游幕长安时,迷醉于歌妓聂胜琼的温柔眸光里,几致沉醉不知归路。但宦游的人何能整日流连青楼,一张调令切断了他和她的你侬我侬,却斩不断聂胜琼的思念。聂胜琼悲恸欲绝,赋词《鹧鸪天》寄情:

玉惨花愁出凤城。莲花楼下柳青青。尊前一唱阳关曲,别个人人第五程。

寻好梦,梦难成。况谁知我此时情。枕前泪共帘前雨,隔个窗儿滴到明。

李之仪收下这首词,就径回京城。很不巧,这首《鹧鸪天》被李之仪妻子搜到了。李之仪妻子名为胡文柔,须信,青史留名的女子皆非平凡女子。在胡文柔的逼问下,李之仪吐出了实情。谁料,胡文柔竟拿出自己的私房钱,替聂胜琼赎身,将她收为李之仪的侍妾,玉成一桩花月情缘,使李之仪不至于落下薄幸的骂名。

张幼仪曾说:"奇怪的是,我们在床笫之间很自然地成为夫妻,新婚之夜头一次行房也是如此。却很自然就占有了我。"张幼仪语中的轻蔑,溢于言表,虽然她还为徐志摩掩饰说:"而且在这以前,我们都不晓得男人和女人的身体

---

① [美]张邦梅:《小脚与西服——张幼仪与徐志摩的家变》,黄山书社,2011年9月第1版,第87页。

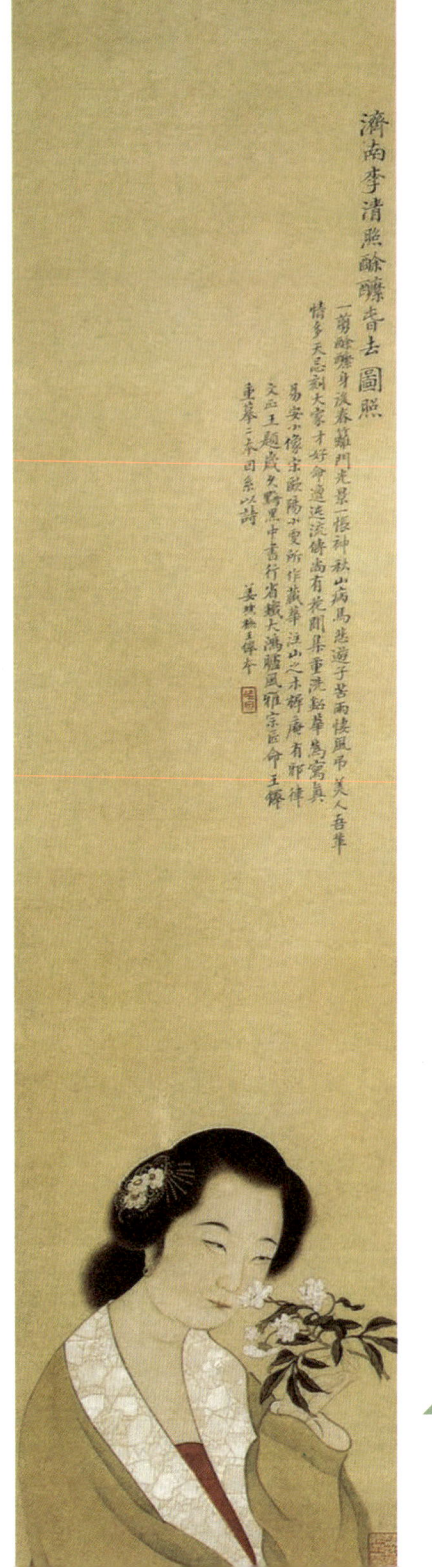

长什么样,所以我们得互相学习。"①虽然说有些事本该无师自通,但徐志摩却如此从容,还是颇值玩味的。旧时的中国男子在和父母安排的女子成亲前,倘已不是童子之身,也不足为奇。

再将视线转回宋朝。宋代士子因多处在青春期,再兼家境多较宽裕,找个红袖添香,社会和父母虽不提倡,但也不会谴责他们这么做。周辉怀想汴京学林时,在起首处写着:"承平时,两学作成之盛,不但英才辈出,为国之华;群居燕处,虽一时谑浪之语,人皆喜闻而乐道之。"北宋学子确如周辉所记,颇识红袖添香伴书卷的乐趣。汴京书生陈某的姘头是宋门的一名娼妇,那天,陈生和她在曹门的酒家聚饮,他一时兴起,就拟照"春秋笔法"在壁上记下他们的情史:"春正月,会吴姬于宋;夏四月,复会于曹。"有好事者续写其文:"秋饥,冬大雪,公薨。"意讥陈生若不懂节制,早晚人财两空,含恨而终。

宋代小说家自认肩负着宣扬教化的使

▲ 清人姜埙绘《李清照酴醾春去图》　现藏于无锡博物馆。

命，有时显得像个寓言家。沈君章就是他们塑造的一个借以劝诫世人的角色。在那红尘飘飞的时世，士子沈君章耐不住春色的撩拨，常去温柔乡买春。忽有一日，沈君章因在妓馆染上风寒，打道回府时双脚疼痛，母亲就按着他的腿说："我儿啊，娘看你读书甚苦，想是挑灯夜读，学堂又缺炭薪，才使你受冻！"沈君章直感辜负了母亲的殷切期望，默默发誓以后再也不去妓馆了。此文旨在劝士人一心向学，不要学坏了，而这也可作为宋代士人渐染陋习的旁证。

宋代学府也不是我们想象中的清净之地，周密《癸辛杂识》载，南宋太学生每在学舍集宴，必出"请帖"宣唤歌妓前来助欢。太学斋舍每出"帖子"，还敢印上各自的"斋印"，犹恐歌妓不知今夜的恩客是一班太学生。他们还有十余名"御用"皮条客为其物色佳丽。

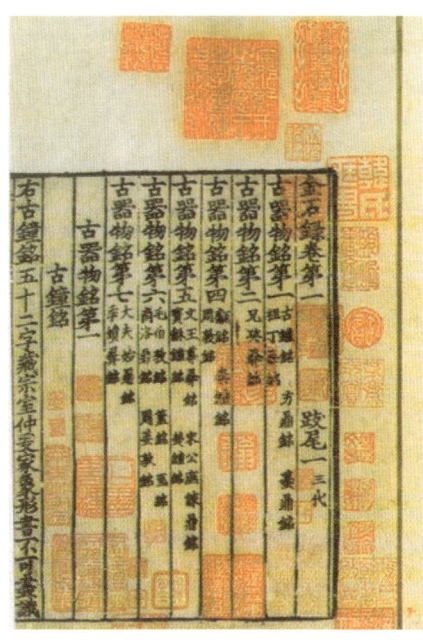

▲ 宋刊本赵明诚《金石录》　　　▲ 赵明诚手迹

恰同学少年，兼又无官一身轻，太学生自敢耽情花柳。古代男子不会以和妻子外的女人双宿双栖为耻，反倒可能会引以为荣。小莲、小鸿、小苹、小云都是晏几道的昔日情人，她们都不是晏府的女人，而是晏几道友人沈廉叔、陈君龙家的侍女。据晏几道《小山词》的自跋："始时沈十二廉叔、陈十君龙家，有莲鸿苹云，品清讴娱客。（我）每得一解（新词），即以草授诸儿。吾三人持酒听之，为一笑乐而已。"

除非是"乱伦"，否则男人纳妾是再自然不过的事。赵明诚在婚后，确有纳过妾侍的明证。但在李清照笔下，他仍将全部的爱给了她。她在《金石录后序》中写道，赵明诚弥留之际"取笔作诗，绝笔而终，殊无分香卖履之意"。"分香卖履"典出曹操的《遗令》："余香可分与诸夫人。诸舍中无所为，学作组履卖也。"翻成白话则是："我剩下的香料分给诸位侍妾，以后有谁无以自养，就去学编鞋。"曹操已为她们铺好了后路——学刘皇叔卖草鞋。李清照借此典故，只为向她们宣布她赢得了夫君全部的爱。现在仅列举几则不为纳妾所动的"君子"的例子与读者诸君分享。

连以严于律己著闻于世的司马光也曾经"被纳妾"。司马光年近四十，尚无子嗣。庞太师庞籍与司马光情同父子，他比司马光还着急，就和夫人商量，要为司马光纳一房妾，以续司马氏的香火。庞夫人遂向司马光妻子张氏说通了这事，张氏许诺会为后来者大开绿灯。庞氏夫妇选来的小妾进了司马府之后，司马光却对她不理不睬。庞籍以为是张氏碍着了司马光的好事，就和妻子邀请张氏过庞府赏花。张氏省悟到了庞公的良苦用心，临出门前，张氏对小妾说："等我一走，你就好好装扮，妆成，就去相公的书房。"妾侍到了书房后，司马光只觉碍眼，瞪眼大骂。这"桃之夭夭"的侍妾，唯得逃之夭夭。唯有"慎独"的人才是真君子，司马光固有其守旧的一面，也配得起"君子"二字了。

王安石和司马光亦敌亦友，他也曾有过一名妾侍。宋仁宗嘉祐年间，王安石妻子在丈夫不知情的情况下，买进了一名小妾。王安石到家时，见家里平白无故就添了一个人，就打听她的身世。得知姑娘因婆家家遭变故卖她还债，不觉动了恻隐之心，立即派人寻回她的丈夫，让他们破镜重圆。

这两则轶闻能说明两个问题。一、因为繁衍后代的迫切需要，不得已之下，"识大体"的妻子会帮丈夫纳妾；二、买妾不一定非由男子亲力亲为，妻子也可代劳。需要弄清楚的是，会大力支持丈夫纳妾的妻子毕竟不多，少有的几个也或许怕落得"七出"中的"嫉妒"之名。而男人讨小老婆为的是生子传嗣或只是一个借口，他们也许是冲着"一晌贪欢"而去的。

▲ **河南禹州白沙镇宋墓壁画** 壁画下方的妇女正接受儿子和媳妇的侍奉。在宋代，如果儿媳不孝顺公婆，丈夫就可以休妻，因为她犯了"七出之条"的之"不事舅姑（公婆）"之错。

桑榆岁晚——离婚再婚

古人在婚姻上的自由意志发挥的功用比我们想象的多,宋人亦不例外。南宋时已出现自主择偶行为:"男自负女而归,不烦父母媒妁引也。"

话本《闹樊楼多情周胜仙》的女主周胜仙是开封人氏,她在樊楼偶遇男子范二郎而一见钟情,就借买糖水为由,搭讪说:"我是曹门里周大郎的女儿……我是不曾嫁的女孩儿。"经过几回合的言语交锋,范二郎说:"我不曾娶浑家(妻子的别称)。"孰料郎情妾意天不惜,互生爱慕的男女成不了眷属。

话本是宋代新兴的城市文学,它面向的受众人群是市民。张爱玲曾说:"中国观众最难应付的一点并不是低级趣味或是理解力差,而是他们太习惯于传奇。"宋代笔记小说家为了满足国人的猎奇心态,就常在书中记录或是杜撰一些极不寻常的故事。不过,若征信于两宋的风情实录,大宋应还有成百上千、敢爱敢恨的"周胜仙"。

然而,这些自主择偶的行为在宋代婚恋大观园里只是转角处的小草,未蔚然成林。两宋300年间,保守势力还在坚守着他们自认的礼教阵地,奉命成婚的阵地从未失守。人们说"缺少爱情的婚姻是不道德的婚姻"。此言不差,但是,我们不能武断地为宋代的非自择婚姻都安上一个"封建桎梏",因为凡事都有它的情由。

政治联姻在中国历史上屡见不鲜,《礼记·昏义》在讨论结婚的意义时就开宗明义地说:"昏礼者将合两姓之好,上以事宗庙而下以继后世也。"古人在考虑婚姻时重家族利益甚于子女意志。凡此种种,皆因一个"利"字作怪!然而,名利的世界有时也会开出玫瑰。先结婚后恋爱是宋代男女所走的主轨道。

李清照和赵明诚的琴瑟之情,千百年来为国人所津津乐道。李与夫婿志趣相投,闲暇时,协同丈夫校勘古书,品茶对饮。清人纳兰容若《浣溪沙》有曰:"谁念西风独自凉,萧萧黄叶闭疏窗,沉思往事立残阳。被酒莫惊春睡重,赌书消得泼茶香,当时只道是寻常。""赌书消得泼茶香"正是赵明诚伉俪的"当时寻常事"。茶烟袅袅中,他们商定,一方先说一段文字,对方要说出它在某书某页,答对了才准喝茶。但泛常的结局是双输:赢者笑不拢嘴,而泼翻了茶水。

在宋代,女子在结婚和离婚时都相对处于比较被动的地位。已婚女子虽不能主动提出离婚,可法律也有"但书"。两宋有明令,如果丈夫外出三年不归,可听从妇女改嫁;男子因罪移往外地服刑的,妻子也准提出离婚。除此之外,妻子也能变相逼自己的丈夫先提离婚。北宋末年的士人章元弼酷爱苏轼诗文,手不释卷。妻子陈氏深感羞愤,陈氏是远近有名的大美人,章是个丑男子,可他还不懂珍惜,不爱美人爱读书。陈氏要丈夫做出抉择:要她,还是要苏轼的文集。章元弼好爽快,不假思索,写讫一纸休书,任从陈氏改嫁。像这种因丈夫"移情别恋"而离婚的事只是零星的实例。

离婚对女子的伤害极深,她除会遭到世俗的讥嘲,回娘家后,可能还须接受父母的"再教育"。司马光认为必要时,男子应当休妻,该休就休。他还劝诫离婚女儿的父母,得将自己的女儿假想成有过错的一方,并担起改造女儿的重责。宋代法律说得明明白白:"夫有出妻之理,妻无弃夫之条。"这种思想会将人们导向离婚多因女子失德的误区,因为这"出妻之理"的解释权只归男人所有。

妻若弃夫会受罚。但历朝历代都不乏明知山有虎,偏向虎山行的奇女子。赵明诚死后,李清照改嫁张汝舟。胡马窥江的离乱之世再不许她轻解罗裳,独上兰舟,年近半百的她只想寻求一个可供停靠的安稳港湾。但李清照的这段婚姻只存续三个多月,那天,她醒悟了,张汝舟只是贪图她前夫赵明诚的遗产!她在凉薄的张汝舟那里也感受不到半点的暖意。宋高宗绍兴二年(1132年)八月,49岁的她决然踏入衙门,检举张汝舟以权谋私,并请官府准她和张汝舟离婚。李清照告倒了张汝舟,"其后有司当汝舟私罪,徒,诏除名(革除官职),柳州编管"。李清照亦因犯法,易服成囚。按《宋刑统》,妻告夫虽得实,最少也得住两年监房。不过，李清照在朝中人脉颇广，权臣秦桧的夫人王氏就是她的表姐妹，李清照本家与前夫家亦多有仕宦者，经亲友们的奔走，她只在狱中住了九天。李出狱后，在一份致谢信中谈及百十天来的遭遇："友凶横者十旬，盖非天降；居囹圄者九日，岂是人为。"揣其话意，故知李清照是自愿嫁给张汝舟，也可说自找罪受，其自言的"十旬（百日）"之难即是显证。此后，李清照独居了20年左右，直至辞世。

"为尊者讳"是治学的大敌，在理学初兴的南宋末年，渐有李清照的仰慕者强辩说她不曾改嫁张汝舟，晚近的学者亦步其后尘，复持本论，大概在他们潜意识里，才女李清照不应是一个"失节"的妇女。不过，他们的推论既不客观，也与史实相抵触。也许我们都忽略了，有许多宋代的名流本就是"失节"妇女的儿子。

范仲淹生母在丧夫后，带着儿子，改嫁朱氏。在范仲淹中举之前，范仲淹并不姓范，而是袭用继父的姓，之后，进士"朱说"才易名为"范仲淹"。范仲淹正因为深知母亲的艰辛，才一向鼓励并支持寡妇改嫁。范仲淹长子范纯祐英年早逝，仲淹长媳亦"嫁作他人妇"，她的后夫就是范仲淹的门生王陶。王陶丧妻之后，范仲淹就撮合了自己的门生和寡媳。范仲淹订立的苏州范氏公约中就有凡本族的妇女

▲ 元人绘范仲淹、范纯仁像

再嫁，范氏义庄一律资助 20 贯或 30 贯的规定。

宋人没有统一的贞节观，因此既有誓不改嫁的贞妇，也有多次改嫁的贵妇。两宋名人妻妾、亲属改嫁的例子极多。宋哲宗生母是神宗皇后朱氏，朱氏生父姓崔，母亲后改嫁朱氏，她本人则由养父任氏抚养。哲宗接位后，他的三位"外祖父"均获赠官。岳飞前妻刘氏在战乱中将婆婆与儿子抛下不管，改嫁韩世忠麾下的将校。岳将军获悉此事后，还送了刘氏 500 贯钱，助她度时艰，在确信前妻过得好之后，方才续娶李氏。那个口口声声说"饿死事小，失节事大"的程颐，家里就有多个改嫁他人的寡妇。两宋的理学名家中，洛阳程氏拥有最高的"失节"妇女比例，这是理学家最不愿看到，也最不愿承认的。所以，奉理学为官学的元人在编史时，就默默删掉了程门的那些"破事"。

宋人对再嫁寡妇的态度，比我们想的还要友善。宋代法令规定，妇女丧夫之后，若立志守寡，她的祖父母、父母均可强令她改嫁。如果有人阻止孀妇改嫁，则会授人口实。仁宗时，监察官唐询上告说，参知政事吴育私心自用，禁其弟媳再婚。吴育弟媳是驸马的妹妹，唐询猜测吴育不准弟媳再嫁的目的是保住他与权贵的关系网。理学家是夫权的强硬支持者，但两宋时期理学力量微弱，无从"肃清"妇女改嫁的"鄙俗"，唯有打嘴炮的本领罢了。

帝国大厦的上层有再婚女子的容身之地，下层就更不必说了。阿区是南宋的一名民妇，她初是李孝标的妻子，孝标过世后，改嫁李从龙。从龙死，她再嫁梁肃。这回，孝标弟弟李孝德站出来了，说他前嫂子不可三嫁。胡颖亦是本案的审判官，他对阿区虽无好感，还是批示道："李从龙既死之后，或嫁或不嫁，惟阿区之所自择可也。"

女子再婚还能得到俗世的祝福。宋人献给她们的祝词写得极是得体："令女月亏阴缺，喜兔魄以重圆。"也就是说，宋人认为一个没有男人的女人是有所亏缺的，再婚是可被接纳的婚恋形态。

为了维持性别平衡，还是兼谈男人续娶的那点事儿吧。古代的贞节枷锁只套在女人颈上,男人再娶,不会遇到多少伦理上的障碍。

中国悼亡诗词的写作者多是男子,怀咏的对象多是他们的妻子。比如梅尧臣的这首《悼亡》:"结发为夫妇,于今十七年。相看犹不足,何况是长捐!我鬓已多白,此身宁久全。终当与同穴,未死泪涟涟。"再如苏轼的《江城子》:"十年生死两茫茫。不思量,自难忘。千里孤坟,无处话凄凉。纵使相逢应不识,尘满面,鬓如霜。夜来幽梦忽还乡。小轩窗,正梳妆。相顾无言,惟有泪千行。料得年年断肠处,明月夜,短松冈。"

只是,天人永隔的深哀剧痛却没能挡住梅尧臣和苏轼续娶新妇的脚步,隔不到几年,他们的主卧又有了新的女主人。

续弦的男人很少会娶寡妇,他们的新妻子多数还是未经人道的处子。这不是仅仅因为男人想尝鲜,还因为十个寡妇中,心中还有火花的恐已不多,而十个鳏夫,可能都还有再入闺苑的情思。一个衣冠楚楚的中年士绅,如果娶了一个已是明日黄花的妇人,那他的居心就深值窥探了。李清照和张汝舟的百日婚姻还不是最典型的例子。

他们如何都比不过张齐贤、向敏中和柴氏联袂主演的那场三角闹剧。张齐贤和向敏中均是真宗朝的宰相,二者曾因争娶开封城的一名富孀而闹得沸沸扬扬。这富孀姓柴,原为太祖朝宰相薛居正养子的儿媳。寡居时,她和前夫侍妾的两个儿子处得不好,便想离家改嫁。张齐贤手快,抢先娶到了柴氏。薛家的两个不肖子颇不悦,推定柴氏携父祖家业私逃,为此将柴氏告到了开封府。开封府将案子转到御前,听候皇帝裁断。宋真宗派人去询问柴氏,但得来的供词和薛家的状词颇见出入。所以,本案转归御史台复审。几乎是在同一时间,在"竞娶"中落败的向敏中教唆薛居正的孙子典卖家产给他。皇帝早知薛居正的孙儿不成器,故曾下诏禁其卖掉祖业。柴氏是不好惹的狠角色,将这事捅到了君座之前,说是向敏中求婚不果才离间她和薛氏子弟。向敏中因此罢相遭贬。但终局却是两败俱伤,柴氏的状纸是张齐贤儿子张宗诲写的,这么说来,张齐贤就不比向敏中高尚，他后来也丢了相印，谪往京外。

他们的事正应验了"有钱能使鬼推磨"的那句古谚。有钱的孀妇也是抢手货，宋话本唱道："酒是色媒人。"这话不对，钱才是真正的色媒人！只有那些有强烈廉耻感的鳏夫才能抵御铜臭的诱惑。

宋代男子续娶还有一个特点，就是他们似乎热衷于娶前妻的妹妹。南宋的姚勉在前妻邹妙善去世后，曾试探过岳父的口风，问他可愿将妙善的小妹嫁给他。邹家的人对此不太感冒，只有邹父还给姚勉留了点余地。五年之间，有多人来邹府提亲，想娶妙善的妹妹，邹父悉数婉拒。姚勉赴举夺魁之后，邹父就把小女嫁给了姚勉。

欧阳修也两度成为同一家人的女婿。他合共结过三次婚，后两任妻子都是名臣薛奎的女儿。古人还专为此事编了一则笑话：古音中的"蛇"与"姨"同音。欧阳修问一个人为何迟到时，那人说："我刚才在路上耍蛇，先弄大蛇，再耍小蛇。"欧阳修闻罢，一阵长笑。答者盖嘲欧阳修先娶大姨子，再娶小姨子。

苏轼前后结过两次婚，他的第一任妻子王弗和第二任妻子王闰之是堂姐妹，所以苏也可算是娶了已逝妻子妹妹的人。有西方学者说这是一种普遍且令人奇怪的亲戚间通婚。实不然也，这只是中国上古陪嫁制的余绪。南唐王李煜奉大宋正朔，实质上是大宋的藩王，他的大小周后都是周宗的女儿。

"一女不事二夫，忠臣不事二主"是传统礼教的核心。可那"二女事一夫"不但不会遭到人世的鞭挞，还会被誉为"齐人之福"，更不会听到高举"天理"大旗的道学家作出声讨。

后人对理学有着较深的成见，平心而论，理学也不尽然像我们想的那般负面。何况，理学的大门派程朱理学常遭南宋官府打压，他们自顾不暇，何曾有闲暇禁锢思想，压制人性？道学还曾被禁数十年，一直到南宋亡国的前夜，才被立为官方正学。宋人修《唐史》不著《烈女传》，元人修《宋史》列有《烈女传》。元人苦苦搜录，也只从两宋300年中搜出43名"烈女"，而且她们并非都是守贞不嫁的寡妇。《宋史》主编脱脱长叹息曰:"女子生长环堵者之中,能著美行垂于汗青,岂易得哉?"数百年之后,《烈女传》的采编者不必再叹息史料过少了,仅朱熹的故里江西婺源就立有100多座"贞节牌坊"。时光之轮转到了此刻,它是前进了,还是倒退了?

理学家招人嫌不是因为他们的学说,而是他们像个长舌妇似的絮絮叨叨,对别人的私生活乱加指点。正是他们的"爱管闲事",又专挑软柿子捏,才引发后世的激烈反抗。于是乎,理学家的祖师爷就替他们挨枪了。朱熹原就背负着"纳尼姑为妾、诱奸儿媳"的道德包袱,现在他的"风流账"上又添注一笔——玩人妖恋,说他爱上了胡丽娘那只狐狸精。理学是一道迷障,只有破除这道迷障,我们才能观见摇曳生姿、五彩斑斓的大宋往景,以及景中的每个人,而不是一张张失真的旧照、一个个冰冷的面具。

▲ 朱熹像

暖泉初清——洗儿趣谈

翁家洗儿众人喜,不惜金钱散闾里。宛陵他日见高门,车马煌煌梅氏子。

——欧阳修《洗儿歌·为圣俞作》节选

◀ 宋·佚名《扑枣图》 现藏于台北故宫博物院。

在长辈们的注视下,一个粉嘟嘟的初生婴儿被抱进了香气四溢的澡盆中,大人们都露出了幸福的笑容。不要误会,这不是基督教的婴儿受洗礼,而是唐宋故俗"洗儿"。

洗儿是我国育儿风俗之一,除过洗浴,还包含赠赏、宴乐等内容,意为小儿祈福。洗儿多在婴孩生后三日或是满月举行,故又称"洗三"。洗儿起于何年,连以博学著称的南宋大学士洪迈也不清楚,他说:"莫知其事例之所起。"

洗儿的根芽应发自南朝。据颜之推说,江南人有为满月的孩子"制新衣,盥浴装饰"的时俗迟至盛唐时期,洗三礼应已定型。唐朝是女权高涨的年代,洗三亦不限于男孩,生了女孩也应庆祝。

唐朝最香艳、也最令人反胃的洗三,是杨贵妃在唐玄宗的眼皮底下给安禄山进行的洗三。据《安禄山事迹》载,天宝十年(751年),安禄山过完生日的第三天,杨贵妃特诏她已满50岁的干儿进宫,替他补办洗三。洗罢,就要用襁褓将孩子裹住。"绷"即是"裹",是日,杨贵妃以"以锦绣为大襁褓",把安禄山这个异族"大胖儿子"绷住。在旁观礼的唐玄宗李隆基龙颜大悦,"因

▲ 宋人绘《妃子洗儿图》

▲ 宋人绘《洗儿图》 现藏于美国大都会博物馆。

赐贵妃洗儿金银钱物,极欢而罢"。自此,宫人都称安禄山为"禄儿",任他自由出入宫禁。很不幸,她们都看不出裹在锦绣襁褓下的狼子野心。十年之后禄儿即揭竿而反。

五代十国时,各国宫室也承袭唐制,每有新生儿降诞,照例举行洗三的贺仪。宋太祖、宋太宗是扫平五代大乱局的定鼎之君,列国渐被翦平。洗儿的风习也不再局囿于列国的宫墙内,而是飞入了寻常百姓家。宋代时,洗儿已是全民盛事,内容与形式都有所增益,隆重与繁杂程度均远胜前代。不管是帝都皇宫,还是小城民居,凡有夜莺般的婴啼声,不多时即有洗儿盛会。洗儿之期不只定在诞后第三日,孩子满月时亦可。如王禹偁的一首诗所言:"洗儿已过三朝会,屈客应须满月筵。"但如无特殊情况,宋人多倾向于前者。

宋代洗儿的详貌见诸时人的多种笔记。据《东京梦华录·育子》所述,开封洗儿庆礼可分"落脐炙囟"和"洗儿会"两个阶段,前者在产后第三日进行,后者在满月进行。

"囟"即"囟门",粤语称作"脑笋",指的是婴儿头顶未闭合的地方。"落脐灸囟"即为去除脐带的残余,又敷以明矾,熏灸孩子们的囟顶,表示孩子已脱离胎儿期,正式成为一名婴儿。

洗儿会这天,亲朋们欢聚一堂,在盆中煎煮香汤,并放置洗儿果、钱、葱蒜等物。用数丈彩布绕着盆子,名曰"围盆";以金银钗子搅水,名曰"搅盆",宾友们将钱撒在水中,谓之"添盆"。澡盆中倘有一颗直立的枣子,妇人们会争着抢吃,因为"枣子"音同"早子",寓意早生贵子。洗毕,家人便剪落孩子的胎毛,装进盒中。随后,大人抱着小孩,先向赏面过来的亲朋戚友道谢,再抱入乳母房中,这才算走完洗儿会的必具流程。

洗儿浴汤中的物料,可分成两类,一类是保健类的药材,如唐代药王孙思邈建议婴儿在三日洗浴时宜用的桃根、李根、梅根诸物,他认为这些东西有"令儿终身无疮疥"的奇效;一些富人会在汤中添入虎头骨熬煮,据说在小儿初生时煮虎头骨,能让小孩至老无病;穷人也许买不起虎骨,他们就会在澡盆中摆上能杀菌的蒜头。另一类是寓意吉祥的物品,如喻示富贵的金钱,与"聪"谐音的葱等物。在这点上,开封人和福建人的看法是一致的。苏轼说:"(福建人)三朝浴儿时,家人及宾客皆带葱、钱,曰葱使儿聪明,钱使儿富。"《梦粱录》对南宋临安洗儿的描述与《东京梦华录》大同小异,其不同点主要是称谓的不同,还有就是杭州人不往盆中摆置葱蒜二物罢了。

因有各种各样的差异,各家各户的洗儿也会略有不同。苏轼是宋代最具幽默感的文人,有他在场的洗儿会,想不笑都难!

他的老友、湖州太守李公择家中喜添丁口,连摆三天宴席,与亲朋同乐。俗谚道吃人嘴短,苏轼都快吃掉整头牛了,自应回馈好客的李公择。他不待主客三催四请,而径自献宝助欢。他选用了《减字木兰花》词调,轻快地哼起了词儿:"惟熊佳梦,释氏老君亲抱送。壮气横秋。未满三朝已食牛。"上阕只是个凡庸的叙事，接下来他转入了下阕，这时李公择将喜宴上的礼钱和喜果都分给了众客，苏轼便以词为谢："犀钱玉果，利市平分沾四坐。"转念又思考自己和其他宾客算不算无功受赏。所以他再哼道："多谢无功，此事如何到得侬。"主宾们省得苏轼的寓意后，顿时开怀纵笑。原来这句话来历不凡，《古笑林》有载，晋元帝司马睿因得皇子，大宴百官，大臣殷羡谢恩道："臣等无功受赏。"司马睿差点懵了，待回过神来，他说："朕生儿育女，卿等岂容有功？"

苏轼既擅长于嘲人，也擅长于自嘲。宋神宗元丰六年（1083 年），侍妾王朝云生下男婴。这是苏轼第四子，名苏遁，小名干儿。在苏遁的满月宴上，苏轼亦给干儿办洗儿会。在这喜庆的日子里，可以推知亲友们一定致以多句口彩。苏轼悉数领受，然却别是一般滋味在心头。可他不能败兴啊，唯笑吟《洗儿戏作》：

人皆养子望聪明，我被聪明误一生。
惟愿孩子愚且鲁，无灾无难到公卿。

诗近白话，但往深里想，此诗绝非逗人笑的"戏作"。传统中国是宗法社会，人情社会，裙带社会皆因之而来。庸人当道，才命相妨也都是常态。苏轼惯看"文章憎命达，魑魅喜人过"，仕宦 20 余载，每每忠而见谤，信而见疑。他以才气和耿直酿出一杯苦酒，自己喝完便罢，可不愿孩子们也来分一口。他一愿儿子别像他老子被聪明所误，这是父亲诚挚的祝愿。二愿儿子能凭"愚鲁"致位公卿。苏轼自己也明白那是不可能的，只是借以揶揄某些"愚且鲁"的在位公卿。

还是明末诗人钱谦益看得透，他说："还愿生儿狷且巧，钻天蓦地到公卿。"那些"愚鲁"的公卿只是比苏轼圆滑，更长于钻营，所以"无灾无难到公卿"，而苏轼则"多灾多难到黄州"。王国维《人间词话》说："社会上之习惯，杀许多之善人。文学上之习惯，杀许多之天才。"千年之后，王国维仍与苏轼同悲！

雏凤新声——人生的春天

慈母手中线，游子身上衣。临行密密缝，意恐迟迟归。谁言寸草心，报得三春晖。

——孟郊《游子吟》

▲ **南宋·苏汉臣《长春百子图》局部** 两宋时期，尤其是在南宋，婴戏图的创作出现了极为兴盛的局面，这与当时的社会现状与统治者的政策有着密切关系。彭德先生在《中国美术史》一书中说："'婴戏图'是南宋以后风俗画的另一重要题材，其流行同社会鼓励生育有关……南宋早期画院画家苏汉臣以画婴戏图著称，可窥当时朝廷的人口政策。"

寸草春晖

古罗马诗人奥维德曾将春天喻为人生的童年。诚然，春天是四季的起始，正如童年是人生的开端一样，是等待丰富来临的美妙前奏。可在古代，孩子的童年总是让大人忧心忡忡，宋代谚语说："莫言家未成，成家子未生；莫言家未破，破家子未大。"它道尽了宋人因为人生易尽、世事无常而生的焦虑感。一个孩子能活到成年，真是来之不易的幸事。

北宋徐积诗谓："朝看他人儿，暮看他人子。一日一夜间，十生九复死。"此诚"肠未断，心先摧"的痛心事！人生苦短，宋代君民概莫能外。两宋18帝共育有子女181人，早夭者82人，活过婴儿期的有99人，夭折率近半。苏洵和妻子程氏共育有6个儿女，仅只有次子苏轼、幼子苏辙、幼女苏八娘能长到谈婚论嫁。条件比他们差的普通人家，孩子的存活率想必更低了。

在科技未臻昌明的古代，古人认为孩子夭亡系因果报应或者不敬神灵。父母为求孩子能平安无事，通常会四处求神。邵雍①47岁始为人父，常言"五十知天命"，却无法预知孩子的天命，唯向天公祈祷，求请天假以年：

> 我今行年四十七，生男方始为人父。鞠育教诲诚在我，寿夭贤愚系于汝。我若寿命七十岁，眼前见汝二十五。我欲愿汝成大贤，未知天意肯从否。

有的父母会给小孩子取个贱名来保平安。《道山清话》载，欧阳修向来不信佛，却给孩子取了"僧哥"的乳名，人问其故，欧阳修说："小家人儿要易长易养，往往以贱名为小名，如狗羊犬马之类。"不能说这些都是愚昧无知的封建迷信，

---

① 邵雍（1011—1077年）：北宋哲学家、易学家，有内圣外王之誉。著有《观物篇》《先天图》等。

只能慨叹一句"可怜天下父母心"。

常言道"男主外,女主内",在宋代家庭生活中,母亲亦发挥重要作用。袁燮①夸赞妻子边氏是人母的典范。边氏19岁嫁入袁府,并养大了和丈夫所生的八个子女,而无一夭逝。袁燮记述道:"男女八人,自乳其七……儿小不安,终日抱持,未常置之衽席,委之他人也。察之微,护之谨。故咸遂以长;而无夭折之难。"

宋代并无"女子无才便是德"一说,饱读圣贤书的妇女不在少数。女子知书达理是士人阶层的期许,司马光认为女子最该读的书是:"女子在家,不可不读《孝经》《论语》及《诗》《礼》。"宋代的知识女性还常将她们的孩子引进文学的世界。欧阳修父亲过世时,他年仅三岁。母亲郑氏携着欧阳修兄妹,千里迢迢投奔在随州任职的小叔子欧阳晔。欧阳修一家寄居随州时,郑氏常去河边采摘荻花的根管,给欧阳修当笔用。欧阳修就蹲在河滩上,用荻管作笔,幼沙当纸,习写母亲新近教他的汉字。

孩子的启蒙教育必不可少已毋庸再论,而他们的母亲则是最佳的早教灵魂工程师。苏洵常年负笈游学,程氏便接过教儿读书的担子。程夫人曾给苏轼兄弟讲读《后汉书·范滂传》。范滂是东汉名儒,为人忠正廉直,却遭阉党陷害而被杀。赴义前,他和母亲诀别:"弟弟也是孝子,他将

▲ 宋·佚名《女孝经图》中宋代的知识女性

---

① 袁燮(1144—1224年):字和叔,庆元府鄞县(今浙江宁波)人。南宋政治家、教育家、哲学家。

替我赡养母亲。我今将赴黄泉，母亲请勿伤怀！"范母道："儿子如今既有立朝直声，死又何憾？名誉与生命何须兼得！"程氏读罢此页，感慨良久。苏轼忽然问她："我若要做范先生这样的人，你能允许吗？"但在那个崇尚取义成仁的宋代，苏轼的母亲程氏却一字一钧地说："儿若愿做范滂，娘就当不得范滂之母？"

有时候，母亲积累起来的人脉资源还可给自己的孩子带来意想不到的机遇。米芾与苏轼、黄庭坚、蔡襄不同，他是"宋四大家"中唯一一名未登榜而跻身官途的书法家。这真得谢谢他的娘亲。米芾生母曾是侍奉皇室的乳母，米芾长大后，才因母亲的贡献得蒙皇室恩泽，混了个小官。宋人极重科考，他们不拼爹，拼的只是自己的真才实学，"拼娘"的米芾虽与皇室沾点亲故，却仍遭士层的轻视。杨万里《诚斋诗话》载，润州（今江苏镇江）大火，城中名迹唯存李卫公塔和米老庵。米芾庆幸之余，就在塔上题写"神护卫公塔，天留米老庵"一行字。有"轻薄子"偶经此塔，在米芾题字的"塔"与"庵"字前边，续添爷娘二字。米芾看了"天留米老娘庵"，气得破口大骂。

母亲对孩子的期待男女有别，大宋金榜上只有男子的名字，女子并无迎战科考的压力。母亲虽也会教自己的女儿识字，但她们会将较多的精力花在传授女儿烹饪、养蚕、种桑、纺织、裁缝等生活技能之上。母亲对子女有着不同的要求。譬如，程氏就不会教她的女儿苏八娘"取义成仁"，因为"天下兴亡，匹妇无责"，她只希望女儿做个蕙质兰心的闺女。

在宋代，一个家庭中承担抚养孩子重担的女性除了孩子自己的母亲，乳母也起着重要作用。在士人之家，乳母是常设的角色。现代医学提倡母乳喂养婴儿，但宋代医学认为这么做将损害母亲的健康，哺乳就会失血。宋代医生说："世俗之家，妇人产后复乳其子。产既损气已甚。乳又伤血至涤。"因此，雇一个乳母就成了保护新妈妈身体的权宜之计。孩子的性格极易受身边环境的影响，与他们形影不离的乳母的品性自然会影响到孩子的三观。有些乳母同孩子的感情甚至不比母亲差，苏轼对其乳母任采莲的人品大为推崇，还在任氏死后为她撰写墓志铭。任氏哺育过苏轼和他姐姐，共在苏家服侍35年，亦曾随侍少主苏轼走马兰台，飘蓬江海，并将苏轼的三个儿子带大。

孩子和母亲较为亲近，对父亲却是又敬又畏。苏洵在家时，对二子的督管甚严。他曾要苏轼于某日前读完《左传》。到期时，苏轼只读了十几页，惊得就如吞了鱼钩的池鱼，坐立难安。50年后，漂到海南的苏轼在夜梦里犹记此事，宛如梦中惊梦："怛然悸悟心不舒，起坐有如挂钓鱼。"但苏轼没有怨恨他的父亲，只对他抱有感激之情。正是苏洵和程氏的刚柔相济，循循善诱，才炼成这个中国文艺史的旷代奇才，可树欲静而风不止，每个子女都来不及报偿双亲的恩情。寸草余心，岂足报得三春晖？

做父亲的会给孩子立下许多必须谨遵的教诲，如长辈站立时，晚辈不得就座；长辈劝饮时，晚辈不能推托不喝等。苏轼祖父苏序虽只是一个会写打油诗的乡绅，却从不骑马，他说："乡里还有那么多年纪比我大的长者徒步而行，我在鞍上见他们就太傲慢了！"

当然，也有不太尊亲的"不孝子"。文武双全的南宋大词人辛弃疾拟请朝廷准他解甲归田。但儿子劝老爹再缓缓：老爹还未购入田产，无田可归啊！辛弃疾骤然火起，感叹这犬子庸俗到家了！他挥笔填了一首《最高楼》，并在词序中点明这是一首骂人的词："吾拟乞归，犬子以田产未置止我，赋此骂之。"具体内容如下：

> 吾衰矣，须富贵何时。富贵是危机。暂忘设醴抽身去，未曾得米弃官归。穆先生，陶县令，是吾师。待葺个、园儿名佚老。更作个、亭儿名亦好。闲饮酒，醉吟诗。千年田换八百主，一人口插几张匙。休休休，更说甚，是和非。

读罢，不禁莞尔。孩子永远不让人省心啊！

无忧童年

含饴弄孙是人生一大乐事，南宋魏了翁就有诗记载这夕阳闲趣："闲中书日月，随处弄儿孙。"古时启蒙教材《训蒙骈句》中亦有"曳丈高人，园菊径边寻故旧，荷锄野老，海棠花下戏儿孙"的温馨文句。少年不识愁滋味，跟他们在一起，成人可以放下戒备与焦虑，他们的欢声笑语也总能将成人波澜的心境抚平。

苏轼任密州太守时，灾难频生，忙于普济灾民的他总感精疲力尽。那天，他一回到官邸，就把自己关进房中，想一个人静静。他三岁的儿子苏过却溜了进来，牵扯爹爹的裤脚，非要爹爹陪他玩。苏轼却嫌小孩子吵闹，喝住了苏过，叫他放手。苏过大受委屈，跑去找妈妈哭诉。苏轼还在房中生闷气时，妻子王闰之托着满盘酒肴，推门而进。她劝慰说："小孩子不懂事，不也挺好吗？至少过儿能无忧无虑，我还怕过儿不快乐呢！我看你呀，还真不如咱家过儿！别绷着脸了，满饮此杯，乐一乐吧！"老婆说得太对了，苏轼接杯畅饮，愁眉顿展欢眉，还把即日的家常琐事写入《小儿》诗中：

> 小儿不识愁，起坐牵我衣。我欲嗔小儿，老妻劝儿痴。儿痴君更甚，不乐愁何为。还坐愧此言，洗盏当我前。大胜刘伶妇，区区为酒钱。

人生识字忧患始，像苏过这样的学前稚童，因为都是"痴儿"，不懂人间的残酷与人世的虚伪，所以也就"不识愁"了。他们的第一要务是玩。

相国府的小公子晏几道，幼时结识了一个年岁相仿的小女生，她生得"笑靥旁边心字浓"。"家在秦楼更近东"的她虽是风尘女子的女儿，但这不碍于她和小晏公子的两小无猜。本朝宰相晏殊也未曾插足他这个"贵人暮子"的幼年交际圈。

▲ 宋·佚名《小庭婴戏图》

宋·佚名《秋庭婴戏图》

  司马光也因为玩得好,玩出了"司马光砸缸"的故事。后来这个故事被画家绘成了《小儿击瓮图》,热销洛阳与开封两城,从而使司马光成了家喻户晓的大宋童星。

  苏轼兄弟在眉山一同度过他们的童年,兄弟俩常去眉山城里的集市溜达,"忆昔与子皆童丱,年年废书走市观",在市上,有人送了苏轼一把"却鼠刀",这柄"却鼠刀"有一个奇效:使用前,在窗明几净的室内,焚香祷告,此室便无鼠迹。苏洵遂以"却鼠刀铭"为题目,让苏轼写作文。苏轼写罢,父亲苏洵很高兴,便像今天的家长将孩子们的奖状贴上墙那样,将苏轼的佳作钉在墙上。

  父母们虽教导子女们要做一个"温良恭俭让"的好孩子,但野性未褪的孩子们在打闹时,玩起拔河、击球、斗草等角力类游戏时,就都把父母的训教丢到九霄云外去了。

"斗草"亦称"斗百草",它多是少女和孩子所玩的游戏。始载于南朝梁的《荆楚岁时记》:"五月五日,四民并踏百草,又有斗百草之戏。"宋代斗百草之戏极盛,"斗草"故成宋词的高频语词。斗草是怎么个斗法,我们已难勾画出个眉目,唯借古人寥散的述录,窥其一二。

宋代的斗草或可分成"文斗"与"武斗"两类。宋代孩子们可在庭前街下,或在园池近畔斗草,前见晏几道《临江仙》"斗草阶前初见",后见仇远《好儿女》"把西园、斗草芳期阻"。这两首词的斗草应是一种以花草的品类与新奇分胜负的文斗。以"田园杂兴"诗而出名的南宋诗人范成大,著有一首春日游乐诗:

▲ 宋·佚名《蕉荫击球图》

▲ 南宋·苏汉臣《秋庭婴戏图》

"社下烧钱鼓似雷,日斜扶得醉翁回。青枝满地花狼藉,知是儿孙斗草来。"范成大没有明写孩子们如何斗草,从"青枝满地花狼藉"的侧写中,观者应能回放孩子们斗草时你争我抢的闹哄哄景象。这应当是斗草之武斗的场景。

曹雪芹《红楼梦》62回记载宝玉生日那天,众姐妹斗草取乐。日本学人伊藤漱平把《红楼梦》转译成日文时,将"斗草"译成了日语"草合",并加注释:"又称斗百草,是一种由姑娘们在端午节玩的,以百草争输赢的游戏。"清时的斗草与宋之斗草有无异同,只能是个谜了。

宋军由于未能收复西北的产马牧场,马源几由异族垄断,没有大本钱的平

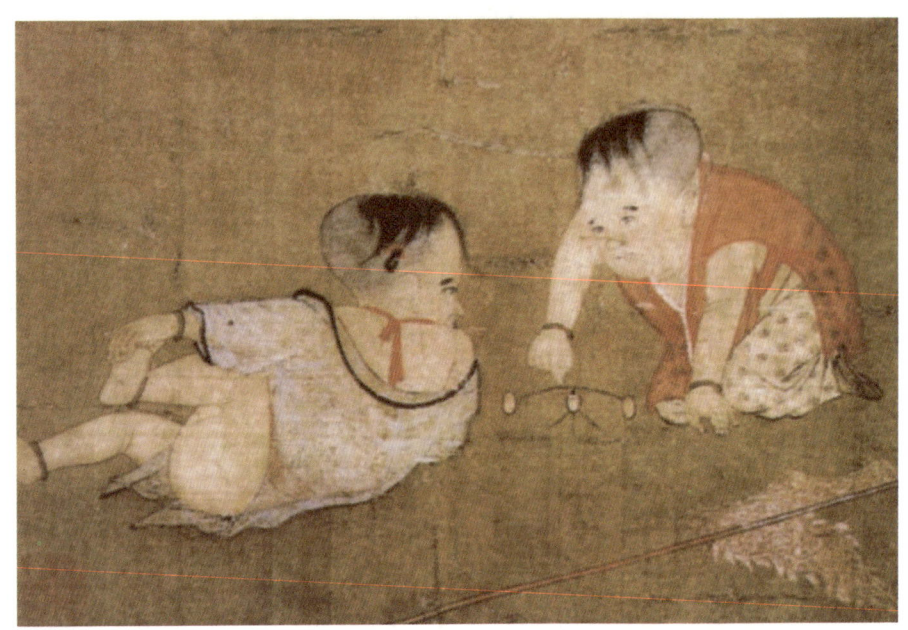

▲ 宋·佚名《婴戏图》 现藏于美国波士顿美术博物馆。

头百姓买不起也养不起马,但这并未阻断孩子们的骑士之梦。"骑竹马"是少儿最爱玩的游戏之一,借指男女自幼相好的成语"青梅竹马"即从李白诗《长干行》"郎骑竹马来,绕床弄青梅。同居长干里,两小无嫌猜"化出。

有的宋人到了中年,还想着少时的那匹竹马,南宋周必大《答胡伯信》诗说:"却忆儿童聚嬉戏,争骑竹马弄泥孩。"陆游是一个很疼儿孙的人,他陪过孩子放纸鹞,看护孩子骑竹马,"垂老始知安乐法,纸鸢竹马伴儿嬉"。

宋代孩子可玩的儿戏真能编成一大部"游戏攻略"。他们帮父母干的家务活也充满了童趣与笑声。

刘子翚《莫田》诗写到了乡村里拾穗的孩子:"打麦蓬蓬响莫田,儿童拾穗笑争先。市头米价新来减,一醉瓷瓯五六钱。"小孩子为何可以无缘无故发笑?因为他们本身就是快乐的小王子和小公主。在乡下,平民的孩子多要帮着

▲ **清代金廷标《群婴斗草图》**
从这幅画中可以看出古游戏"斗草"在清代并未完全失传，但其玩法和大观园里的玩法已大不相同。现藏于北京故宫博物院。

▲ 南宋·苏汉臣《婴戏图》 现藏于天津艺术博物院。

家里收捡柴禾，汲水烹茶，放牛牧羊；他们在城里的同龄人，多在父母的店里跑腿递物。这些都不会是粗重活，只要别考验他们的耐心，孩子们权当是玩。幼年的苏轼还和乡下的牛羊交上了朋友。他总爱骑在牛背上，卧躺着看书。眉山地势平坦，骑在牛背上，稳如水上平船。那些生性憨厚的耕牛，晃晃悠悠地吃着青青河边草，顾不上坐在它背脊上的小"牛仔"。苏轼还做过"领头羊"，上百头羊在他的带队下，都不敢盲目瞎跑，他却毫不累心劳力。苏轼是一个"小时了了"的聪明人，原来他的秘诀是，羊的听觉很灵敏，听到扬鞭的声音就像人们听到了鼓乐的协奏曲。牧羊是技术活，不是体力活，如果羊群初有骚动的苗头，只消轻轻抽打那头落在后头的羊，以儆效尤，稍待片刻，羊就温顺了。

独处旷野平林的牧童，身骑牛背，还会横吹短笛。寥亮的笛声越过尽染烟霞色的层林，这情景构成了一幅有声风情画。苏迈有诗"叶随流水归何处，牛带寒鸦过别村"，诗中虽无牧童，牧童却在诗中隐现。

◀ 宋·佚名《牧牛图》

  当平常百姓家的小孩在巷子里打赤脚疯跑的时候，皇宫里的孩子却难觅得这份纯然之趣，早早地遭到禁足。难为规矩所限的真宗太子赵祯体质精奇，他在宫里奔跑时，哪怕是极寒的冬日，也不穿鞋袜。只有在殿堂端坐时，才不情愿地穿上鞋袜，退殿后，立马脱下鞋袜。不知底里的外人纷传赵祯是"赤脚大仙"转世。孰知陶然之乐，皇子与庶民都欢喜呀。

  平民家和皇帝家的孩子都有同一个朋友——玩具。儿时未必识大志，父母便也不会担心孩子玩物丧志。以玩具为媒介，增益孩子们的智能与体能是宋人的共识，一反中国家长制带给我们古板与僵化的呆滞印象。

  在出生后的第 100 天，很多孩子就有了平生的首件玩具。生子满百日，宋人例办"百晬"之仪。届期，父母会开筵广邀亲朋，和众人见证孩子的"拈周百晬"，即在堂上摆列孩子父祖们的官诰、金银七宝玩具、文房书籍、佛道经卷、杆秤、刀剪诸物，看他先抓取何物，凭此预判孩子的未来和志趣。

▲ 南宋·李迪《风雨归牧图》

▲ 《货郎图》 此图传为苏汉臣所绘。

宋初名将曹彬在少时可能是一个小机灵，《玉壶清话》载，曹彬拈周时，他"左手提干戈、右手取俎豆，斯须取一印，余无所视"，他"后果为枢密、使相，卒赠济阳王，配享帝食"。这则趣闻或是事后诸葛亮的手笔，然而不管我们信不信，反正修史的蒙古人是信了，而将此事载入《宋史·曹彬传》。曹彬倘是小滑头，他父母就是老滑头。他们"以百玩之具罗列于席，观其所取"，曹彬爬向这扎堆的摆件时，看着那花花绿绿的玩具枪印，不多拿几样，才叫"岂有此理"啊！

南宋杭州城满街兜售杂货的贩子们，不乏供孩子玩耍的玩具。周密记不清杭州城有多少种玩具，只是笼统地写道："若夫儿戏之物，名件甚多，尤不可悉数。"他还说仅"相银杏""吹叫

▲ 南宋·苏汉臣《灌佛婴戏》　一群模仿大人举止的孩子．

儿""打娇惜""千千车""轮盘儿"这些戏物,每一种都能养活几十个小贩,"藉以为衣食之地,皆他处之所无也"。①

宋代的玩具不全都是卖给小娃子玩的,一些玩具还是大人用诸驱邪求福的"法物"。《东京梦华录》载,七夕节前后,汴京始售供奉牛郎和织女的土偶"磨喝乐"。磨喝乐音系梵语音译,本为佛经《天龙八部》里的大蟒神,宋人取此神名,塑成泥孩儿的形貌。

开封街上贩销的磨喝乐,皆围以雕木彩装栏座或红纱碧笼,有些泥像还饰以金珠牙翠。高价的磨喝乐数千钱一对,开封城的贵门豪族却舍得花几贯钱买一双用以驱邪求福。

并不是谁都买得起磨喝乐,买不起的父母便要子女们手执荷叶,扮成磨喝乐。父母要孩子玩这个"角色扮演"的游戏,也许是坚信磨喝乐是"生育之神",

▲ **南宋·李嵩《市担婴戏》** 画中的妈妈管不住他的孩子,小贩怕自己的货担会被小孩子拉下,而不住回头顾望。

---

① 选自《武林旧事·小经纪》卷六。

借其"招弟"。许棐《泥孩儿诗》写出了一妇女买磨喝乐时的心迹:"牧渎一块泥,装塑恣华侈。双罩红纱厨,娇立花瓶底。少妇初尝酸,一玩一心喜。潜乞大士灵,生子愿如尔。"

孩子倘还不知餍足,定要买泥孩儿,父母也可以去买"黄胖"。黄胖亦是一种泥偶,它的雅称是"游春黄胖"。它因以黄土捏就,体形肥胖,故得是称。宋人多以线系其首,一串可累至几十个黄胖。开封、杭州近郊之民,每于都人出城郊游踏青前夕,赶制黄胖待售。南宋叶绍翁的《四朝闻见录》中称,权相韩侂胄曾"售之以悦诸婢",并命人赋诗赞述其事。孩子手拿黄胖时,父母要嘱告两点,一是黄胖不能进口;二是把玩时要小心别脱手。宋诗《咏迎春黄胖》说:

> 脚踏虚空手弄春,一人头上要安身。
> 忽然线断儿童手,骨肉都为陌上尘。

读毕此诗,遂不知有多少黄胖因为小孩子的"一失手"而成"千古恨"。

待孩子体力渐强,心智渐开,爹娘就会让孩子们收起玩具,因为快上学了!

▲ 宋·佚名《荷亭婴戏图》 现藏于美国波士顿美术博物馆。

琅琅书声

宋代的学校教育制度是在"庆历新政""熙宁兴学""崇宁兴学"三次兴学过程中,逐步建立和完善的。就总的格局来看,宋代的学校教育制度仍大体沿用唐制,形成以国子监、太学①为核心的中央官学和以州县学校为主体的地方官学两大系统。国子监是国家管理学校的主要机构,又是国家的最高学府,官员七品以上子弟可入国子学。太学招收八品官员以下的子弟和庶民的俊秀者,后来太学取代国子监成为国家最高学府。

宋时孩子入学年龄约是七八岁。北宋中期以后,文教昌隆,虽不至于像苏轼所说的"释耒耜(农具)而执笔砚,十室而九"那么狂热,但也唯有李逵这等来自"三级贫户"家的野孩子才会是文盲。

宋代小学分为在京小学和州县小学,它们属于官立之学。在京小学为太学的附属学校,分"就傅"和"初筮"两斋(与今之班级相类);州县小学由地方官所建。

在京小学是国立小学,也是天下小学的楷模。宋徽宗崇宁年间,京立小学始置"教谕"两名,专掌学生的训导和考校奖惩;"学长"两名,明辨少长位序,纠察违反校纪的生员;"集正"两人,他们是学校的总务教员,掌管学生学籍,跟进学生的学业状况。大观三年(1109年),有司修成《小学敕令格式》,颁示天下。政和四年(1114年),在京小学有近千名学生,共分十斋。在京小学每届新生的年龄从8岁到12岁不等。

京城还增设了贵族小学"宗学",它始立于元丰年间,专招皇族宗子。此外,开封城和杭州城还分设多所贵族小学,如诸亲王所办的"诸王宫小学",

---

① 太学:古代的最高教育机构,始自汉武帝时期。宋时仍为全国最高学府,太学生从八品以下官员子弟和平民的优秀子弟中招收。

宋理宗所设的"内小学"等。宋史说："凡诸王属尊者，立小学于其宫。其子孙，自八岁至十四岁皆入学，日诵二十字。"赵氏子孙是真龙之裔，天赋过人的孩子可以早几年入读小学，但他们决不许做"逃学威龙"，迟迟都不肯就学的孩子会遭朝廷问责。

宋州县小学的情况，我们可以从《京兆府小学规》的规定中窥见些当时的原貌。《京兆府小学规》是中国现存最早的小学校规。京兆府即今长安城，京兆府小学在仁宗时只设一名小学教授，聘地方士人任此教职。该条规制订于宋仁宗至和元年（1054 年），凡六条。兹述本规的详情并兼参宋代同类规章如下：

第一条，首述入学手续。凡新生入学，例先谒见教授，投交家状和家长保状（近似于非官方核发的户口本），申报本城的学官押署，而后才能注册。

第二条，讲学生管理。从学生中选出二到四人做学长（学习委员兼纪律委员），负责传授艺业和查违检非。

第三条，谈教授职限。老师每日讲说两三页的经书[①]，为学生释读书经里的文句音义，标出所学书字样，出考试题目，撰学生属对所用之诗句，选定学生应记之故事。

第四条，述学生日课。据学生的资质与成绩，将他们分为三等（如今之优等生、普通生、差等生）：第一等，每日抽签问经义三道，背诵其中一二百字，学书十行，吟读一首五七言律诗，每三日试写一篇赋文；第二等，学校对其要求略低于第一等；第三等，每日念书约五七十字，学书十行，念诗一首。

第五条，列处罚细则。凡"盗博斗讼，不告出入，毁弃书籍，涂抹窗壁，损坏器物，互相往来，课试不了，戏玩喧哗"，都属犯规，犯者视其轻重施罚。小过 15 岁的违纪学生，将被体罚；15 岁以上的，罚钱以帮补学校学用。所有的

[①] 宋代孩子较常用的教材有宋初编印的《百家姓》、南宋王应麟的《三字经》、刘克庄《千家诗》、朱熹《小学》。宋代无名氏编的《对相识字》是我国现存最早的看图识字课本。

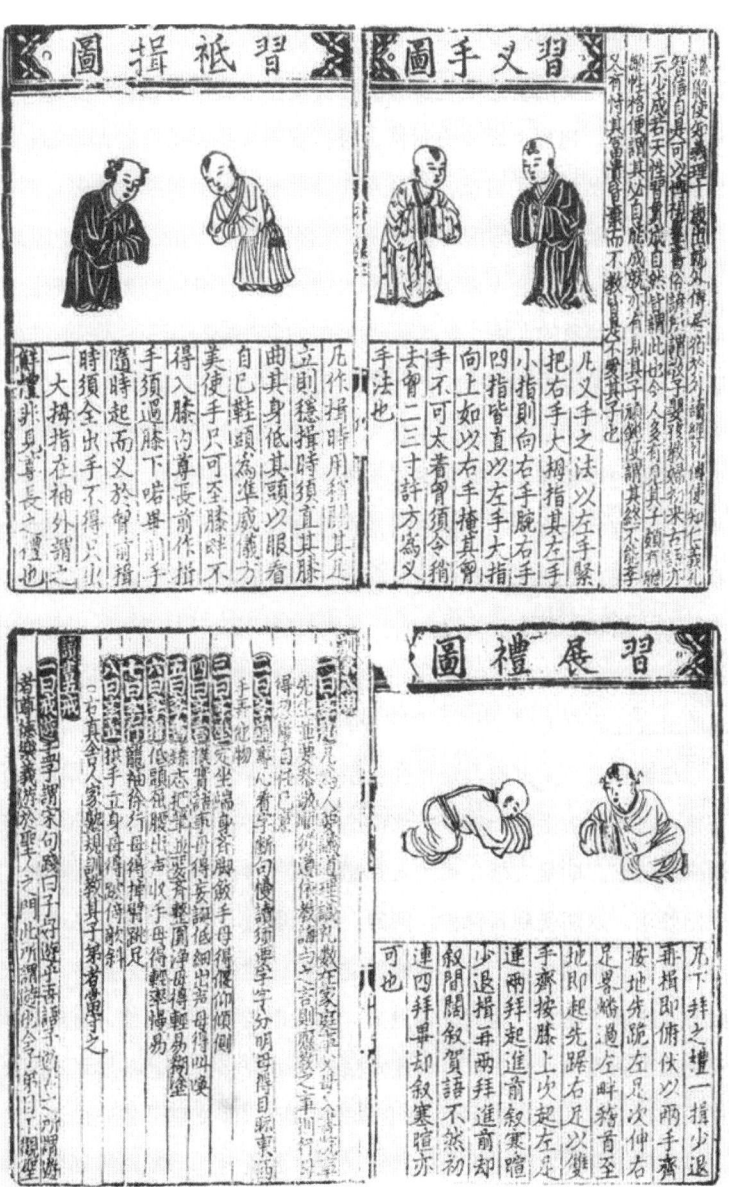

《事林广记》作揖图示

劣行都会备案在册。

第六条，记请假制度。岁时假日，皆有定限。学生不得无故请假或请假逾限，违者将通知家长，并依罚规行罚。

每日清晓，宋代小学生上课前，还要立正站好，先向老师敬礼，再与同学相互对揖。放学后，宋代的值日生都要留下来打扫卫生，整理课堂的桌椅。宋代的师长们都着意于培养孩子"洒扫应对进退之节，爱亲敬长隆师亲友之道"。的确，一屋不扫，何以扫天下呢？

张方平是政界大佬，和王安石父亲王益交情不浅。张和王益初晤时，王安石还在上学。几十年有时只是一眨眼，宋神宗问张方平可识王安石。张方平说："安石待我如叔伯，微臣初去王益家作客时，安石不过是乳臭未干的童子，恁时的他穿短褐布衣，通身长疥疮，正在庭院打扫，微臣还以为他是下人。"看来王安石打小就不修边幅又热爱劳动啊！

宋代城市中除了在京小学和州县小学，城乡还存有数不胜数的私立小学——私塾。《都城纪胜》载，杭州城的每条巷子至少会有一间私塾，本城处处皆闻琅琅读书声。塾师多为考场失意的书生或退休官吏，靠学生家长缴纳的学费"束脩"①过日。村塾的生徒常不满百人，塾师家里缺粮断炊也不稀奇。未发迹前的秦桧就当过塾师，教着一班顽劣的"小猴子"，但他料不到这是"天降大任于斯人也"的前奏，只是空嗟叹："若得水田三百亩，这番不做猢狲王！"

宋代的小学教育相当于现在的应试教育，它的终极指向是大宋的官员选拔考——科举。诗赋是科举的科目，所以，宋代的小学生从小就是诗人，而他们也曾在诗坛踩下小巧的足迹。苏轼曾和私塾的同学们模仿诗集里的古诗人，联句咏雨。程建用先起头："庭松偃盖如醉。""夏雨新凉似秋。"杨尧咨接道。苏轼承接上句，嘲笑杨同学装模作怪："有客高吟拥鼻。""无人共吃馒头。"

---

① 束脩：古代学生与教师初见面时，必先奉赠礼物，表示敬意，名曰"束脩"。

苏辙估计是受不了饥肠咕咕，冒出这句离题十万八千里的话。苏辙居然比平日里最能搞怪的哥哥更能胡侃，而惹来久久难平的笑浪。

宋代除小学外，还有大学。此处大学之意不同于今日之大学，是指大人读的学校，分州县学和太学。

渐成大宋学府之都的开封府和其下辖的两县皆设大学。开封府的大学分三类：国子学、太学、四门学。这三校都是国立大学的性质：国子学是高干子弟学校，只准七品以上官员的子孙入学。太学则收八品以下官员的子弟及庶民之子。四门学是一所的平民大学，符合太学的入学资格却因故未能进太学的学生，则入此校，再续他们的读书梦。

杭州城是南宋的大学城，也有县学、州学和太学。县学，学制一年，每年春秋两次招新。县学学生上过九天课，休假一天。每月都有月考，每季首月考"经义"，次月考"评论"，末月考"对策"。每学年还有年考，经本州教官核准后，成绩优异者可升为州学的外舍生。州学，学制三年。外舍生学满一年，考试合格后就可升入内舍。再过一年，考得佳绩的内舍生可升为上舍生。每三年，州学选考一次上舍生，绩优者将被保送进太学的外舍"辟雍"。[①]太学内部也有自己的"三舍法"，只有品学兼优的学生才能升学或升级。细究起来，州县学有点像今天的中学，太学则相当于大学，只是宋代没有这样的划分法。

宋代中央官学除了小学和大学这样的"学术性"学校外还设有若干专门"职业性"学校，分别由国子监和各职能部门统辖。武学，是国家的中央军校。武学生也要赴举参加武试，其榜首是为大宋的武状元。律学是法学高等学院，始创于熙宁六年（1073年），应举的学生和在职官员是其两大生源。医学是宋代医学院，隶属于太医寺，有时还归国子监经管，分脉科、针科、伤科三个专业。算学，天文与数学的理科院校，隶属太史局，学生定员200人。书学，书法专

---

① 宋代太学实行三舍法：初学者入外舍，由外舍升内舍，由内舍升上舍。外舍生2000人，内舍生300人，上舍生100人。

▲ 南宋·佚名《村童闹学图》
一群顽童趁老师打瞌睡时捣乱。

修学校,始立于北宋末年,它是翰林院书艺局的附属学校,学生的课目有草书、篆书、隶书等三目。画院、美术学院隶属于翰林院图画局,分佛道、山水、鸟兽、花竹、屋木六科。在艺术家皇帝宋徽宗治下,画师拥有尊隆的名望,皇帝每年还会为画院出考题,让本院学生就题绘画。弘文馆学类似于"高考冲刺班"和"高考复读班"的合体。学生在临考前或是落第之后,都可到弘文馆听课。

官学办得风风火火,私立的书院却逐渐消寂。但到了国势陵替不振的南宋季世,书院竟然回光返照,满地开花。据各地方志统计,宋代书院有七八成建于南宋。那些口碑载道的书院,如宋代"六大书院":岳麓书院、应天府书院、白鹿洞书院、嵩阳书院、石鼓书院、茅山书院都能得到官方的扶持与补助,逐渐被纳入官方的教育体系。书院也为宋代的文化教育作出了不可磨灭的贡献。

宋代的武功虽然比不上汉唐，但我们若对宋代超迈横绝的文化成就视而不见，就等于弃读半部中华文明史。只看官方对学生们的优待和关怀，便会对宋代肃然起敬。宋代官学生的人数最高达 20 余万，这么多学子所在的校园由公帑兴建，学生还免交学费，并有额外的补助，如北宋末年的杭州余杭县学学生，每日可获发 2 升大米和 24 钱。各级政府不仅要出资建学校，还要给学校拨款。宋代官学的经费除来源于官府划拨的"岁赐钱"，主要还是依靠学田租息①和房产租金②。徽宗时，全国学田有 10 万余顷，所拨教育经费共达 340 余万缗，米 55 万石。

宋时学生所受的优待不是天上掉下来的馅饼，而是饱学之士有鉴于自己凄苦的往年求学经历，为后代一点点争取过来的。

宋初公私学校的学校环境着实清苦。仁宗朝名臣范仲淹、富弼在少年时，都曾在书院寄读，亦曾在僧院"闭关修读"。范仲淹和富弼都是宋代苦读成才的典范。范仲淹初在山东邹平白云山下的醴泉寺里读书，范仲淹日夜都捧着书本埋头苦读，孜孜不倦，只是偶尔打个小盹。寺中食源匮乏，范仲淹每天就熬一锅稠粥，待其冻成团状，就切成四块，上午吃两块，下午吃两块，再配些细碎的酸菜送粥，寒寒酸酸的一天就过去了。时隔多年，范仲淹还为少时的营养师"酸菜"写赞歌："陶家瓮里，淹成碧绿青黄；措大口中，嚼出宫商角徵羽。"17 岁的富弼曾在洛阳天宫寺寓读，书卷是磁铁的一极，他的双手是另一极，他怎都不肯放下书去睡大觉，累了就趴在桌案上小憩。在寒气侵被的冬夜，富弼就用冷雪敷面，让自己快快清醒。

"己所不欲勿施于人"是仁者的信条，所以当他们联手施行庆历新政时，

---

① 学田：始于乾兴元年（1022 年），宋仁宗诏赐兖州学田，终于清朝。学田属地方官田或公田的一种，以地租作为祭祀、教师薪俸及补助读书人士等的开支。
② 屋产租金是另一条维系官学的命脉。地方政府常将官有房产拨归学校，除上课用的教室和师生的宿舍，空余的房廊皆许出租，其岁收租钱以资助学。

兴学也成了新政的一大标的。其要点有三：一是各州都要建学，生源多过200名的县还可建县学；二是州县有力则建造新校舍，人财两匮的州县可借用文宣王庙或官舍做校舍；三是学生参加省试前，应须在州县学学满300日。苏序所谓的"好事卿相"恰为范仲淹和富弼诸臣。社会的变革恰恰最需要"好事"和"多事"的官员。庆历新政后虽功败垂成，但在它的催化下，大宋的读书种子已在茁壮生长。庆历新政后，北宋又有两波办学潮，即宋神宗时的"熙宁兴学"和宋徽宗时的"崇宁兴学"。三次兴学过程大大推动了宋学校教育制度硬件和软件的更新和完善。

  在我们所受的常规教育中，都把宋定为一个"积贫积弱"的王朝，并将这个原因归结于宋外交上的软弱，用巨额岁币向外族购买和平。事实上，我们通过一组简单的数字对比可发现成为宋人沉重财政负担的不是岁币而是宋人投资的教育经费。庆历二年（1042年），范仲淹奏告说，他任越州知州时，此州一年所纳的赋税足可与当年的岁币相抵。他认为这是"费一郡之资，而息天下之弊也"。宋太祖用一根哨棒打下"四百座州军都姓赵"，算过便可知岁币占北宋全年税收的百分比是个很低的比例。宋徽宗崇宁元年（1102年），开封太学有近4000名"三舍生"，按大宋学制，外舍生每月可得1240钱（1.24贯钱）的津贴，内舍生是1300钱（1.3贯）。此外，州学毕业生到京城太学报到时，他们旅途上所花的盘缠，都可找太学报销。这还没算进太学讲师的薪俸，学生食宿之费，以及那些必要的杂费开支。辽国每年所获的岁币"绢二十万匹、银十万两"可能仅抵得上开封学校一年的总花销。

  太学是宋人学生生涯的最后阶段，二三十岁的青年人不管是名落孙山，还是榜上有名，都已来到了人生的初夏。夏日天地的顶梁柱不再是他们的父母，而是他们自己。

参考文献

一、古籍

1. 宋·孟元老（撰）、伊永文（笺注）：《东京梦华录笺注》，中华书局，2006年8月第1版。
2. 宋·孟元老（撰）、邓之诚（注）：《东京梦华录注》，中华书局，1982年1月第1版。
3. 宋·周密（撰）、李小龙／赵锐（评注）：《武林旧事》，中华书局，2007年9月北京第1版。
4. 宋·李焘：《续资治通鉴长编》，中华书局，1995年4月第1版。
5. 宋·苏轼（撰）、王松龄（点校）：《东坡志林》，中华书局，1981年9月第1版。
6. 宋·庄绰（撰）、萧鲁阳（点校）：《鸡肋编》中华书局，1983年3月第1版。
7. 宋·邵伯温（撰）、李剑雄／刘德权（点校）：《邵氏闻见录》，1983年8月第1版。
8. 宋·蔡絛（撰）、冯惠民／沈锡麟（点校）：《铁围山丛谈》，1983年9月第1版。
9. 宋·洪迈（撰）、孔凡礼（点校）：《容斋随笔（上下）》，中华书局，2005年11月第1版。
10. 宋·洪迈（撰）、何卓（点校）：《夷坚志》，中华书局，1981年10月第1版，2006年10月第2版。
11. 宋·周密（撰）、吴企明（点校）：《癸辛杂识》，中华书局，1988年1月第1版。
12. 宋·岳珂（撰）、吴企明（点校）：《桯史》，中华书局，1981年12月第1版。
13. 宋·江少虞：《宋朝事实类苑》，上海古籍出版社，1981年7月第1版。
14. 元·脱脱：《宋史》，中华书局，1985年6月第1版。
15. 清·丁传靖（辑）：《宋人轶事汇编》，中华书局，2003年12月第2版。
16. 清·毕沅：《续资治通鉴》，岳麓书社，1992年1月第1版。

二、诗词集

1. 唐圭璋（编）：《全宋词》，中华书局，1965年第1版。
2. 宋·李清照（著）、徐培均（笺注）：《李清照集笺注》，上海古籍出版社，2002年4月第1版。
3. 宋·朱淑真（著）、冀勤（辑校）：《朱淑真集注》，中华书局，2008年12月第1版。
4. 《四部精要（20）集部五·剑南诗稿》，上海古籍出版社，1993年3月第1版。

三、学术著作

1. 法·谢和耐（著）、刘东（译）：《蒙元入侵前夜的中国日常生活》，北京大学出版社，2008年12月第1版。
2. 王曾瑜等编著：《宋辽西夏金社会生活史》，中国社会科学出版社，1998年6月第1版。
3. 虞云国主编：《宋代文化史大辞典》，汉语大词典出版社，2006年12月第1版。
4. 虞云国：《水浒乱弹》，中华书局，2008年12月第1版。
5. 虞云国：《细说宋朝》，上海人民出版社，2002年12月第1版。
6. 赵广超：《笔记清明上河图》，生活·读书·新知三联书店，2005年7月第1版。
7. 美国·伊佩霞（著）、胡志宏（译）：《内闱——宋代妇女的婚姻和生活》，2010年7月第3版。
8. 孟晖：《花间十六声》，生活·读书·新知三联书店，2006年9月第1版。
9. 吴凌云：《幸勿相忘——那些尘封的信物》，广西师范大学出版社，2009年5月第1版。
10. 高洪兴：《缠足史》，上海文艺出版社，2007年4月第1版。
11. 管彦波：《中国头饰文化》，内蒙古大学出版社，2006年12月第1版。
12. 孟元老：《繁华之城：东京梦华录》，海豚出版社，2012年5月第1版。
13. 杭侃：《两宋：在繁华中沉没》，香港商务印书馆、上海辞书出版社，2001年11月第1版。
14. 游彪：《宋代特殊群体研究》，商务印书馆，2006年8月第1版。
15. 黄杰：《宋词与民俗》，商务印书馆，2005年12月第1版。

16. 李剑亮：《唐宋词与唐宋歌妓制度》，浙江大学出版社，2006年10月第2版。
17. 由国庆：《与古人一起读广告》，新星出版社，2006年12月第1版。
18. 邢铁：《宋代家庭研究》，上海人民出版社，2005年2月第1版。
19. 日本·久保田和男：《宋代开封研究》，上海古籍出版社，2010年4月第1版。
20. 伊永文：《到古代中国去旅行》，中华书局（北京），2005年1月第1版。
21. 伊永文：《行走在宋代的城市》，中华书局（北京），2005年1月第1版。
22. 王彬：《水浒的酒店》，东方出版社，2010年4月第1版。
23. 吴邦江：《宋代民俗诗研究》，南京大学出版社，2010年3月第1版。
24. 梁志宾：《汴梁如梦正繁华》，华中师范大学出版社，2012年3月第1版。
25. 杨万里：《宋词与宋代城市生活》，华东师范大学出版社，2006年10月第1版。
26. 沈冬梅：《茶与宋代社会生活》，中国社会科学出版社，2007年8月第1版。
27. 美国·安德森、刘东等（译）：《中国食物》，江苏人民出版社，2003年11月第1版。
28. 陈桥驿（主编）：《中国七大古都》，中国青年出版社，2005年1月第1版。
29. 郑振铎：《中国俗文学史》，商务印书馆，2005年1月第1版。
30. 刘秉果、赵明奇、刘怀祥：《蹴鞠——世界最古老的足球》，中华书局。2004年3月第1版。

四、画集

1. 《台湾故宫博物院藏画》，天津人民美术出版社、山东美术出版社，1998年12月第1版。
2. 《中国历代仕女画集》，天津人民美术出版社，1998年8月第1版。
3. 《中国古代名家画集·宋代（山水卷）》，天津杨柳青画社，2009年5月第1版。
4. 《中国古代名家画集·宋代（人物卷）》，天津杨柳青画社，2009年5月第1版。
5. 《清明上河图》，天津人民出版社，2009年1月第1版。
6. 《中国古代绘画精品集：历代帝王图》，中国书店出版社，2013年4月第1版。
7. 《五代北宋画集》，天津人民美术出版社，1998年12月第1版。
8. 《上海博物馆藏画》，上海人民美术出版社，1999年1月第1版。
9. 《海上四任精品》，河北美术出版社，1995年10月第1版。
10. 李恒（编著）：《宋代绘画艺术鉴赏》，陕西人民美术出版社，2011年4月第1版。
11. 《名画经典——宋徽宗工笔画》，四川美术出版社，1998年4月第1版。
12. 李飞（编著）：《吉祥百子——中国传统婴戏图》，西泠印社出版社，2007年1月第1版。

后　记

　　两宋的繁华犹如逝远的迷梦，莫说千年后的我们，宋人在题说那些业已褪色的旧景时，亦常以一个"梦"字来点题，如孟元老忆述汴京风情的《东京梦华录》、吴自牧细叙临安物华的《梦粱录》。

　　在俯仰今昔之际，但凡是留恋往昔美好岁月的人，无论他们如何看淡"无可奈何花落去"，在"似曾相识燕归来"时，难以自抑的物哀总会一阵阵袭上心头。笔者在读黄仁宇所撰的宋代小说《汴京残梦》时，曾不止一次地合上书页，为主人公在北宋末世的那场绝望而无果的情缘而心伤，也许黄仁宇、孟元老、周密、吴自牧在写他们眼里的宋朝时，内心也是悲伤的吧？

　　友人为笔者取了一个绰号叫"佞宋主人"，原因就是笔者极其热爱宋朝。的确，宋朝实在是一个伟大的王朝，它向外输出了火药、指南针、印刷术，改变了世界的进程；对内遗留了一批现代人至今仍在享用的宝贵遗产，如茶、宋体字、太师椅、东坡肉等。笔者向来认为吾国民族自信心之增强无须假借外国人的话语，但凭从中国历史上找事实足矣，宋朝更是其中一座蕴藏了无限珍宝的宝库。近代思想家严复曾说："若研究人心政俗之变，则赵宋一代历史，最宜究心。中国之所以成为今日现象者，为善为恶，姑不具论，而为宋人所造就，什八九可断言。"当然，笔者写作过程中最大的收获并不是找到了宋代生活与现代生活的传承之处，而是在对宋代文化宝库进行探索时，得到的智识上的巨大满足感，这让我仿佛置身于诗意的宋世闲日。

　　受文章篇幅及自身学养所限，笔者虽力求做到言而有据，仍难免会予人一种言犹未尽、流于主观之感，这实缘于笔者对宋朝的挚爱及欲将本书公诸同好的迫切心愿。笔者坚信随着我们对宋朝内在价值的深入挖掘，想要"梦回宋朝"的读者必会越来越多。

　　本书是一部寻梦之作，笔者在多年以前便有创作一部宋代生活风情录的设想，只是料想不到在而立之年前夕就能圆梦。在本书付梓之前，衷心地向以下几位亲友致谢：

　　首先，得感谢本书的编辑邢小胖女士。她对本书付出的精力与热忱已超过工作所需的要求，本人在上年9月份因劳累过度而入院，有赖于她不间断的鼓励以及询问，这本书才能如期交稿。

　　其次，还要感谢笔者的同乡兼诗友陈文雄先生。陈兄近日来诸务繁剧，然一诺即允，惠赐序文，为拙著添色增辉，愚弟感激之余而亦歉疚。

　　最后，是我的妻子，一个优秀的人民教师。写作是一件不为世人所知的苦差，这么多年来，郑女士给予了笔者无限的支持和付出，这是笔者前进的不竭动力。千言万语都无法道尽笔者的感激之情，一切尽在"幸福"二字之中。

　　当然不能忘记感谢您，最亲爱的读者。如果说写作是一趟旅程，那么您的悦读就是笔者的终点站，也谢谢您陪我一同到站。

甲午年年初
谨识于鹏城安托山

图书在版编目（CIP）数据

风雅宋：宋朝生活图志 / 梁志宾著. —— 北京：中国财政经济出版社，2014.9

（中国古代生活史）

ISBN 978-7-5095-5439-5

Ⅰ．①风… Ⅱ．①梁… Ⅲ．①社会生活－历史－中国－宋代－图集 Ⅳ．①K244

中国版本图书馆CIP数据核字(2014)第105663号

责任编辑：王彦浩　　　　装帧设计：风信子　郑韩樱子
特约编辑：邢小胖　　　　版面制作：屈艳军

中国财政经济出版社出版

URL:http://www.cfeph.cn

E-mail:cfeph@cfeph.cn

（版权所有　翻印必究）

社址：北京市海淀区阜成路甲28号　邮政编码：100142

营销中心电话：010-88190406　　北京财经书店电话：010-64033436

北京时捷印刷有限公司印制　各地新华书店经销

165×210毫米　16开　18印张　240 000字

2014年9月第1版　2017年11月北京第2次印刷

定价：49.80元

ISBN 987-7-5095-5439-5 / K·0025

（图书出现印装问题，本社负责调换）

本社质量投诉电话：010-88190744

反盗版举报热线：88190492　88190446